科技评估丛书

国家科技评估中心（NCSTE）组织出版

公共组织加强评估使用的方法和实践
—— 来自内部评估专家的见解

ENHANCING EVALUATION USE
INSIGHTS FROM INTERNAL EVALUATION UNITS

[瑞士] 玛琳·劳布里·劳德（Marlène Läubli Loud）
[加拿大] 约翰·梅恩（John Mayne） ◎主编

田德录 译

北京理工大学出版社
BEIJING INSTITUTE OF TECHNOLOGY PRESS

版权专有　侵权必究

图书在版编目（CIP）数据

公共组织加强评估使用的方法和实践：来自内部评估专家的见解／（瑞士）玛琳·劳布里·劳德，（加）约翰·梅恩主编；田德录译．—北京：北京理工大学出版社，2020.11
（科技评估丛书）
书名原文：Enhancing Evaluation Use—Insights from Internal Evaluation Units
ISBN 978-7-5682-9247-4

Ⅰ．①公… Ⅱ．①玛… ②约… ③田… Ⅲ．①评估－研究 Ⅳ．①C93

中国版本图书馆CIP数据核字（2020）第227068号

北京市版权局著作权合同登记号　图字：01-2020-6321号
Translation from English language edition：
Enhancing Evaluation Use：Insights from Internal Evaluation Units
Copyright © 2014 by SAGE Publications Inc.
All Rights Reserved
权利人作为在美国、英国和新德里的原始出版方，授权出版该作品的中文翻译版本。

出版发行 /	北京理工大学出版社有限责任公司
社　　址 /	北京市海淀区中关村南大街5号
邮　　编 /	100081
电　　话 /	(010) 68914775（总编室）
	(010) 82562903（教材售后服务热线）
	(010) 68948351（其他图书服务热线）
网　　址 /	http://www.bitpress.com.cn
经　　销 /	全国各地新华书店
印　　刷 /	三河市华骏印务包装有限公司
开　　本 /	787毫米×1092毫米　1/16
印　　张 /	15.5
字　　数 /	232千字
版　　次 /	2020年11月第1版　2020年11月第1次印刷
定　　价 /	86.00元

责任编辑／张海丽
文案编辑／张海丽
责任校对／周瑞红
责任印制／李志强

图书出现印装质量问题，请拨打售后服务热线，本社负责调换

译者序

当前，我国各级政府部门高度重视公共政策和计划项目的评估工作。以科技管理领域为例，近些年围绕我国公共 R&D 绩效情况广泛开展了多层次的评估活动，科技界熟知的中央财政科技计划，包括国家自然科学基金、国家科技重大专项、国家重点研发计划等，全部按要求开展了年度评估或阶段性评估，有关政府部门也制定发布了绩效评估规范，持续推进评估工作的制度化、规范化。调研认为，政府公共管理部门开展的评估实践，尤其是近年来国务院在开展大督查中对重大政策措施落实情况引入第三方评估的做法，使评估的作用得到了初步展示和体现。同时，这也使"评估如何以及到底能发挥多大作用"这一议题成了国内管理者和评估从业者的重要讨论话题。

作为在科技创新政策和重大科技计划评估方面具有一些实践经验的评估工作者，我利用在密歇根大学访学的机会也尝试与评估专家沟通交流这个议题，经推荐阅读到了《公共组织加强评估使用的方法和实践——来自内部评估专家的见解》（Enhancing Evaluation Use: Insights from Internal Evaluation Units）一书，很受启发。吸引我读下去并强烈愿意翻译成中文的理由主要有两点：一是这本书各个章节是由一群真正干评估的"内部人"写的，这些内部人参与了政府机构或国际组织相关评估活动的委托、管理和/或实施，作者们都具有丰富的政府或国际组织评估的从业经验，他们对评估的真知灼见很容易引起管理者和评估者的共鸣。二是这本书中讨论提出的评估议题的确是管理者和评估者特别想了解的，比如为什么要进行评估，目的是什么？谁使用评估？设计和实施评估的关键事项是什么？评估在组织中运作的环境是什么？如何在政府部门和公共组织中建立制度化评估？如何建立有效支撑评估的组织文化？如何加强评估以提高评估效率？如何制定战略以确保评估活动物有所值并提高评估结果在组织机构中的利用？如何把握内部评估、外部评估以及评估独立性？为什么评估可能没用？等等。本书各章节的撰稿人提供了他们获得的见解，这些都是来源于他们在组织内使用评估的时候面临挑战的亲身经历，作者们尝试凝练评估经验和教训，对我国公共部门加强评估制度和管理或许能够提供有价值的借鉴，获得启迪。

全书分为10章。前两章都属于概述性内容，第1章为读者导入了关于加强评估使用的相关议题，讨论了一些上述提到的评估的基本问题。第2章基于评估活动场景中存在的三种主体角色：评估者、被评对象、评估委托者之间多种可能的构成关系的分析，讨论了由谁来决定评估什么。接下来的5章讨论了针对相关政府部门或机构开展的评估案例。第3章主要讨论了来自新西兰的评估案例，作者分享了如何管理评估方面的一些挑战和有益实践。第4章基于瑞士相关评估经验教训，分析了评估制度化和评估文化及其相互作用。第5章讨论了在苏格兰推动将评估证据应用于公共卫生相关议题决策方面的作为。第6章分析了加拿大公共卫生署内部评估的演变过程，总结了从传统的关注单个项目评估转向更全面制度化评估的方法和战略。第7章介绍了一个超级政府组织欧盟的评估案例，主要分析了围绕欧盟评估工作开展的两项大型实证研究的相关结论，提出了评估作用的类型以及影响评估使用的因素。接下来的两章展示了联合国系统的评估。第8章是世界卫生组织（WHO）评估案例，WHO面临复杂的评估环境，既有"集中式"的机构层面的评估部门，也有大量的由世界各地的区域和国别办事处开展的"分散式"评估，作者讨论了过去几十年来WHO评估工作的演变，介绍了在WHO内开发和建立评估文化面临的挑战以及为解决这些问题制定新的评估政策大纲所面临的挑战。第9章是国际劳工组织（ILO）评估案例，作者分享了在ILO开发的五级评估利用成熟度模型，概述了高质量的评估报告、建议、管理响应和报告传播的标准，讨论了评估过程中提高评估利用成效的经验。最后第10章再次回顾了本书所讨论的具体案例，提出了评估从业者可以从"内部人"那里学到的若干思想和干货。

本书的翻译工作主要在访学期间完成。国家科技评估中心发起编撰了

"科技评估丛书",本书内容主要讨论加强评估使用的国际经验,经中心领导和学术委员会审议纳入丛书予以出版。由于水平有限,译文中难免有不当之处,敬祈读者专家指正。

译　者

前　言

评估方面的研讨会和会议往往是评估学术界、评估从业者和评估委托人员听取新想法、新趋势和过去经验的重要场合，也是了解谁在做什么、在哪里做的重要平台。但是，在这种情况下，存在一个很大的空白，即无论出于什么原因，评估实施主体内部的工作人员通常是沉默不语的。

本书旨在填补这个空白，将为对项目评估和政策评估感兴趣的相关人员提供大量丰富的信息，特别是公共部门人员。研究生、学者、评估从业者、评估委托者、公共行政人员以及评估和项目管理人员，都可以通过本书了解"内部人"的工作经历，总结评估面临的挑战、解决方案和经验教训，以加强评估的使用和实用性。正在处理的问题以及为处理这些问题而采取的战略和措施应该足够通用，以便使所吸取的教训对广泛存在的实际情形相关和有用。本书的编写来自多个方面，涵盖国家层面、超国家层面和国际组织层面的工作人员。他们的报告展示了他们的主动性和创新思维，以应对非常复杂的环境中的挑战。在了解他们的一些经历时，你可能会感到非常钦佩，但也许没有。无论如何，对于那些直接或间接从事评估工作的人来说，这里肯定会有一些有用的东西。

SAGE 出版社和本人要感谢以下审稿人：巴尔的摩大学公共与国际事务学院 Samuel L. Brown，北卡罗来纳州立大学 Diane D. Chapman，佩迪丹大学教育与心理学研究生院和组织变革博士课程学术主席 Kay Davis；波士顿马萨诸塞大学公共政策与公共事务系及社会政策中心 Donna Haig Freedman，旧金山州立大学 Sheldon Gen，奥多明尼奥大学 Danica G. Hays，新奥尔良洛约拉大学 Wendy L. Hicks，肯塔基大学 John B. Nash，乔治·华盛顿大学 Kathryn E. Newcomer，普利茅斯州立大学 Kathleen Norris，佐治亚州立大学安德鲁·杨政策研究所 John Clayton Thomas，华盛顿州立大学 Mike Trevisan。

Marlène Läubli Loud

2012 年 9 月

目 录

第 1 章 关于加强评估使用的相关议题 ········· 001
  1.1 评估利用的不同类型 ········· 003
  1.2 谁使用评估 ········· 004
  1.3 为什么评估可能没用 ········· 004
  1.4 评估的目的是什么 ········· 005
  1.5 关键的评估决策事项 ········· 006
  1.6 组织中的评估职能架构 ········· 007
  1.7 组织机构的背景 ········· 008
  1.8 本书的章节安排 ········· 009

第 2 章 评估者、评估对象、评估委托者：棘手的铁三角 ········· 015
  2.1 概述 ········· 016
  2.2 独立性、内部评估和外部评估 ········· 017
  2.3 棘手的铁三角：概念和定义 ········· 020
  2.4 关系结构和实例 ········· 022
  2.5 结语 ········· 031

第3章 对评估的管理：从新西兰和国际发展评估中取得的经验教训 ················ 035
3.1 评估实践面临的挑战 ················ 036
3.2 评估的背景、文化和价值 ················ 044
3.3 跨文化背景下的评估 ················ 046
3.4 讨论和总结 ················ 049

第4章 制度化和评估文化及其相互作用：来自瑞士联邦公共卫生办公室的经验教训 ················ 052
4.1 评估制度化和评估文化的内涵 ················ 053
4.2 瑞士联邦政府的评估制度化 ················ 055
4.3 评估制度化和发展评估文化的经验 ················ 056
4.4 评估已经制度化和具有评估文化的标准 ················ 068
4.5 结论 ················ 070

第5章 重塑评估以加强使用：中介机构在苏格兰"知识到行动战略"中的作用 ················ 077
5.1 基本概念 ················ 079
5.2 苏格兰公共卫生署的评估实践 ················ 083
5.3 有关讨论 ················ 093
5.4 获得的经验 ················ 095
5.5 结论 ················ 097

第6章 从离散型评估到更加系统性评估的组织方法：加拿大公共卫生署的案例 ················ 106
6.1 背景情况 ················ 107
6.2 战略1：确保对组织机构的充分了解 ················ 112
6.3 战略2：构建组织层面的逻辑模型 ················ 117

6.4 战略3：为组织制定一个多年期的评估规划 ………………………… 122
6.5 战略4：专注于组织内累积性的评价性学习 ……………………… 126
6.6 总结 …………………………………………………………………… 127
6.7 有关讨论 ……………………………………………………………… 128
6.8 启示 …………………………………………………………………… 130

第7章 欧盟的评估使用：评估委托者的经验教训 …………………… 135
7.1 欧盟的评估发展历程 ………………………………………………… 135
7.2 欧盟对评估的使用 …………………………………………………… 137
7.3 评估使用的类型 ……………………………………………………… 140
7.4 支持或抑制评估使用的因素及其对评估委托者的启示 …………… 144
7.5 结论 …………………………………………………………………… 152

第8章 变化环境下的评估政策与实践：世界卫生组织评估职能的演变 ……………………………………………………………………… 159
8.1 WHO 的评估职能及组织架构 ……………………………………… 160
8.2 影响 WHO 评估实践的因素 ………………………………………… 164
8.3 有关讨论 ……………………………………………………………… 174
8.4 结论 …………………………………………………………………… 176

第9章 为利用而评估：来自国际劳工组织的案例 …………………… 182
9.1 ILO 及其评估概述 …………………………………………………… 183
9.2 评估利用成熟度模型 ………………………………………………… 185
9.3 基于背景的模型开发 ………………………………………………… 186
9.4 将成熟度模型应用于组织周期的每个阶段 ………………………… 188
9.5 成熟度模型与评估管理周期的关系 ………………………………… 193
9.6 利用评估知识为愿景和战略提供支撑：学习的闭环 ……………… 203
9.7 结论 …………………………………………………………………… 209

第 10 章 我们能从评估从业者那里学到什么：内部评估专家的一些思想和干货 ……………………………………………… 215

  10.1 内部评估部门及其员工的独立性 ………………………… 216
  10.2 内部评估部门的位置 ……………………………………… 217
  10.3 使组织的执行委员会和/或高级管理层参与评估 ………… 219
  10.4 使整个组织致力于改进评估使用 ………………………… 222
  10.5 评估质量 …………………………………………………… 224
  10.6 人员配置议题：能力和分担职责 ………………………… 227
  10.7 后记 ………………………………………………………… 229

作者简介 …………………………………………………………… 232

译者后记 …………………………………………………………… 235

第 1 章　关于加强评估使用的相关议题

John Mayne

组织机构对评估未能充分利用，这在评估研究文献中备受关注（Mayne，2009；Pollitt，2006；Stame，2004）。研究文献中有很多关于如何解决这一缺陷的建议，包括：需要开展更好的评估（Patton，2012；Preskill 和 Jones，2009；Russ-Eft 和 Preskill，2009），需要更接近决策环节（Vanlandingham，2011），需要建立评估文化（Botcheva、Shih 和 Huffman，2009；Hernandez 和 Visher，2001；Mayne，2009；Perrin，2006）以及需要更好的沟通（Ramalingam，2011）。Johnson 等人（2009）做了关于评估使用的文献综述。大部分的建议都是有根据的，而且也很有用。

还有大量关于组织机构学习的文献，对组织机构的学习方式进行了重要的讨论（Easterby-Smith、Crossman 和 Nicolint，2000；Garvin、Edmondson 和 Gino，2008）。还有一篇关于评估是如何与组织机构学习相关联的文献（Torres 和 Preskill，2001；Cousins，2007；Russ-Eft 和 Preskill，2009）。Cousins、Goh、Clark 和 Lee（2004）回顾了许多这方面的文献，并提出了提高组织机构评估利用率的建议。

但是，大量的这些文献及相关文献都是由外部观察者、专家和学者撰写的，因此，在某种程度上可能会产生内在的偏见——过分偏向于关注评估的"坏消息"，主要针对组织机构中评估所面临的问题和缺点进行讨论和分析。这种视角和观点可能阅读起来更为有趣。关于组织机构成功开展评估的文章很难找到。此外，那些可能倾向于撰写这些文章的人，例如为组织机构工作的顾问或机构内部评估人员，可能没有动机写"好消息"类的评估故事——这类文章可能更难以发表。

本书试图通过让"内部人"写下他们在组织机构中评估的经验来应对这

种现象。我们的目的不是要编写出"好消息",而是要探索组织机构中面临的实际挑战,这些组织机构试图使评估有用并使用,根据相关文献,讨论在实践中使用了哪些战略来应对这些挑战并加强对评估的利用。

这些内部人员是参与组织机构相关评估活动的委托、管理和/或执行评估的人员。这些个人和机构希望他们所参与的评估可以用于为组织中不同层面的决策提供信息,并提高组织及其活动的绩效。但是,任何组织对于不能给其增加价值的活动都不感兴趣。

本书所涉及的议题:
- 在政府部门和公共组织中建立制度化评估的不同方式以及结果如何?
- 为什么很难将评估作为良好管理的一个常规内容?
- 如何建立有效支撑评估的组织文化?
- 如何制定战略,以确保物有所值并提高评估结果在组织机构中的利用率?
- 如何加强评估以提高评估效率?

虽然文献中已经讨论了许多这些议题,但本书所提供的内容是基于在组织机构中实施评估的良好经验的讨论。本书的章节涵盖了一系列制度化的评估,包括政府机构开展的评估(如加拿大、新西兰、苏格兰和瑞士),超国家政府开展的评估(如欧盟委员会),以及国际组织开展的评估(如世界卫生组织和国际劳工组织)。

本章属于概述性质,将通过下列一些基本问题为这些讨论奠定基础。
- 评估的"使用"是什么意思?
- 谁使用评估?
- 使评估有用的挑战是什么?
- 设计和实施评估的关键事项是什么?
- 为什么要进行评估,目的是什么?
- 机构中开展评估的职能架构及如何组织?
- 评估在组织机构中运作的环境是什么?

经济合作与发展组织发展援助委员会(OECD-DAC,2002)将(事后)评估定义为"对正在进行或已完成的项目、计划或政策进行系统和客观的评价,包括其设计、实施和结果"。本书采用了类似的广泛视角,被评估的内容（被评对象）可以是旨在实现组织某种目标的任何活动组合。因此，评估通常涉及对一个组织或若干组织的某些方面的绩效进行评价。

评估也可以是事前评估，即对规划中的项目、计划或政策进行评估，以确定预期干预措施对实现其预期目标是否合理。

1.1 评估利用的不同类型

"使用评估"可以给出一系列含义，所有这些都在文献中得到充分讨论（Kirkhart，2000；Mark 和 Henry，2004；Moynihan，2009；Patton，2012；Preskill 和 Torres，1999，2000；Weiss，1998）。评估的作用可以分为以下类型：

- 工具性作用——利用评估结果直接改进项目实施（Caracelli 和 Preskill，2000；Walter 和 Davies，2007）。

- 启发性作用——包括长期和短期。一是概念完善，利用评估结果增强对设计中的干预措施的理解，"在通常情况下，可以影响对问题的思考"（Rossi、Lipsey 和 Freemen，2004）。二是项目反思，利用项目的评估发现去反思项目的实施和未来战略。例如，Jacobson、Carter、Hockings 和 Kelman（2011）针对澳大利亚一个重大自然资源保护项目的评估结果展开了讨论，利用研讨会鼓励和支持对项目的反思。

- 说服性作用——利用评估结果，使干预措施进一步合法化或进行批判阻止实施（Rossi 等，2004），或者支持扩大或推出新的试点干预措施。

- 过程性作用——通过邀请相关人员参与项目评估实施过程，使其更好地理解项目和评估过程（Cousins，2004；Forss、Rebien 和 Carlson，200；Patton，2007，2008）。

- 标志性作用——开展评估是项目自身的内在要求，表明对项目干预活动的内在支持。评估活动是项目实施必要的标志性活动。

工具性作用可能是大多数人想象中评估所发挥的作用，特别是那些支持评估的组织机构。研究表明，实际上大部分的评估使用通常是各种形式的启发性作用（Peck 和 Gorzalski，2009）。这是组织机构在资助评估活动时所期望的吗？或者，他们是否期待评估活动能够立即见效？本书探讨了这些问题。

1.2 谁使用评估

在谈论评估使用时，除了要明确我们正在讨论的评估使用类型外，作为公共部门绩效顾问或评估者，还需要明确我们所指的用户是谁。在组织机构内部和外部都有评估信息的许多潜在用户，例如：

——内部用户：项目管理人员、政策分析人员、高级管理层；

——外部用户：政治家、管理当局、利益相关者、学者、评论家、受益人。

这些不同的用户有以下不同点。

- 对什么是评估对象有不同的看法，因为各自对项目及其历史背景的相关知识和经验不同，对评估的相关性和重要性的看法等也不相同。
- 对评估作用有不同的看法，有的将评估视为增强理解项目及其如何运作的工具，有的将评估当作提供项目实施关键证据的工具。
- 对项目实施和未来的既得利益有不同看法，既有毫无疑问的支持者，也有彻底的反对者或怀疑者。
- 对正在开展的评估能解决的问题有不同的信息需求（Mayne、Divorski 和 Lemaire，1999）。

上述对评估的不同作用和不同潜在用户的简单描述，已经开始阐明"加强评估的使用"这一看似简单问题的复杂性和含义。

1.3 为什么评估可能没用

学者在文献中讨论了为什么评估可能无法在组织机构中使用的许多原因（Nutley 等，2007；Torres 和 Preskill，2001）。

原因1：评估成果的质量差（Schwartz 和 Mayne，2005）

- 不及时。在决策需要时，评估活动还没有产出相关成果。
- 不相关。评估结果与决策不相干，没用相关性。
- 不可信。评估发现、评估结论和建议不完全可信，不能用于决策（数据或分析有缺陷，有偏见）。

- 不清晰。评估结果没有得到很好的表达，没有制定沟通战略，对于不同利益相关者的利益没有予以关注和认可。

原因2：评估过程有瑕疵（Johnson等，2009）

- 不包容。评估中仅仅考虑了"专家"的观点。

原因3：评估文化有局限

- 不接受。与经验和智慧相比，用户对评估结果没有给予太多的重视，除非它们可能与经验一致。

原因4：评估者角色不明确

- 不认可。评估者更多地被看作一个局外人、一个审计师，因此被视为组织的负担，而不是有用的。

原因5：评估结果令人不快

- 不如意。项目管理者、高级管理层和/或政治家可能不喜欢或不同意评估结果，这可能会挑战他们的信仰或措施。

大多数这些"挑战"会成为利用评估的丧钟，或者至少使评估的某些作用难以体现。也就是说，任何一项因素都会限制评估得到使用。很明显，很多事情都会出错。为使评估工作顺利进行，必须让许多不同方面的因素协同起来，也就是说，组织机构的各方面必须协调一致。这或许可以解释在组织机构中充分利用评估为什么如此困难，必须检验许多方面的因素。本书讨论了这些问题。

1.4　评估的目的是什么

另一个需要考虑的重要方面是评估的预期目的。一个很好的分类是：基于学习的评估和基于问责的评估。这种区分，对于理解评估的使用和谁使用，其含义显而易见。

许多评估似乎是为了问责的目的而进行的（Mayne，2007）。也就是说，评估是由组织机构以外的人（或评估对象之外的人）开展的，用于检查事情进展如何？通常是用来评估项目是否应该继续得到资助。例如，大多数国际援助捐助者会要求将评估作为继续提供资金的条件。因此，评估在被评对象或组织机构改进项目设计或实施方面起到的作用可能要小得多，注意力更多地聚焦于如何维持项目上，而不是学习项目实施中什么是有效的，什么是无效的。如果评估拥有清晰的学习目的，通过评估深入理解项目及其运作机理，那么，被评对象就会有更大的机会充分利用评估。

但是，有必要将"基于学习的评估"和"基于问责的评估"分割开吗？有人认为（加拿大审计长，2002 年；Mayne，2007；Perrin，2007；Zapico-Goni，2007），在项目没有得到很好实施而强调结果问责的时代，尤其是在越来越复杂的干预背景下，问责制在很大程度上应该面向学习，而不是聚焦结果本身。这种思路可能有助于平衡问责与学习之间的对立性。

无论如何，组织机构如何看待评估工作显得非常重要。

1.5 关键的评估决策事项

评估成果和过程的质量在很大程度上取决于评估的设计和实施方式。开展评估的组织机构需要做出相当多的重要决策。Mayne（2011）提供了一个决策事项列表。

- 要评估哪个项目？
- 要遵循哪些评估流程？谁参与评估？
- 要解决涉及项目绩效的哪些问题？
- 证据的可信度如何？
- 在评估上花费多少时间和资源？
- 如何决定评估方法（涉及评估设计、数据收集及分析方法）？
- 哪些评估人员实施评估？
- 评估发现、结论和建议如何得到同意或批准？
- 在评估结束和工作期间，需要向谁以及何时报告哪些内容？
- 如何确定评估任务大纲（ToR）？

最后一个议题是"评估任务大纲（ToR）"，即评估由哪些内容构成，显然涵盖了很多上述这些决策事项。能够决策评估任务大纲的人，可以对评估中的大部分关键事项做出决定，当然，这也取决于评估任务大纲的综合程度。

如何以及由谁做出这些决定将会影响评估成果和过程的质量。所有这些都是评估中出现偏差的潜在缘由。这些问题如何决策，将决定组织机构中评估方案或评估职能的构成和实施方式。

这些决策可以由以下任何一个或所有的主体共同做出：
- 要求评估的人（评估委托者）；
- 为评估提供资助的人；
- 负责管理评估的人；
- 被评估项目的管理者；
- 与评估相关的利益相关者；
- 执行评估的人，即评估者；
- 实施评估的政策规定。

1.6 组织中的评估职能架构

评估的职能架构在组织机构间存在着很大的差异，在本书的不同章节中将有明确地说明。存在差异并不意外，因为各个组织机构在如何创建和管理方面是不相同的。

- 组织机构如果有大规模的内部评估部门，则可以实施其大部分评估活动；而小规模的内部评估部门，通常依赖外部雇用的评估人员来完成大部分评估工作。
- 评估任务的发起，有的是组织机构内部委托；而有的是来源于组织机构外部，如监管机构。
- 有的组织机构出台了正式的评估规则和结构化评估实践流程；而有的则是采用了比较随意的评估方法。
- 有的组织机构建立了完备的绩效监测操作指南，而有的机构其监测能力有限。
- 有的组织机构其内部评估部门与项目规划部门之间的职能相当分离，而有的则是将评估职能内嵌于规划部门之中，没有独立的评估部门。
- 有的组织机构其评估部门得到了高级管理层的大力支持，而有的机构其评估部门的战略支持力度较小。

鉴于如此巨大的差异，显然在某些组织机构中，评估所面临的挑战和对这些挑战的响应也会有很大差异，具有非常丰富的讨论空间，正如本书中的相关章节所论述的。

尤其在第 2 章中，即"评估者、评估对象、评估委托者：棘手的铁三角"，将基于评估者、被评估项目、评估委托者之间多种可能的构成关系，讨论由谁来决定评估什么。

1.7　组织机构的背景

很明显，组织机构的发展历史、性质和价值观也将对其使用评估的程度产生影响。有些组织机构开展评估活动历史悠久，而有些机构的评估经验则是有限得多。

更为根本的是，组织文化非常重要，特别是它们在多大程度上拥有评估文化。我们曾经介绍过某个组织具备浓厚评估文化的特征（Mayne，2009）。

- 真心开展自我反省和自我检查（自评价）：
  ——主动寻求其目标是否实现的证据，如通过监测和评估手段；
  ——利用结果信息挑战或支持正在做的事情；
  ——重视坦诚、挑战和真诚的对话。
- 真心开展基于证据的学习：
  ——安排专门时间用于学习；
  ——从错误和不良绩效中吸取教训；
  ——鼓励知识转移。
- 真心鼓励试验和变革：
  ——支持有意的冒险行为；
  ——找出新的做事方式。

这些浓厚的评估文化特点所暗示的是（尽管不是很明确）愿意公开展示组织机构正在完成的工作，愿意报告其绩效并讲述其业绩故事。因此，以下内容也应当添加到描述浓厚的评估文化的特征列表中。

- 真心鼓励公开绩效报告：
  ——将评估报告公之于众；
  ——定期报告其活动的执行情况。

本书许多章节的编写人员都意识到了组织机构建立和强化评估文化的重要性，并讨论了他们的做法和经验。

总的来说，我们认为有很多不同的问题和背景影响着一个组织如何使用评估。对此或许并不感到意外，组织机构性质的复杂性及其如何做事和决策相互间是不相同的。评估就是一种工具，试图为此类决策提供证据信息。

1.8 本书的章节安排

本书各章节的撰稿人提供了他们的见解，这些都是来源于他们在组织内利用评估时面临挑战的亲身经历。从总体上，他们阐述了如下问题。

- 组织机构的背景是什么？
- 面临哪些具体挑战？
- 研究文献讲述了什么？
- 在应对挑战时采用了哪些实际战略？
- 这些战略的有效性如何？

这些章节是由相关组织中深度参与评估的人员共同撰写的，他们分享了在使评估对组织有用的持续努力中获得的经验和教训。

本书希望引起那些呼吁评估和委托评估的人的注意。在第 2 章中，除了需要考虑那些被评估的人和做评估的人之外，Bastiaan de Laat 还认为需要关注评估委托者，这是一个在文献中很少被关注的焦点。然后，他讨论了在不同的评估场景中三个主体之间的关系：评估对象、评估人员、评估委托者，即 de Laat 所称的"棘手的铁三角"。

第 3 章～第 7 章共五个章节讨论了针对相关政府部门或机构开展的评估案例。

（1）Penny Hawkins 首先讨论了委托评估的两个关键需求：一是要能够管理评估过程；二是要能够睿智地考虑相关背景。根据她在新西兰外交贸易部和社会发展部的长期工作经验，以及随后在洛克菲勒基金会的工作经验，首先，她讨论了如何管理评估方面的一些挑战和有益实践；然后，她基于在新西兰毛利人居住区开展评估工作的经验，特别讨论了相关文化背景在评估中的重要性，强调对本地文化和社会的特色必须认真考虑，其中有些特色并不能直接适应所谓的"标准"评估实践。

（2）Marlène Läubli 介绍了瑞士联邦公共卫生办公室几十年来建立评估部门的主要工作，展示了组织机构对开展和维持评估的持续需求。该章节强调了评估必须能够适应不断变化的组织背景和现实，以及在机构中建立评估文化的挑战。她辨析了评估的制度化是有助于，还是阻碍了评估文化的发展，讨论了来自评估委托者和评估人员的大量经验教训。例如，需要良好的沟通并在一开始就要仔细规划好评估结果的使用，也需要对项目人员和评估委托者进行有关评估的培训。

（3）Erica Wimbush 讨论了在苏格兰公共卫生领域推动将评估证据应用于公共卫生相关议题决策方面的作为。她首先讨论了关于知识利用和新兴起的"知识到行动战略"方面的文献，以此种方式弥合评估研究者和政策决策者之间在理解评估方面的差距。Wimbush 介绍了苏格兰公共卫生机构运作的背景，并描述了该机构为加强评估证据使用而采取的若干战略。本章中强调了一些经验教训，例如，需要创造时机，反思有效证据的采纳使用过程，讨论机构最高层对评估的支撑作用，也需要建立相关评估协作和合作网络。

（4）Nancy Porteous 和 Steve Montague 讨论了加拿大公共卫生署内部评估的演变，从传统的关注单个项目的一次性评估研究，转向在机构内评估工作中采用更全面制度化的方法。本章指出了他们用于这种转变的四种战略：保持对组织的充分了解，创建组织层面的逻辑模型，为组织制定多年的评估规划，以及关注整个组织内累积性的评价性学习效果。他们认为，这样做的结果不仅是提高了评估质量和评估利用情况，而且增强了组织的学习和适应能力。

（5）de Laat 和 Williams 把欧盟委员会评估的工作当作了一个超级政府组织的案例，介绍了围绕欧盟评估工作开展的两项大型实证研究的相关结论。为了解评估到底发挥了哪些作用，他们审查了大量评估活动，最终提出了五种类型的评估作用。基于这些发现，阐述了启动评估工作的缘由。本章最后讨论了一些被认为影响评估使用的因素，如评估的时机、高级管理层的支持、潜在用户的参与，以及对评估建议的后续落实行动。

第 8 章和第 9 章展示了国际组织即联合国系统的评估。

（1）世界卫生组织（WHO）是一个广为人知的联合国机构，也是一个典型的联合国组织,既有一个"集中式"的机构层面评估部门,同时也有大量的由世界各地的区域和国别办事处开展的"分散式"评估。描述了这一复杂的评估环境后,Maria J. Santamaria Hergueta、Alan Schnur 和 Deepak Thapa 讨论了过去几十年来世界卫生组织评估工作的演变。首先是定位在规划需求,然后是监督服务,现在则是面临财政压力。本章介绍了在世界卫生组织内开发和建立评估文化面临的挑战,以及为解决这些问题制定新的评估政策大纲所面临的挑战,还讨论了让评估工作附属于内部监督服务厅(IOS)的利弊,IOS 承担着审计和调查职能。

(2) 第二个联合国案例是国际劳工组织(ILO)中开展的评估。Janet Neubecker、Matthew Ripley 和 Craig Russon 认为有必要衡量评估结果使用的范围和性质,并提出一个他们在国际劳工组织开发的 5 级评估利用成熟度模型。他们讨论了如何制定具体的战略,以便在规划模型的每一阶段和评估过程中的每一个伙伴能够在每一级都加强评估利用。为大兴调查研究之风,他们讨论了建立和维护一个由评估者和管理者组成的活跃的评估工作网络的重要性。本章概述了高质量的评估报告、建议、管理响应和报告传播的标准,并讨论了评估过程中每个合作伙伴何时以及如何提高评估利用的成效。

本书结束语部分回顾了本书所讨论的具体案例,总结了已确定的主题和经验教训。总的来说,本书内容提供了丰富的经验,并就如何加强在组织机构中使用评估提出了大量实用的建议。

参考文献

Auditor General of Canada. (2002). Modernizing accountability in the public sector. *In December* 2002 *Report of the auditor general of Canada to the House of Commons* (Chapter 9). Retrieved from http://www.oag-bvg.gc.ca/internet/English/parl_oag_200212_09_e_12403.html

Botcheva, L., Shih, J., & Huffman, L. C. (2009). Emphasizing cultural competence in evaluation: A process oriented approach. *American Journal of Evaluation*, 30 (2), 176–188.

Caracelli, V. J., & Preskill, H. (Eds.). (2000). *The expanding scope of evaluation use: No. 88. New directions for evaluation.* San Francisco, CA: Jossey-Bass.

Cousins, B., Goh, S. Clark, S. & Lee, L. (2004). Integrating evaluative inquiry into the organizational culture: A review and synthesis of the knowledge base. *Canadian Journal of Program Evaluation*, 19 (2), 99 – 141.

Cousins, J. B. (Ed.). (2007). *Process use in theory, research, and practice: No. 116. New directions for evaluation. San Francisco*, CA: Jossey-Bass and American Evaluation Association.

Easterby-Smith, M., Crossman, M., & Nicolint, D. (2000). Organizational learning: Debates past, present and future. *Journal of Management Studies*, 37 (6), 783 – 796.

Forss, K., Rebien, C. C., & Carlson, J. (2002). Process use of evaluations. *Evaluation*, 8 (1), 29 – 45.

Garvin, D. A., Edmondson, A. C., & Gino, F. (2008, March). Is yours a learning organization? *Harvard Business Review*, 109 – 116.

Hernandez, G., & Visher, M. (2001). *Creating a culture of inquiry: Changing methods—and minds—on the use of evaluation in nonprofit organizations*. James Irving Foundation. Retrieved from http://www.irvine.org/assets/pdf/pubs/evaluation/Creating_Culture.pdf

Jacobson, C., Carter, R. W., Hockings, M., & Kelman, J. (2011). Maximizing conservation evaluation utilization. *Evaluation*, 17 (1), 53 – 71.

Johnson, K., Greenseid, L. O., Toal, S. A., King, J. A., Lawrenz, F., & Volkov, B. (2009). Research on evaluation use: A review of the empirical literature from 1986 to 2005. *American Journal of Evaluation*, 30 (3), 377 – 410.

Kirkhart, K. E. (2000). Reconceptualizing evaluation use: An integrated theory of influence. *New Directions for Evaluation*, 88, 5 – 23.

Mark, M., & Henry, G. (2004). The mechanisms and outcomes of evaluation influence. *Evaluation*, 10 (1), 35 – 57.

Mayne, J. (2007). Evaluation for accountability: Reality or myth? In M.-L. Bemelmans-Videc, J. Lonsdale, & B. Perrin (Eds.), *Making accountability work: Dilemmas for evaluation and for audit* (pp. 63 – 84). New Brunswick, NJ: Transaction.

Mayne, J. (2009). Building an evaluative culture in organizations: The key to effective evaluation and results management. *Canadian Journal of Program Evaluation*, 24 (2), 1 – 30.

Mayne, J. (2011). Independence in evaluation and the role of culture [Abstract notes from a chapter]. *Evaluation Notes*, No. 1: INTEVAL. Retrieved from http://www.inteval-group.org/IMG/ckfinder/files/Inteval%20Notes%202011-1.PDF

Mayne, J., Divorski, S., & Lemaire, D. (1999). Locating evaluation: Anchoring evaluation in the executive or the legislature, or both or elsewhere? In R. Boyle & D. Lemaire (Eds.), *Building evaluation capacity: Lessons from practice* (pp. 23 – 52). New Brunswick, NJ: Transaction.

Moynihan, D. P. (2009). Through a glass, darkly: Understanding the effects of performance regimes. *Public Performance & Management Review*, 32 (4), 592 – 603.

Nutley, S. M., Walter, I., & Davies, H. T. O. (2007). *Using evidence: How research can inform public services.* Bristol, UK: Policy Press.

Organisation for Economic Co-operation and Development, Development Assistance Committee (OECD-DAC). (2002). *Glossary of key terms in evaluation and results based management.* Paris, France: Author. Retrieved March 8, 2008, from http://www.oecd.org/dataoecd/29/21/2754804.pdf

Patton, M. Q. (2007, Winter). Process use as a usefulism. *New Directions for Evaluation*, 2007 (116), 99 – 112.

Patton, M. Q. (2008). *Utilization-focused evaluation* (4th ed.). Thousand Oaks, CA: Sage.

Patton, M. Q. (2012). *Essentials of utilization-focused evaluation.* Thousand Oaks, CA: Sage.

Peck, L. R., & Gorzalski, L. M. (2009). An evaluation use framework and empirical assessment. *Journal of MultiDisciplinary Evaluation*, 6 (12), 139 – 156.

Perrin, B. (2006). *Moving from outputs to outcomes: Practical advice from governments around the world.* Washington, DC: IBM Centre for The Business of Government and World Bank. Retrieved from http://www.businessofgovernment.org/report/moving-outputs-outcomes-practicaladvice-governments-around-world

Perrin, B. (2007). A new view of accountability. In M.-L. Bemelmans-Videc, J. Lonsdale, & B. Perrin (Eds.), *Making accountability work: Dilemmas for evaluation and for audit* (pp. 63 – 84). New Brunswick, NJ: Transaction.

Pollitt, C. (2006). Performance information for democracy: The missing link? *Evaluation*, 12 (1), 38 – 55.

Preskill, H., & Jones, N. (2009). *A practical guide for engaging stakeholders in developing evaluation questions.* Princeton, NJ: Robert Wood Johnson Foundation Evaluation Series. Retrieved from http://www.rwjf.org

Preskill, H., & Torres, R. T. (1999). *Evaluative inquiry for learning in organizations.* Thousand Oaks, CA: Sage.

Preskill, H., & Torres, R. T. (2000). The learning dimension of evaluation use. New Directions for *Evaluation*, 2000 (88), 25 – 37.

Ramalingam, B. (2011). *Learning how to learn: Eight lessons for impact evaluations that make a difference. London*, UK: Overseas Development Institute. Retrieved from http://www.odi.org.uk/resources/download/5716.pdf

Rossi, P. H., Lipsey, M. W., & Freemen, H. E. (2004). *Evaluation: A systematic approach* (7th ed.). Thousand Oaks, CA: Sage.

Russ-Eft, D., & Preskill, J. (2009). *Evaluation in organizations: A systematic approach to enhancing learning, performance, and change.* New York, NY: Basic Books.

Schwartz, R., & Mayne, J. (2005). Assuring the quality of evaluation: Theory and practice. *Evaluation and Program Planning*, 28 (1), 1 – 14.

Stame, N. (2004). Theory-based evaluation and varieties of complexity. *Evaluation*, 10 (1), 58 – 76.

Torres, R. T., & Preskill, H. (2001). Evaluation and organizational learning: Past, present and future. *American Journal of Evaluation*, 22 (3), 387 – 395.

Vanlandingham, G. (2011). Escaping the dusty shelf: Legislative evaluation offices' efforts to promote utilization. *American Journal of Evaluation*, 32 (1), 85 – 97.

Weiss, C. H. (1998). Have we learned anything new about the use of evaluation? *American Journal of Evaluation*, 19 (1), 21 – 33.

Zapico-Goni, E. (2007). Matching public management, accountability and evaluation in uncertain contexts. *Evaluation*, 13 (4), 421 – 438.

第2章 评估者、评估对象、评估委托者：棘手的铁三角[*]

Bastiaan de Laat

本章主题

- 内外部评估之争以及评估委托者的作用
- 评估委托和管理的不同配置形式
- 与这些不同配置形式相关的控制和独立性问题

从我本人的一个故事说起。几年前，我作为一名外部顾问，负责对一家知名的重要多边组织的一系列项目进行评估。我的客户是这个组织中负责这些项目的部门。更准确地说，评估是由亲自参与计划实施的人员委托进行的。

在准备某项目的利益相关者调查问卷时，我的客户不太愿意把一个问卷题目包括进去，该题目与另一个有竞争关系的项目有关。起初，我并没有意识到这种抵制会有多么严重，直到我的客户在我提交了问卷的后续修订版本后（其中包含了那个题目的变体表述），明确告诉我要简单处理，直接把所有与其他项目有关的题目剔除。客户认为这个题目是"无关紧要的"，因为另一个项目"有非常不同的目标，因此不能出现任何重叠"。而我认为，这次评估恰好将是一个很好的机会，能让我们更多地了解这两个项目之间的连贯性和一致性。但是，我的客户不想知道，答案仍然是否定的。而且，客户威胁说要终止合同，因为我不想迁就他这种影响评估方法的做法。到目前为

---

[*] 注：2008年在里斯本举行的两年一度的欧洲评估协会会议上，提出了本章的一个初步结构。
免责声明：作者所表达的任何观点和意见不一定反映欧洲投资银行的观点和意见。

止，我一直认为评估方法的设计应当主要是评估者的领域。当然，这不是他终止合同的理由。事实上，理由是评估者没有及时提交调查问卷的最终版本，因此错过了最后期限，这实际上可以构成终止合同的理由。

当时，我经营着一家小型咨询公司，可以这么说，还有好几个员工要养活，在与这位客户就问卷题目争论了两周后，我不得不放弃我的想法，选择不失去这份重要的合同。然而，对我来说，所发生的事情是不公平的，我感到痛苦，有些无助，只有同事和朋友可以求助，根本找不到"评估监察员"。最终，这件事对我来说是离开咨询行业的原因之一，我想看看"另一方"，也就是评估委托者那一方，是否真的充满了政治因素，让人别无选择。我继续思考这个事件（以及其他一些类似事件，幸运的是，其他客户对评估方法的干预不太成功），这导致了我对评估者、评估对象和评估委托者之间关系的更一般的理论思考。"棘手的铁三角"的概念正是这些反思的结果。

2.1 概述

评估文献通常对评估过程中涉及的两种角色进行区分，即执行评估的评估者，以及评估对象，也就是被评估的实体（项目、方案、政策、机构等）。评估人员可以通过两种不同的方式与评估对象建立联系：评估人员可以是评估对象所在组织的内部人员，也可以是其外部人员。相应地，我们称为"内部评估"和"外部评估"。尽管许多组织明确地使用外部评估人员，因为（他们宣称）这将保持评估的独立性——内部评估人员会更有偏见——但文献表明外部评估和独立性根本就是两回事（ConleyTyler，2005；Kaiser 和 Brass，2010；Mathison，2005）。

本章提出了一个看待外部评估和内部评估之争的新角度，即考虑评估委托者的作用，这在文献中似乎被忽视了。这种遗漏令人惊讶，因为现实中评估委托者一直存在着。无论是隐含的还是明确的，总是会有人要求进行评估，提出评估任务大纲（ToR），并支付评估费用，也就是说，评估者不会仅仅为了开展评估而代表自己发起评估。然而，许多文献似乎暗示，评估委托者与计划管理层完全一致，即都是被评估的实体。但现实中的许多情况下，这些角色并不一致，而且评估委托者很可能处于评估对象所在组织之

第 2 章 评估者、评估对象、评估委托者：棘手的铁三角

外。例如，某个部委可以委托对某个国家机构进行评估，或某个预算办公室会要求对某个部门开展评估。评估委托者与评估者之间以及评估委托者与评估对象之间的关系形式，对塑造评估者和评估对象之间的关系至关重要，并会对评估程序和过程的设定及实施方式产生重大影响。令人惊讶的是，对评估委托者这个角色的研究还不太多。本书从这个视角出发，旨在通过讨论评估委托者作用的不同方面，填补文献中的空白。

本章旨在提出一个简要的分析框架，用来分析评估委托者以及评估者和评估对象的角色。根据具体情形，评估委托者可被安排在不同位置。本章展示了提出的"棘手的铁三角"概念，描述了在一个评估流程中三个角色和他们之间的关系。将其称为"棘手的铁三角"，是因为三者之间的相互关系有时是敏感的；而且，也由于这三个实体的原本角色，在现实评估中会变得与通常假设完全不同，尤其涉及独立性和外部评估时。这将在下一节讨论。本章将描述五种典型的组织结构形式，每种形式下三种角色相互关联，如果适用的话，也将这些内容追溯到传统意义上对内部评估和外部评估概念的区分，并对独立评估的影响后果进行分析。

本章的组织架构如下：首先简要回顾评估独立性，因为这是编写本章的根本原因，即明确地集中讨论评估委托者的角色，并提出"铁三角"概念作为分析框架。然后，本章将描述五种不同的组织结构形式，三个角色在其中相互关联。本章最后部分给出了简要结论。

2.2 独立性、内部评估和外部评估

关于评估者和评估对象之间关系的讨论，往往与独立性、偏见、控制等议题紧密相关，这对评估界来说并不新鲜。它们是评估工作本身固有的政治属性，自 20 世纪 60 年代出现"现代"评估并缓慢地制度化以来，这些一直是辩论的主题。最突出的是，Scriven（1975）回顾了评估中存在偏见的广泛来源并提出了预防措施；他 40 年前发表的开创性论文，至今仍没有失去其敏锐性和相关性。不偏不倚的评估者是不存在的，"但有些制度性安排能够阻止他们产生偏见，或者（至少部分）消除偏见"。美国评估协会（AEA）LinkedIn 小组最近的一次讨论证明，评估中各方之间的关系有时仍存在冲

突，这与本章开头介绍的故事非常相似。那次讨论会评估同行们围绕如何与客户打交道打开了话题，往往客户对评估结果感到恼火时，会抱怨评估报告使用的方法。讨论中一长串的回复为 Scriven 论文中的观点提供了完美的现实生活中的例子。我们稍后再来讨论这个问题。

在传统上，评估文献——以及不同的政治机构，如欧盟——倾向于将外部评估等同于"独立"评估。相应地，由实施被评项目的机构内部人员开展的评估则是不独立的。人们认为，内部成员更容易产生偏见。但是，内部评估和外部评估的区别，特别是在定义上后者是否优于前者，并不是那么明确。甚至独立性的确切含义也不是那么清晰（Kaiser 和 Brass，2010）。一般的观点是，外部评估者会认同专业的"评估圈子"，而内部评估者更可能认同自己的工作场所，因此可能更容易存在偏见，或者承受来自"内部"压力而认同的内部偏见。

现在来看，Scriven（1975）曾经提出的观点，即"通过独立性的标准来追求客观性，往往导致在形成性评估和总结性评估的情况下使用外部评估者。当然，外部性也总是相对的"。的确，外部评估者在某个时点上也会屈服于客户压力，尤其是赢取下一个评估投标处于成败关头时，这种情况下会损害独立性判断（Mathison，1999）。基于这点，构建外部评估者与项目管理者之间的长期关系将特别有害，因为这将导致评估者大大增加其对工作服务对象的认同感，从而行为上就越来越像是有"偏见"的内部评估者，或者交换为另一种长期关系（Ray，2006）。

相反，一个内部评估者，即便当她或他提交批判性的评估结果时面临抵制风险，事实上，如果组织机构有必要的保障措施保护其地位的情况下，其与外部评估者相比，可能更容易"摆脱"这些风险。这样，内部评估比外部评估将会更加独立。美国国会最近一项针对联邦计划评估者独立性的研究（Kaiser 和 Brass，2010）证实了这一点。这项研究最后所指的独立评估，不是指外部评估，而是指由项目办公室自身之外的一个部门开展的对相关计划和项目良好实施情况的审查和评价。此外，Michaelova 和 Borrmann（2006）研究认为，在某些制度条款保障下，内部评估者实际上可能比外部评估者更独立。他们认为，在同一个机构或单位内部，可以设置一个评估部门，仍然可以保持其独立性。世界银行的独立评估局（IEG）就是一个例子，IEG 属

第 2 章 评估者、评估对象、评估委托者：棘手的铁三角

于世界银行的组成部分，但相当独立于银行的管理和业务，它直接向董事会报告。

在我看来，文献中有两个不足引起了混淆。

第一个不足。参照 Kaiser 和 Brass（2010）的表述，其认为关于什么是独立评估没有共识，内部评估似乎也没有一个足够精确的定义。内部性是针对评估对象来说的吗（如被评估的项目、计划、政策、或机构）？还是仅仅针对实施项目的单位，那么对于项目实施部门本身之外的部门呢？文献研究将这两种类型都称为内部评估，前者不如后者独立。相对应的是，外部评估的概念通常是指由负责项目实施的单位之外的评估者开展的评估。基于这样的定义，例如，在欧洲的国家政府机关或者欧盟，其大多数评估都属于外部评估。另外，大多数多边金融机构将开展内部评估，因为它们的评估人员与实施被评项目的人员都是同一机构的职员。从这个定义出发，文献将"内部评估—外部评估"等同于"非独立评估—独立评估"，作者通常得出的结论是：它们在本质上没有区别。Conley-Tyler（2005）、Mathison（2005）、Kaiser 和 Brass（2010）都指出，"内部评估—外部评估"之间的差异并不是关于评估独立性争论的决定性因素。因此，将内部评估与外部评估概念对立起来，以此来解释评估独立性的水平，这是一种错误的二分法。评估独立性取决于其他因素。

第二个不足。回到上述提到的 LinkedIn 小组讨论，所有参与讨论者（都是具有浓厚兴趣的评估人员）都仅仅提到了评估人员和他们的客户，后者是指评估对象。尽管有些参与者属于内部评估人员，评估人员和评估对象之间的关系在体系结构上可称为直接关系或二元关系。有一个例外文献（Michaelova 和 Bormann，2006），这篇文献恰好反映了如下内容：如果仅仅关注评估人员和评估对象的话，似乎没有反映评估客户或评估委托者的作用。本章的一个同行评议者甚至认为"在美国就根本没有评估委托者角色"。但是，谁是要求开展评估并确定评估任务大纲（ToR）关键事项的人呢？很明显，评估委托者的角色至关重要。在某些情况下，评估委托者和评估对象两个角色可能比其他角色更容易融为一体。大多数情况下，评估委托者的角色必然存在，尽管有些评估活动不是这样。这点需要得到承认，以便更好地理解评估是如何组织和实施，尤其是涉及独立性与"内部评估—外部评估"

的争论时，当然并非专门针对此议题。

也就是说，评估人员和被评项目之间的权力配置及内在关系可能会发生变化，这取决于评估者为之工作的客户、评估委托者。在评估人员和评估对象之间设置一个明确的评估委托者，则将为两者提供缓冲。但评估人员可能随后会变得更加依赖，不是依赖评估对象，而是依赖具有自己想法的评估委托者。

2.3 棘手的铁三角：概念和定义

评估从业者如何理解三种不同角色？尽管上面已经粗略地提及这些术语，但是还没有确切地给出定义。下面首先概述评估对象、评估人员，以及评估委托者的角色作用；然后描述他们之间的关系。

- 评估对象（被评估者）是指被评估的对象。它可以是计划、项目、政策、机构或其他实体，同时包括实施的内容和对实施负责的主体（如项目管理者）。
- 评估者是指执行评估活动的人。
- 评估委托者是一个实体[①]，要求开展评估并支付评估服务费用[②]。评估委托者对评估任务大纲（ToR）负责，对评估的进程进行监督，通常是评估结果的主要接收者，即便目标群体是更为广泛的大众。一些组织，如联合国评估小组（UNEG），即联合国评估机构网络，通常明确规定了评估委托者的职责和义务（见专栏2.1）。

专栏2.1 评估委托者的职责和义务（来自UNEG）

- 与评估各方协商，支持制定相关的、现实的和可行的规范。
- 从一开始就明确如何使用和扩散评估报告。
- 按照代理规程，执行透明、公平的招标程序，明确投标决策的标准。
- 确保潜在的评估者提交的建议方案中的想法或知识产权不能被掠夺或被其他方式滥用。

第 2 章 评估者、评估对象、评估委托者：棘手的铁三角

> • 保证评估结果的完整性，如不能有选择性地引用评估结果，或者断章取义地公之于众。
> • 向目标用户扩散评估的中期发现和最终评估报告，以便评估成果得到及时应用。
> • 向利益相关者（实体）提供评估结果，包括政府部门和其他合作伙伴。

三种角色之间的关系如下：

• 评估对象和评估者。评估人员在各种评估工具的帮助下，如案头研究、面访、调查、专家咨询等，通过不同的方法手段，对评估对象进行检查。相应地，评估对象则被要求向评估人员提供自身信息。评估人员需要对评估对象开展基于证据的评价，尤其是要做出评判。后者（做出评判）在某种程度上解释了在评估人员和评估对象之间可能会存在摩擦的原因。

• 评估委托者和评估者。评估委托者创建或批准评估人员需要遵守的评估任务大纲（ToR）或者"规范"。评估委托者与评估者有合同关系，并为评估者的工作付酬。评估者需要提供多种成果[3]，一般来讲，评估结果以一份或多份评估报告的形式出现，报告的主要接收人是评估委托者。然而，最终更广泛的大众往往是典型的目标群体。另外，评估委托者（通过合同）可确定委托者是否拥有对评估报告的修订权力，或是让评估者作为唯一的作者[4]，还可确定如何出版和发布评估报告（公开、保密、匿名等方式）。

• 评估委托者和评估对象。评估委托者拥有发起或要求对评估对象进行评估的权力。这是因为它被明确赋予了这样的角色，或是因为评估对象的运作完全是在评估委托者的支持下得以开展。例如，后者负责审定评估对象的战略方向（如在主管研究的部门下运行的某个科研机构）。评估委托者也拥有（潜在）权力（通过评估或其他类型的政策行为）来指导评估对象。与之相对应，从评估对象到评估委托者，也会有一个关于绩效和效率的问责流程。这种影响可能不是直接的，而是间接的。

这个三角关系之所以特别棘手，是因为在评估过程中涉及的不同参与者对评估结果的形成都有某种形式的预期。评估结果包含了评估者对评估对象

的评判以及建议，这意味着各方应以某种方式对结果有所行动。能对评估进行管控意味着也能对评估结果的形成进行管控，即相应地存在着对评估对象评判结果进行操控的可能——这是关键所在（Oliver，2007）——也包括对评估建议以及后续应该采取的行动进行操控的可能。参与评估并根据评估结果采取行动，首先需要投入大量的工作，并且一旦该项评估有批评意见的话，则这些工作将会变得尤其令人不快和难以开展。

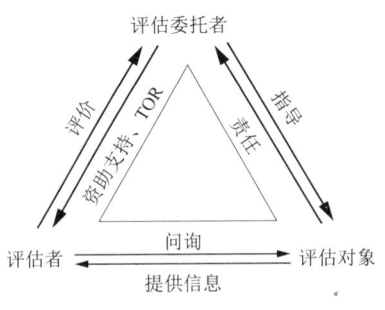

图 2.1　棘手的铁三角关系

2.4　关系结构和实例

这三种不同的角色可以由一个（A）、两个（A 和 B）或三个（A、B 和 C）不同组织机构的参与者担任。按照简单的算法，有五种可能的结构关系（见表 2.1）。然而需要说明的是，这五种结构关系都是典型的表现形式，我没有穷尽组织中评估活动的各种可能组合。例如，为了讨论方便，假设评估委托者是单一组织，而不是上面提到的组织混合体。另外要说明的是，在大部分的五种结构关系内部和之间，可以发现多种变化。这里使用的五种结构关系，可以展示在"棘手的铁三角"关系中产生的相关问题，但是不能代表所有可能的组合。

表 2.1　不同类型的结构关系

序号	名称	评估委托者	评估对象	评估者	说　明
1	三重分离	A	B	C	评估者独立于评估对象，从外部获得评估合同
2	自评估	A	B	B	相关主体对自己的行为进行评估

续表

序号	名称	评估委托者	评估对象	评估者	说明
3	对外评估	A	B	A	利用机构内部的评估者，对委托外部实施的计划进行评估
4	内部评估	A	A	A	三种角色全部属于同一个正式机构（可以是不同部门）
5	外部评估	A	A	B	雇用外部评估者对自身计划、项目、政策等进行评估

下面几节将逐个讨论这五种结构关系，提供适用它们的典型情况示例，并讨论不同各方对评估的控制程度和方式。

Ⅰ. 三重分离：所谓的"理想的独立模式"

在第一种情形下，这三个角色在体制上是分开的，即评估委托者、评估者、评估对象分别属于三个不同的组织。

这种结构关系的典型例子就是，某国家部委委托外部咨询机构对相关计划进行评估，评估经费由另外的独立机构资助。这种情况在国家层面上的评估活动中可以找到，如科学研究与开发、健康、教育等领域。专栏2.2给出的澳大利亚卫生部长咨询委员会（AHMAC）的评估实例就属于这种情况。其他的例子比比皆是，例如，由相关国家或区域政府部门各自委托相关独立咨询机构开展的针对国家或区域层面的研究与技术组织（RTO）、相关技术开发计划或倡议的评估活动，这里的三个角色都分别属于不同的组织。这种类型的评估活动在许多北欧国家非常普遍，如斯堪的纳维亚或荷兰，这些国家许多政策的执行一般是由独立于国家部委的实施机构来实施的，当然这些机构也受部委控制。

专栏2.2 评估中介的实例：AHMAC

图2.2所示的评估中介模型实例是指在健康领域对1997年实施的国家精神卫生战略（评估对象）的评估，该评估是由澳大利亚卫生部长咨询委员会（AHMAC，评估委托者）发起，委托国家精神卫生战略评估指导委员会（评估者）开展的，该委员会也开展

了进一步的学术研究作为其评估活动的组成部分。AHMAC 开展评估的目的是为澳大利亚卫生部长会议提供有效和高效的支持，参会成员均为直接负责卫生事务的澳大利亚政府、州和领地的部长以及新西兰的部长，由此，他们也是卫生政策评估的"赞助者"。

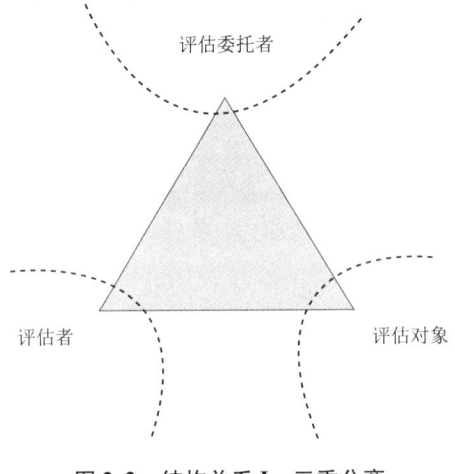

图 2.2　结构关系 I：三重分离

虽然一个部委与执行机构之间的关系仍然相当直接，但评估委托者与评估者之间的距离或中介独立程度则因情况而异。独立程度很高的中介关系存在于咨询委员会的案例中，咨询委员会的角色仅仅是为某些领域的部长们提供（评估性）建议，如研究与创新政策领域、健康领域或教育领域。他们基于评估或其他相关研究而提出的建议，尤其能发挥其咨询作用。

三种角色分属于不同组织的结构关系经常被认为是理想模式，因为评估委托者的角色与评估对象相互分离，两者之间具有高度的独立性，而评估对象也不能直接操控评估者。在 Scriven 的早期论文中，他也倡导审计总署（GAO）受国会委托对政府机构实施项目开展评估的做法，这总比要一个机构自己委托自己开展评估显得更加独立。不考虑 GAO 并不是出于原则性理由，而是基于 Scriven 本人对其评估能力的信心有限。

尽管这种结构关系经常被视为能够确保最大限度的独立性，但也确实存在缺陷。即便大多数组织机构（见专栏 2.1）都期待评估委托者中立，但是评估委托者可以通过自己的行动纲领调整评估任务大纲（ToR），以此影响评估中的问题设计或方法采用。应该指出的是，这并不是有意为之，而可能只是作为设计评估任务大纲（ToR）过程的结果，它是集体工作的结果，即涉及了各方利益相关者的不同利益和意见。在这种结构关系中，评估者在与独立的委托者一起工作时，与直接为评估对象工作的情况相比，可能有更低的警惕性。评估者应该意识到这一点。

相应地，评估对象也会影响评估任务大纲（ToR）并使其对自己有利。这样做的可能性将取决于评估对象对评估委托者有多大的影响力。当评估对象不是由单一主体（项目管理层、单个机构）代表，而是由多方实体（如政策评估）代表时，这种影响就变得困难了，因为评估对象难以用一个声音说话。而且，在评估过程中，评估对象可能会隐瞒相关信息，或更普遍的是不配合。后两项涉及的行为不仅限于这种结构关系，也可能出现在其他几种结构关系中。但是，在当前这种结构关系中，评估者可能只能利用中介渠道（间接关系）获取评估对象的相关信息（如通过评估委托者），这将使其获得评估信息变得更加困难，的确这是事实。

Ⅱ. 自评估：评估者就是评估对象

第二种结构关系是指评估者和评估对象相互重叠时的情况（见图2.3），也就是说，对项目实施负有操作责任的人与评估项目的人是同样的人，自己评估自己。这是自评估的核心思想，尽管评估对象也向单独主体进行报告（如董事会或上级领导）。一般来讲，每个自评估活动都没有独立的评估委托者，但是自评估的实践过程通常由机构遵循的内部或外部工作程序所规范，这些程序算是评估委托者角色的替代品，它为自评估的实施提供指导。

在实践中，自评估活动广泛存在，形式包括个人自评表、项目完工报告或监测报告等，传统上通常在教育领域以及多边发展组织的业务部门中使用，当前也越来越多地在公共部门管理和公共计划绩效管理中得到使用[5]。

在自评估中，评估对象完全控制着评估者，因为两个角色是一体的。自评估的有效性和有用性在很大程度上取决于自我评估者对待评估工作的认真和诚实程度。这种理念是基于人们想通过对取得绩效与设定目标的对比分析学习和进步。因此，自评估主要用于形成性评估（formative evaluation）或发展性评估（developmental evaluation）（Patton，2011），而不用于问责性评估，这是因为对后者来讲，源于自评估的本质属性，这样做产生偏见的风险可能相当高（Wenar，2006）。通常，自评估也可以是更广泛的评估方法的构成部分，可以将其与其他数据源进行比对；也正如在一些多边开发银行中的实践，它们把自评估结果作为某个更为广义的评估过程中的一类信息输入，通过综合一系列的自评估，并结合其他数据来源，由此形成对某一特定领域或主题的全面判断。⑥

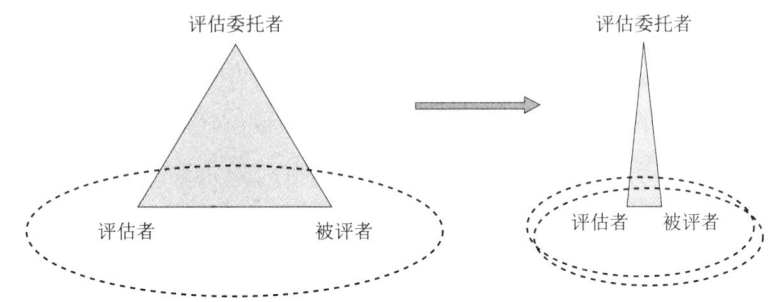

图 2.3　自评估：评估者 = 被评者

（三角形的底边缩小，二者重合）

Ⅲ. 对外评估：评估委托者 = 评估者

第三种结构关系产生于评估委托者与评估者的角色重叠而评估对象单独的时候（见图 2.4）。

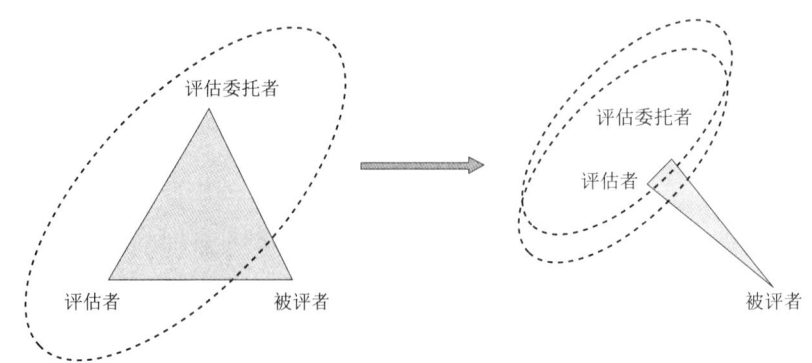

图 2.4　对外评估

（变形的三角形：评估委托者和评估者重叠）

那么，什么情况下评估者同时又是评估委托者呢？乍一看，这可能确实是一种违反直觉的结构关系。在事实上，这种结构关系并不少见。在双边和一些多边发展机构中会遇到这种情况，这些机构为发展中国家提供援助和金融计划支持。在这样的案例中，评估对象就是援助机构会同其他若干赠款人针对某国的援助计划或项目。同样的情形也包括联邦政府的项目委托授权给第三方实施，或者国家层面的项目委托授权给地方当局实施。在这种情况下，这些由外部实体受委托来实施的项目将会受到被资助机构内部评估部门的评估。

这种结构关系很容易导致三角关系内部出现混合体。首先边界可能是模糊的，因为项目或计划实施的部分责任通常在内部。换句话说，评估对象多大程度是外部的，的确经常是不清晰的，尤其当管理机构在被评项目中有很大的利益时。管理机构对计划或项目的直接控制关系和拥有程度，决定着评估对象的外部性程度，例如，项目或计划的实施是否独立。这种结构关系中，正如 Scriven 以及最近 Michaelowa 和 Borrmann（2006）多次提出的，管理机构可能存在偏见，因为它处于"顶头上司"的角色。在这种情况下，根据管理机构参与干涉项目实施的程度，这种结构关系将与下面讨论的结构关系Ⅳ混合，甚至完全转变为该类型。

一旦管理机构的评估部门引入外部的评估者，则在结构关系Ⅲ中将出现第二种混合体情形：这种情形又回到了结构关系Ⅰ，即管理机构转变成了其资助项目的外部评估的委托者。

第三种情形是，即便相关评估工作外包给外部顾问，内部评估者仍可能发挥重要作用。国际农业发展基金（IFAD）就是一个案例，它实际上雇用了外部顾问开展评估的现场调查，但是所谓的评估负责人是来自内部，其要对评估任务大纲（ToR）负责，在外部评估者实施现场调查工作的协助下，负责审核评估报告初稿和终稿，确保其符合评估部门的需求[7]。评估负责人也负责与项目管理部门的沟通。这种情况下，动员外部评估者参与似乎主要是内部资源不足的原因，很明显对评估技能方法的领导权仍保留在内部评估部门内[8]。因此，这种结构关系混合体，与结构关系Ⅰ的三重分离结构以及下面要讨论的结构关系Ⅳ相比，被认为更加接近本节讨论的结构关系。

Ⅳ. 内部评估：所有主体都在一个屋檐下

第四种结构关系，即当评估委托者、评估者、评估对象都属于同一个组织机构时，这种情形，正如评估文献所述，我们通常称为内部评估（见图2.5）。

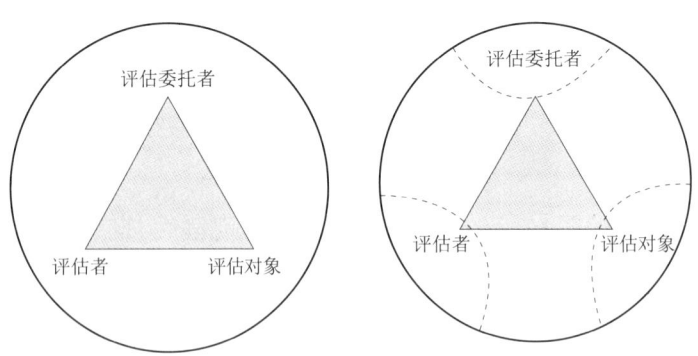

图2.5 内部评估：所有主体都在一个屋檐下

内部评估一般在多边开发银行（MDB）和其他多边金融机构（MFI）以及不同的多边组织（如联合国机构）内实施。即便三个角色都属于同一个组织机构，通常也是分离的，评估由专门的评估部门或办公室负责，其直接向董事会而不是向机构管理层报告，项目的资助或实施则由业务服务部门负责。评估部门可以安排自己的员工实施评估，或雇用外部顾问开展特定评估或任务（如一项调查）。

多边开发银行（MDB）和多边金融机构（MFI）经常混合使用两种模式，同时也使用"羽翼丰满"的内部评估者，有时甚至在同一个评估任务中寻求多个外部评估者的支持。雇用外部评估者的原因包括对特定领域专家的需求，或是执行评估的内部能力不足。其他多边组织（如联合国机构）通过其评估部门更加有组织地将评估工作对外委托给外部评估者，这样也能发挥对评估进行监督的作用。

在《评估百科全书》（Mathison，2005）中，有人提到这种结构关系更可能使评估者感受到角色压力，因为他们来自内部，从而是评估对象所属机构中的一员。此外，Wenar（2006）在讨论发展援助的责任时，将此视为一种潜在的强烈趋于正面偏好的结构关系："当前，资助项目的人正在雇用评估者对其项目开展评估。这些资助机构非常乐于看到对其资助项目成效有积极的评价。"然而，对此也有争论，有人认为，可能的正面偏好不是取决于评估部门自身属于机构内部单位的事实，而是取决于确保独立性的保障措施。作为多边开发银行（MDB）和多边金融机构（MFI）评估部门的评估同行组织，评估协作小组（Evaluation Cooperation Group，ECG）提出了一套各方都应遵循的"良好实践标准"，以便使内部评估机构尽可能独立。这些良好实践尤其反映了内部评估部门应该向谁报告，该部门领导和员工如何招聘及其在单位内的职业发展路径如何，评估报告如何发布和核准等（见非洲发展银行（ADB），2005年，为具体评价多边发展银行（MDB）评估部门的独立性而设）。评估协作小组（ECG）建立这些良好实践指引的经验说明了内部评估部门的独立性确实不是既定事实，如果没有定期让其独立职能回归的话，就需要得到独立保障。

有趣的是，上述提及的评估协作小组（ECG）发布的良好实践标准并不是指评估委托者自身应遵守的，而是指"评估涉及的所有利益相关者"。这并不感到奇怪，因为当评估部门属于机构内部组织的时候，不存在类似外部评估者那样的客户关系，这个时候可以识别出每个单独评估任务中的某个一次性事务。当然，评估部门可以是外部评估任务或其他研究任务的委托者。然而，评估部门自己的工作也是可以委托的，尽管是间接委托。也就是说，评估部门一般是基于机构管理当局和理事会批准的多年度工作规划开展工作的。尽管评估部门可以非常主动地制定其工作规划，但是仍需要得到机构理事部门的认可，才能使本部门成员成为事实上的评估委托者；评估部门需要与理事部门签订协议，以便在规划的时间和资源内开展规划中的评估活动。

V. 评估对象作为委托者

第五种结构关系存在于这种情形：当评估委托者与评估对象都属于同一机构的构成部分而评估者来自外部时，可以做更进一步的细分（见图2.6）。一是评估委托者就是评估对象。传统上的内部—外部评估文献讨论，当谈到外部评估时似乎隐含的就是指这种情形。二是在机构内部，评估对象（如项目管理者）与评估委托者（如评估部门）有清晰的区别，这种情况下，评估委托者尽管也属于机构内的部门，但不参与项目实施，从而相对于评估对象仍被视为是外部的。

尽管有人认为评估对象与外部评估者直接签署协议很少见，但这种情形仍然存在。以前作为外部咨询顾问的我，曾经面临多种工作场景（既在国家政府部门工作过，也在多边机构工作过），的确在外部评估者与评估对象之间有过直接合同关系，这种情况会引起冲突，至少有两个例子可以说明（其中一个例子参见本章开头部分）；在其他案例中，至少会引起一些紧张。从评估者独立性和责任性的角度看，这种情形是最不可取的。除非纯粹是为了学习目的而开展评估，这是开展评估的很好理由。评估对象通常难以接受对项目的批评意见，这种结构关系下，评估对象往往会影响评估者扭曲（或放弃）评估意见，这种干扰很强烈。

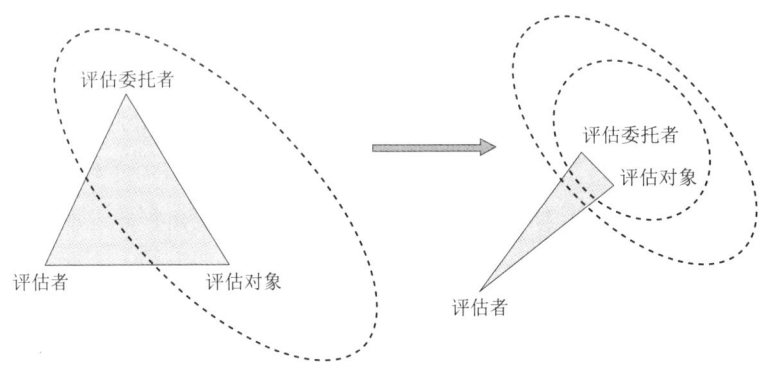

图 2.6　评估委托者与评估对象同属一个机构或与评估对象重叠

许多使用外部评估的机构越来越多地通过其内部评估部门来委托和管理评估活动，虽然与评估对象同属于一个机构，但并不直接参加被评的项目。这些内部评估部门可以在外部评估者和项目管理者之间起到缓冲作用。欧盟是这种情形的典型案例，其很多较大规模的总局下都设置了一个内部评估部门（de Laat, 2005）。在联合国（UN）系统的不同机构，内部评估部门也同样存在，其属于内部监督事务厅（IOS，负责内部审计）的构成部分。与上述讨论过的多边开发银行（MDB）和多边金融机构（MFI）内设的评估部门作用不同，这些内部评估部门一般自己不做评估，不负责编写最终评估报告。但是，它们的确负责构建评估任务大纲（ToR），随后将评估活动外包出去，并在评估工作过程中与外部评估者保持着持续的关系。当这些评估活动由业务部门直接管理时，内部评估部门可以在机构内同步发挥作用。

2.5 结语

本章对评估委托者、评估对象、评估者之间相互关联的五种不同概念的结构关系进行了分析。所有五种结构关系都对应着不同的现实场景，但并不能全部对应可能的现实工作安排，实际情况更复杂。因此，棘手的铁三角关系可以被解释为一个模型，允许我们更进一步探索这些现实中的各种场景。表 2.2 为每种结构关系总结了在独立性方面可能存在的风险、不同结构关系的推荐应用场合，以及可能采取的以加强评估者独立性的措施。

表 2.2 不同类型的结构关系

序号	模型名称	适用的机构类型（举例）	潜在的风险	推荐使用场景	为确保评估者独立性应采取的措施
I	三重分离	• 国家评估委员会 • 国家部委的评估实施机构	• 属于独立评估的"理想模式"，但评估委托者可能有自己的评估议程 • 被评对象可能不合作	• 适应问责的评估 • 计划、政策或机构的战略性评估	• 明确保证评估对象予以充分合作提供信息 • 确保降低评估对象对评估委托者的影响
II	自评估	• 非常广泛的各种机构	• 事实上没有独立性可言，评估者和评估对象是一体的	• 基于学习的评估 • 作为更广泛评估工作的前置活动	• 确保使用客观的、可验证的指标
III	对外评估	• 不常使用 • 有时用于双边援助机构和多边机构	• 实施责任在内部和外部之间边界模糊不清 • 出现内部评估者和外部评估者的混合角色	• 同时适用于学习目的的评估和问责性质的评估，如果机构没有参与计划实施的话	• 明确区分实施计划和被评计划的构成，以防止成为事实上的自评估
IV	内部评估	• 多边金融机构（MFI）和多边开发银行（MDB） • 一些多边机构	• 机构内部评估人员有着非常强的身份特征（参考传统的内部评估）	• 可以适用于学习或问责为目的的评估，这取决于特殊安排	• 保证内部评估部门相对于业务部门和上级部门的独立性 • 践行良好实践标准
V	外部评估	• 公共管理部门 • 多边机构	• 评估对象对外部评估者的严重操控	• 与问责相比，相对较好地适用于学习目的的评估，除非右边单元格中的条件都满足	• 减轻评估委托者，有时也称为评估对象，对评估人员的严重操控影响 • 确保评估部门相对于业务部门的独立性

评估者的独立性不是取决于内外部评估的划分，这与相关文献表述的一般观点是一致的。不论是什么类型的结构关系，棘手的铁三角中存在的紧张关系，都取决于预期的评估成果是什么，以及三类主体各自对评估的使用（或滥用）情况，也与在某个特定方面确实对评估工作产生影响的可能性和愿望有关。在某些情况下，这样做的诱惑可能比其他情况大；在所讨论的某些结构关系中，这样做的可能性也可能比其他情况下更容易。

最后，期待至少在两个方面有更进一步的分析。一是如前所述，某些结构关系对特定情形可能适应性更好（如问责还是学习），但需要更强的实证基础来证实不同情况下的最优适应状态。二是在每个单独的结构关系下，组织机构为开展评估工作而制定的各种业务活动安排（组织、合同、报告流程等）都值得进一步研究。

问题讨论：

（1）能否基于评估文献，描述独立性和外部评估之间是什么关系？

（2）本章对五种组织结构关系差异性的描述为什么有用？

（3）是否存在一种结构关系，其中评估者的独立性总体上能够得到最大程度的保证？为什么？然而针对评估偏见，这种结构关系的潜在缺陷是什么？

（4）在结构关系模型Ⅳ中（内部评估模型），哪些情况符合文献所称的内部评估？为了避免产生评估偏见，组织机构可采取哪类实践活动？

注释：

①这里为了讨论方便，将评估委托者视为一个单独的实体。然而，不可能总是这种情况。例如，预算办公室可能会在某个时段要求一项评估，需要特定事项得到解释说明。机构开展的内部评估可以通过创建评估任务大纲（ToR），用以说明额外的事项，对评估过程进行管理，也可能阐述如何支付费用给评估者。这里的评估委托者就是预算办公室和评估部门。另外，评估委托行为也可能是一项正式的政策规定，需要评估者和/或评估对象共同制定评估任务大纲（ToR）并开展评估。也就是说，在现实场景中，评估委托者（以及后续讨论的任何其他角色）经常是混合体。

②这与正式要求相反，即在项目实施的生命周期中的某个时间点开展评估是一项法律要求的责任义务。

第 2 章 评估者、评估对象、评估委托者：棘手的铁三角

③为了评估中的"过程使用"，见 Cousins（2008）。

④LinkedIn 小组上述讨论的部分内容的确涉及评估报告的版权归属或应该归属哪一方。

⑤这里所附的是法国在公共政策总体修订框架内开发的政府官员自评估指南，见 http：//www. performancepublique. budget. gouv. fr/fileadmin/medias/documents/budget/approfondir/GuideAutoEvaluation_mars2011. pdf。

⑥例如，在多边开发银行有很多这类案例，如非洲开发银行（ArDB）的扩展监管报告（XSR），欧洲重建与开发银行（EBRD）的扩展监督报告（XMR），美洲开发银行（IADB）的扩展项目监管报告（XPSR），世界银行（WB）的实施完工报告（ICR），国际农业发展基金（IFAD）的自评价报告。

⑦国际农业发展基金（IFAD），2009 年，P27。

⑧这种情况与欧盟（EC）的评估惯例（结构关系模型Ⅴ）正好相反，一般情况下，其评估部门似乎绝不直接干涉起草评估报告。

参考文献

African Development Bank（ADB）.（2005）. *Rapport sur l'indépendance du département de l'évaluation des operations（OPEV）de la Banque Africaine de Developpement.* Tunis, Tunisia：African Development Bank.

American Evaluation Association（AEA）. LinkedIn Group.（2011）. Retrieved September 23, 2011, from http：//www. linkedin. com/groupItem? view = &gid = 1021707&type = member&item = 69780337&qid = 9967a144 – 9de5 – 44f2 – 8168 – 02e26d209201&trk = group_most_popular-0-bttl&goback = ％2Egmp_1021707

Australian Health Ministers Advisory Council（AHMAC）.（1997）. *Evaluation of the National Mental Health Strategy.* Canberra, Australia：Author.

Conley-Tyler, M.（2005）. A fundamental choice：Internal or external evaluation？ *Evaluation Journal of Australasia*, 4（1 – 2）, 3 – 11.

Cousins, J. B.（2008）. *Process use in theory, research, and practice：No. 116. New directions for evaluation.* San Francisco, CA：Jossey-Bass and American Evaluation Association.

de Laat, B.（Ed.）.（2005）. *Study on the use of evaluation in the European Commission, dossier 1：Main report, dossier 2：Case studies.* Brussels, UK：European Commission.

Evaluation Cooperation Group.（2010）. *Good practice standards on independence of international financial institutions' central evaluation departments.* Retrieved September 25, 2011, from www. ecgnet. org

International Fund for Agricultural Development (IFAD). (2009). *Evaluation manual: Methodology and processes*. Rome, Italy: Author.

Kaiser, F. M., & Brass, C. T. (2010). *Independent evaluators of federal programs: Approaches, devices, and examples*. Washington, DC: Congressional Research Service.

Mathison, S. (1999). Rights, responsibilities and duties: A comparison of ethics for internal and external evaluation [Special issue]. *New Directions for Evaluation*, 1999 (82), 25–34.

Mathison, S. (Ed.). (2005). *Encyclopedia of evaluation*. Thousand Oaks, CA: Sage.

Michaelova, K., & Borrmann, A. (2006). Evaluation bias and incentive structures in bi-and multilateral aid agencies. *Review of Development Economics*, 10 (2), 313–329.

Oliver, P. (2007, July). *Would you like the good news first or…? Communicating critical evaluation findings effectively*. Paper presented at the Inaugural Anzea Conference, Masterton, New Zealand.

Patton, M. Q. (2011). *Developmental evaluation: Applying complexity concepts to enhance innovation and use*. New York, NY: Guilford Press.

Scriven, M. (1975). *Evaluation bias and its control*. Berkeley: University of California.

Ray, M. (2006). Choosing a truly external evaluator. *American Journal of Evaluation*, 27 (3), 372–377.

United Nations Evaluation Group (UNEG). (2007). *Ethical guidelines for evaluation*. New York, NY: United Nations.

Wenar, L. (2006). Accountability in international development aid. *Ethics and International Affairs*, 20 (1), 1–23.

第 3 章 对评估的管理：从新西兰和国际发展评估中取得的经验教训

Penny Hawkins

本章主题

- 评估管理的挑战和良好实践
- 文化背景在评估设计中的重要性
- 在独立和参与之间做好平衡

本章介绍了公共部门的评估管理中需要解决的一些问题，并探讨了在政府组织机构中评估管理职能结构的各种形式。展示了评估委托者和评估管理人员面临的一系列紧张情形，讨论了评估管理人员发挥作用及其处理过程方式方法对确保高质量的评估和有用的评估的至关重要性。涉及案例来自新西兰公共部门和国际发展援助领域。

公共部门的运作涉及政治、组织、文化等相关背景因素。本章讨论评估实践面临的一些挑战，包括评估功能定位、独立性、评估资源分配以及对评估的管理所涉及的相关议题。当评估与文化交叉时，价值观就成为人们关注的突出问题。加强跨文化对话沟通将成为评估管理者和评估人员在其开展专业评估活动中的重要关切。本章后续部分将重点关注不同文化背景下评估实践中的一些思考和理解。在本章最后，对提出的问题进行了讨论，并得出了一些最终结论。

3.1 评估实践面临的挑战

1. 评估的功能定位

当一个机构决定对其职能架构开展评价,往往不可避免地涉及职能变革,以尽力使其更加有效和高效时,就会出现这样一个问题:将评估的职能置于何处?包括政治意识形态甚至是短暂流行的管理思潮在内的一系列因素,都可能会推动这些评价和变革。在新西兰的公共部门,随着大多数中央政府组织每隔几年的变化,这种情况几乎是惊人地有规律地发生着,最为常见的是在政府换届之后。在 3 年选举周期的背景下,下一个变革周期开始之前,几乎没有时间围绕组织结构充分建立任何新的安排。

一个组织机构评估职能的定位从完全独立并与政策和业务分离,到内置于计划或业务部门的日常工作中,不一而足。在新西兰公共部门,评估职能经常赋予一个政策或战略部门,其直接向高级管理者汇报工作。评估部门的管理者通常不直接向组织机构的最高首脑汇报,而更经常安排在一个次级职位,向第二层级领导者汇报工作。这往往与广泛接受的评估良好实践原则(至少在双边和多边国际发展机构中如此)相抵触,该原则需要在机构中创建独立的评估职能,以便有效地实现其目标。在公共部门,这一问题不仅涉及组织机构,还涉及更广泛的政府系统,可能将评估职能置于特定政府机构、部门或部委之外,当然整体上仍处在公共部门内。尽管在欧洲已经有这样的设置案例,但几年前在新西兰政府的社会管理部门讨论这个想法的时候,似乎没有足够的政治意愿促成此事。因此,在这种情况下,如果没有一定程度的自主权,没有政策和业务的分离,评估的独立性就不能得到保障。

这种背景下的独立性是指评估者具备"向权威讲真话"的能力,评估不会受到政策和业务部门管理者之间竞争性需求的影响,这些需求是为了满足部门执行团队成员的需求,相应地执行团队成员又是围绕其上级领导(部门权威)的指示开展工作。

在官方发展援助机构中,经济合作与发展组织(OECD)发展援助委员会(DAC)的援助评估专家小组(现称为发展评估网络)开发了一套基本原则（OECD，1991）。其中一项原则是评估部门应当完全独立于政策的制定和发展援助业务的管理及实施（Cracknell，2000）。尽管这项原则被国际上普遍接受为良好评估实践，但除了英国最近发生的变化以外，这一原则对确保大多数双边发展机构评价部门的位置或独立性没有足够的影响力。事实上，其他因素和标准会影响对评估职能位置的决策。业务部门管理者需要既相关又有用的评估结论。常见的争论是如果评估部门距离组织机构的日常业务太远，那么开展的评估工作可能就与管理者的信息需求不够紧密相关。它们也可能无法传递和反映评估结果的影响，并将其转化为有用的和业务上相关的改善建议。

将评估部门置于何处的抉择需要考虑独立性以及与组织相关的其他因素之间的平衡。其中之一就是组织机构看待评估目标的相对重要性。如果问责是最重要的，那么这将预示着一个更独立的评估部门。如果持续不断的学习是主要目的，那么围绕政策或业务部门更近距离地设置评估部门就会成为实例，其重点工作内容是监督、快速审查服务和评估。即使没有独立的评估职能组织，评估也仍然很重要，其运行中将以尽可能公正和足够高质量的方式支撑它们。这在很大程度上取决于一个组织内的普遍实践及其文化和价值观，以及评估部门通过其行动及其合作关系影响整个组织内发展"评估文化"的能力。但是，别忘了决策是由组织内有权力的人制定的，基于内部人政治和既得利益而不是基于理性来决策的情况在决策中一再出现。在组织机构内部，不同兴趣爱好的人组成了各种网络圈子，包括技术专家、监督人员和管理人员（Cracknell，2000）。有些人拥有决策的权力，比如资源分配，而其他人则没有。这对评估职能具有影响，因为它不仅影响与评估委托和管理有关的行政安排和资源，还影响评估信息的使用。评估委托和管理及其相关决策可能对评估的独立性和完整性产生重大影响。

2. 独立性问题

近年来，独立性原则在评估文献和相关研讨会上已经成为更加突出的议题。尽管有人对此质疑，但这的确经常作为对评估活动的质量和可信度进行评价的关键标准之一。例如，OECD指南《DAC对发展评估的质量标准》（OECD，2010a）就包括了将独立性作为首要考虑因素之一，指出

"评估过程是透明的，独立于计划管理和决策，以增强其可信度"（第一部分第六款）。

当内部评估部门直接对机构的最高领导负责时，这样的核心位置有助于促进其与机构内所有部门建立平等而独立（保持一定距离）的关系。至少对于负责实施被评的政策和计划管理者来讲，这也能提供适当程度的独立性。

评估的可信度往往至少在一定程度上取决于赋予评估职能的独立性。在这方面，评估与审计的职能有点类似。如果情况并非如此，则需要做出更大的努力，以确保评估过程的独立和有效管理。这可以通过制定评估政策和实践指南以及为决策和后续行动设置正式的协议来实现。然而，即使做出这些努力是为了提高评估工作的质量，世界银行独立评估小组前主任 Robert Picciotto 也认为，特别是对于外部各方而言，独立性可能仍然是一个可能影响评估可信度的问题（2003）。评估的可信度对于内部和外部利益相关者及受众都是至关重要的，它是影响对调查结果和建议进行利用的一个关键因素。感受不到独立性有时被用来作为一个理由来驳回评估结果，转而赞成其他类型的信息，甚至是某一个有影响力的决策者表达的强烈观点。加强评估职能的独立性也标志着一个组织机构认识到评估对其工作的重要性，并表明其对加强组织机构问责的认真承诺，而不是模棱两可。Picciotto（2003）在对评估的国际发展趋势的评论中指出：

"评估的可信度在很大程度上取决于其治理结构，即取决于创建的直接向国家立法机关或监管机构报告的独立评估部门，或者是其他独立的核查机制。大多数政府部门、企业和开发机构正在使用的评估体系缺乏可信的先决条件。频繁选择求助于咨询顾问并不能保证独立性。"（第233页）

近年来，在国际发展援助部门，几乎所有的官方发展援助机构都在努力提高其评估部门的机构独立性。大多数评估职能部门的负责人现在直接向组织最高负责人汇报，或向负责战略的次级领导汇报。然而，Picciotto 表示，这仍达不到标准，有损可信度。OECD-DAC 发展评价网络（OECD，2010b）秘书处最近编写的一份报告指出，只有两个官方发展援助机构有这样的制度安排，其评估部门直接向其议会报告。多边开发银行都有直接向其董事会报告的评估职能部门。这些制度安排是为了提高问责评估的独立性和可信性而设立的，其目的是防止项目管理者或其他非评估人员阻止或更改具有负面结果的报告（OECD，2010b）。

保持评估的完全独立而又不与政策和业务实体相距太远，并要确保相关和实用，这是一个重大挑战。有许多方法确保评估工作对组织机构的相关性和实用性。

- 确保评估人员通过参与内部跨组织小组和工作流程，与组织的其他成员保持良好的联系，从而充分了解当前问题。
- 优化物理场所，拉近与其他小组的距离。
- 建立良好的沟通机制和实践，以加强组织内不同团队之间的信息共享。

评估职能的独立性问题随着对组织的能力和成效开展内部评估的兴起，已经成为人们关注的突出焦点。根据我的经验，在大多数组织中，只有当评估职能独立于其他团体，并有明确的涵盖广为关注的内部评估活动的授权和政策时，才有可能进行这些类型的评估。即使在这种情况下，所能取得的成就也可能是有限的。我发现，这种内部极为关注的评估活动在实施和管理中往往会遭遇来自业务部门管理者的最大阻力和抵抗。使用外部评估小组可以增加接受评估结果和建议的可能性，前提是评估人员遵守良好实践标准。如果能够很好地容忍风险，并且能够支持和接受从错误中吸取教训，那么评估也很可能会得到重视和很好地加以利用。遗憾的是，尽管遵循这些原则的价值观得到了拥护，但似乎很少有组织在实践中始终如一地遵循这些原则。

评估职能在组织中的作用和定位在变化中感受到了压力（更多内容可参见本书中作者 Marlène Läubli 的相关章节）。这种情况在经济紧缩时期尤为严重，因为在这种情况下，评估可以被视为一项非必要或"幕后"职能，而不是组织机构期待继续提高其效率和效果的一项基本要素。当这种情况发生时，用于评估的资源会被减少，或者在极端情况下被完全终止。这些境况为评估部门重申其存在的理由和向决策者提供其有用的证据提供了机会。

3. 评估资源

评估资源的配置和管理也是影响评估相对独立性的一个问题。一些组织的分配方法是将计划预算的一部分配置给评估职能。OECD-DAC 评估网络秘书处最近对评估职能的一项调查发现，对于 DAC 双边援助的捐助机构，核心的评估部门平均预算为330万美元，相当于发展与合作预算的0.1%。对于多边援助机构，评估预算是1 000万美元，约占这些机构整体行政预算的1.4%。已有超过半数的发展机构报告了对其评估预算的充分性表示关切（OECD，2010b）。

内部评估部门资源的充分性可能是有问题的，即使评估工作可能外包出去，重要的是不要低估管理评估合同所需的内部精力（和能力）。在内部人力资源和外部咨询顾问之间取得适当平衡以及确定高质量评估所需的系列能力是一项重大挑战。一方面，需要有广泛的评估方法方面的技能以及了解部门概况和相关背景知识；另一方面，"内部人"对组织的洞察力和理解也是有用的，特别是在解释相关发现和制定有用的建议时。因此，由内部和外部评估人员组成的混合小组进行评估的情况更加普遍。评估团队除了所需的实施评估能力之外，其管理评估的能力已经更大程度上涉及了社会交互领域。在涉及不同文化背景的评估活动中，这方面常常成为焦点，本章后面将对此进行讨论。

4. 提高评估质量和使用

确保评估的质量和使用是评估职能部门的一个核心焦点任务，这需要认真去管理，不仅仅是关注评估部门的位置、独立性和资源配置等问题。评估结果和建议的接受和使用在某种程度上也取决于评估工作的质量，而最终评估成果的质量在很大程度上又取决于高质量的评估过程。评估管理者和操作者有一系列的质量标准支撑其评估流程。不同的标准集会因所处位置和部门重点的不同而或多或少具有相关性和适用性。例如，在国际发展领域，OECD-DAC的评估标准（OECD，2010a）就被援助机构及其合作伙伴以及其他团体（如非政府组织）所使用。这些评估标准涵盖了从计划到跟踪和使用的不同评估阶段。因此，它们自始至终可用于指导整个过程，并在出现问题以及需要处理紧张情形时特别有用。

评估过程中的紧张情形包括了外部评估人员和评估委托机构的评估管理者之间的意见分歧（见第2章，可获得关于评估人员、评估对象和评估委托者之间紧张情形的更多讨论）。当政策或计划管理者对评估结果质疑时，可能会出现严重的紧张关系。当这种情况发生时，负责管理评估的评估部门员工通常会在外部评估人员与其内部同事之间担任调解人的角色。这可以很好地考验她或他处理这些关系和解决冲突的技巧，既要有能力捍卫评估的技术质量（如果受到挑战），也要有对组织内部政治层面和权力运作的认识和洞察。

5. 评估合同管理

在过去 20 年左右的时间里，将评估工作外包出去已经是普遍的做法，包括新西兰的公共部门、OECD 的其他国家以及国际发展援助领域。

与大多数项目一样，成功的评估活动也是基于程序（规则和协议）、过程（整个评估过程中的正式和非正式互动模式）和人员（他们的能力、态度和灵活性）的组合。

使评估取得成功的一个重要环节和前提是在合同管理者和评估人员之间建立积极的工作关系。如果不是这种状态，则存在这样一种风险，即不管是缺乏认识还是仅仅忽视，双方会对评估持有不同的、相对立的期望，当评估过程偏离了他们最初认为已达成的一致意见时，就会产生冲突（Hawkins，2012）。

在其他地方，我已经声明（Hawkins，2012），经常是在形成报告阶段，反常的或不适当的激励会导致评估管理者改变他们的行为，对评估者变得很挑剔。当评估合同管理者同时也是负责管理被评计划的人时，尤其会产生这种风险，这种情况通常发生在没有建立独立评估部门的机构中，独立评估部门一般负责机构内计划评估的委托和管理。无论是有意识的，还是无意识的，在这种情况下，对负面结论的抵制并不少见。作为一个人，当别人对我们的业绩表现评头论足时，我们通常会感到不舒服。这时复杂的心理防御机制就显现出来了，可以是有意识的，也可以是无意识的。这些可能会表现为对调查结果的反驳，以及要求改变评估报告内容和/或对报告质量和评估人员表现提出尖锐批评。Murray 引用了 Morraimas 和 Rist（2009）的话，将这些分歧和冲突的基本原因描述为"评估方法技术要素的固有问题和许多人非常普遍的人性弱点"（第 500 页）。因此，只注重评估的技术方面，就会忽视有关方面所涉及的具体问题。经验丰富的评估人员一般都同意这个观点，管理不善会使一项技术健全的评估变成对稀缺资源的浪费。

☑ 公共组织加强评估使用的方法和实践

专栏3.1中的场景展示了一个案例,在这个案例中,评估合同管理者追求与评估质量相关的技术方面,同时忽略了过程管理和关系维度。这导致关系破裂,进程陷入僵局,致使评估报告不完整。很明显,在这种情况下,双方都有损失,如果评估从未恰当地完成,这种损失的影响可能超出直接参与者。

为了更好地管理这些挑战并提高成功评估的潜力,明确评估合同管理者和评估人员的职责是值得的。在之前的出版物(Hawkins,2003)中,评估合同管理者的职责概述如下:

- 确保目标清晰;
- 保持自主研究;
- 做好及时决策;
- 如果需要改变,确保透明协商;
- 向相关受众传达结果。

累积的实践经验指出,除了经合组织(OECD,2010a)、联合国人口基金组织(UNFPA,2007)和联合国开发计划署(UNDP,2006)等几个国际组织最近编制的指导文件中确定的其他条目外,还需要在这一清单上增加一些条目:

- 在评估开始前充分讨论就沟通协议达成一致。
- 确保评估人员能够尽早获得所有相关文件和其他信息。
- 在评估实施的所有阶段,跟踪评估进展并向评估人员提供反馈和指导。
- 为评估人员和主要利益相关者安排会议,对起草报告进行讨论和评议,并就任何更改或修订达成一致。
- 批准最终报告,并安排展示评估结果。

评估人员的职责与评估合同管理者的职责不同,但相辅相成,包括以下内容。

- 确保合同、评估任务大纲(ToR)和客户的业务流程得到充分理解。
- 设计评估计划,并在客户批准后,在规定的时间和预算内实施评估。
- 定期向评估合同管理者提供进度报告。
- 参与对评估报告草案的讨论,纠正任何事实错误或误解。

- 对报告评议人员意见做出回应，并及时完成评估报告。
- 如果有挑战，为评估结果进行辩护。

如果评估管理者和评估外包机构之间以合作伙伴原则构建关系，那么这可以为处理评估过程中出现的困难问题提供良好的基础。评估开始前的问题讨论将包括比如我们将如何合作，接着是谈判关于评估过程各个阶段如何管理，以及澄清要交付的产品内容和对其质量的期望（见专栏3.1）。

专栏3.1　一个评估管理的案例

一份评估合同的确定也就明确了评估任务大纲（ToR），其界定了评估工作的目的和范围以及要回答的关键问题，描述了评估的动机倡议。评估时间表、里程碑事件和付款事宜会以常规的方式在服务合同中予以详细说明。选中的评估团队在组织中应有成功完成以往评估工作的经验，并有良好的信誉记录。

评估小组在商定的日期交付了评估报告草案，并附上了一张发票，因为这是一笔里程碑式的付款。然而几个星期过去了，他们既没有收到确认回执，也没有收到合同管理者的任何其他答复。

在此期间，提交报告最终版本的截止日期和发票付款日期都已超过。在几次试图通过电话和电子邮件联系评估管理者办公室之后，评估外包商最终被告知，原来的合同管理者正在延长休假，另一名合同管理者已接替他，但他今后两周内不在办公室。在收到这封电子邮件后不久，评估外包商获悉报告草稿正在审查中，随后收到一封正式信，通知外包商由于报告草稿的质量被认为无法接受而暂停支付发票。这完全出乎评估外包商的意料，他们对合同管理进程表示关切，更具体地说，为什么没有在商定的时间范围内通知他们。在本周的晚些时候，客户给评估团队发了一封信，要求在两周内修改报告，否则合同将被取消。

在上面的情景中，评估人员没有意识到在评估实施过程中合同管理者会发生变化。合同管理者的职责一开始没有明确规定，在沟通、决策、争议解

决或出现问题时重新谈判的机会方面也没有明确的约定。在之前与该组织的交往中，评估人员在处理意外障碍方面与其他评估管理者有着共同的理解和灵活性。然而，新的评估合同管理者似乎认为，一旦签署完书面合同，任何谈判都将终止。这种情况很容易引发冲突，并将可能成功的合作关系和评估过程转变为冲突状态，这可能导致双方在合作关系和最终评估成果方面遭受重大损失。

3.2 评估的背景、文化和价值

评估已经成为全球公共政策和计划管理的一个共同特征，但是评估信息在决策中的应用还没有得到充分的开发。评估面临的挑战之一是将评估的时间框架与决策过程相协调。Rist 和 Stame（2006）认为，关于评估使用的讨论往往只在评估人员之间进行，从而导致这与公共管理、组织理论、信息通信技术和知识管理等领域的重大思想变化是脱节的。他们向评估从业人员提出了挑战，如果要保持评估的有用和应用，就要形成一种与以往不同的评估方法，需要从离散的研究方法转向信息流的研究方法。

随着信息技术和实时数据流的出现，传统的大量纸质的评估报告将会被电子媒体所取代，也就是说，从纸堆向电子信息流的转变是不难预见的。那么，这是否意味着重点将从评估转移到监测？在这种情况下，信息收集和分析是连续的，管理者可以随时利用评估信息进行决策。Stame 和 Rist（2006）提出了一个突出的观点：向"基于结果的管理"的转变需要持续的数据流和评估信息，以便在政策和计划实施过程中进行修正。作为评估从业人员，如果我们尽可能地接受这一变化（尽管它不是必需的），那么它将影响评估委托者和评估管理者的作用以及评估报告的形式。目前，所编制的评估报告的类型是否被更短、更频繁的报告所取代还有待观察。如果是这样，很可能会对这些报告的范围和质量产生影响。

随着信息系统变得越来越复杂，能够从不同来源提供多种类型的信息，评估管理者和从业人员必须非常熟练地从数据和信息中进行选择和汇总，这些数据和信息可借助评估的方式用于问责、学习和改进。这意味着评估人员和评估管理者需要新的方法和更广泛的技能——这也意味着评估方法需要从基于20世纪的决策论转向21世纪的系统论。评估人员要能够设计和实施更好地反映复杂性并处理多个动态数据流的评估活动。信息的最终用户将越来越需要评估专业人员提供及时敏感和相关的评估信息，以便有效地支撑决策。对评估从业人员和管理人员而言，随着时间的推移，其信息技术的使用能力将成为认真分析和严谨的批判性思维不可或缺的补充，而不是替代。

无论采用何种形式的评估，受众的基本价值通常都会在评估过程中出现，即便从一开始没有明确表示。评估文献既包括对价值观方面的参考信息（如Greene、Boyce和Ahn，2011；House和Howe，1999），也包括作为评估影响因素的文化，这一话题在近年来成为评估分析和讨论的一个更为突出的特征（Thompson-Robinson、Hopson和SenGupta，2004）。后一个主题包括组织或机构的文化，以及民族文化和当地或土著文化。所涉及的因素往往是微妙的，难以通过评估来确定，但仍然重要到必须给予充分的考虑，以便能够合理解释什么是有效的、对谁有效，以及在什么条件下有效。

在组织层面上，Mayne（2012）将评估文化称为"组织中与评估实践相关的规范、价值观、态度和一般实践"。这些态度方面的因素影响着评估以及支撑评估的程度。它们与评估过程属于"手拉手"般的密切关系，在评估得到高级管理层推动和支持时，评估过程通常有明确的政策和相关实践大纲予以指导。

然而，即使一个组织已经建立了一种评估文化，对关键的评估报告持开放态度，并且有一个确保使用评估信息进行学习和改进的系统，在这种情况下，其他外部因素也会影响组织的行为和决策。在非营利组织和慈善组织中，这些影响可能包括董事会、同行组织、合作伙伴和受资助者。在公共部门组织中，它还包括政治家、中央政府机构（如财政部和审计署）和媒体。在所有这些相互竞争的需求和压力中，评估职能面临的持久挑战是要能够提供相关、可信和有用的信息，以满足特定目标决策者和受众的需求。在公共部门组织中，建立和维护一种评估文化的能力将取决于组织机构在时而动荡和焦虑的政治环境中对批判性反思和挑战持开放态度的能力。需要管理和平衡这些不同的压力，以便组织机构能够在维护一种重视和使用评估的文化方面保持正轨，这可能是一种没有明确解决方案的持续性斗争。

随着越来越多关于评估和文化的研究文献的出现，以及对文化因素敏感性需求认识的日益增强，专业评估界的许多人现在都认为，评估的文化背景是影响评估是否被使用、由谁使用和用作什么的至关重要的因素。在考虑评估的不同使用方式时，或决策者不使用评估时，不仅要关注组织机构自身，而且要关注其所处的国家文化，这一点很有趣。

那么，如何提高评估对文化的敏感度，以确保评估的使用和评估投资回报最大化？

3.3 跨文化背景下的评估

鉴于现有的关于评估、组织文化和评估能力发展方面的文献很多（Boyle；Lemaire，1999），这些主题将不在本章详述。然而，到目前为止，关于国家和地方文化与评估的研究文献还很少。一些区域本地的评估人员和他们的同行会认为这是一个重要的问题，因此有必要研究面临的一些挑战以及这些挑战对评估委托者意味着什么。

例如，在新西兰越来越多的本土评估人员致力于发展本土评估方法，以适应文化因素，并进一步将文化规范和价值观纳入评估方法的基本决定因素。一些评估方法，如参与式评估以及最近的务实性评估方法和发展性评估方法，都体现了对文化背景的敏感性。务实性评估方法的基本原则是，没有对背景的透彻理解，就不可能对政策或计划的结果有一个很好的理解（Pawson和Tilley，1997）。此外，最新增加的评估方法，例如发展性评价、复杂性理论和系统思维方法的使用，在帮助理解政策干预的效果模式方面可能是有用的。这些最新增加的方法为评估领域获取更广泛的影响因素和考量带来了更大的希望，这些因素和考量是理解文化背景以及它们如何与政策和计划的制定及实施相互作用所必需的。特别是，当分析的对象是社会群体而不是个体时，这些方法在评估中是有用的（Patton，2011）。鉴于这些新方法要更多地考虑谁参与、何时参与以及如何参与等，其对评估全流程从委托到实施到结果使用都会有影响。因此，需要更多不同的思考，以便能够涵盖背景的丰富多样性，并对各类特殊变化因素（包括文化因素）持开放态度，而不是将其排除。

第3章 对评估的管理：从新西兰和国际发展评估中取得的经验教训

伙伴关系原则和自主性是新西兰评估文化完整性的核心。《威坦吉条约》[①]坚持了这些信条原则，借此塑造了政府与土著毛利人之间的关系。因此，政府事务开展方式，包括政府部门委托的评估，都受到这些原则的影响。近几年来，毛利人和非毛利人作为评估人员分别和共同开展了大量工作，开发了符合这些原则的评估方法，在更广泛的意义上也具有文化相关性。一个关键问题是评估手段和方法在多大程度上是基于或纳入土著文化价值观和框架的。例如，一个重要的考虑因素是，评估是由"局外人"预先决定的，还是在没有外部人参与情况下由同一文化团体本身决定的。一般情况下，由新西兰政府部门委托进行评估时，评估事宜（协议和流程）通常由内部人员和外部人员共同协商，理想情况下则是本着伙伴关系的精神开展工作，而不是体现竞争或等级制度。然而，在实践中真正需要的这类事情经常引起争论。独立性问题往往会在这种谈判过程中涉及，需要进行讨论和达成一致。这种旨在成功解决问题的讨论是需要花时间的，特别是在评估的初始阶段，往往需要更长的时间周期。

那么，在这种文化背景情况下委托和开展评估，有哪些实践启示呢？一个例子是评估咨询小组的使用，这目前在更广泛的评估领域非常普遍，而且对于新西兰大部分公共部门的评估来说已经变得必不可少，这些公共部门有多个利益相关者，包括不同的文化团体。它们的作用是指导评估以顺利通过跨文化雷区。其基本目标是以对所有利益相关方都有意义的方式支持和制定反映原住民生活和价值观现状的评估（Wehipeihana、Davidson、McKegg 和 Shanker，2010）。这样做有助于决策者和项目管理者更好地了解干预活动对不同文化群体的影响，并制定出更有效的举措。

如果使用评估咨询小组，则应在开始时，甚至在委托进行评估之前就设立该小组。这样，它就有可能从评估的开始到结束对整个过程进行指导，并充分受益于小组在各个阶段获得的经验和专业知识。例如，对于一项具有文化相关性和回应性的评估活动，在设计或执行评估之前，需要与相关社区进行对话。遵循伙伴关系框架原则，在委托前就评估达成一致意见，以便事前公平地讨论和商定好评估过程。因此，评估咨询小组成员既要包括评估技能和主题领域的专家，也要包括能从文化视角看问题的专家。

评估团队也需要由本土的评估人员单独组成，或者由本土评估人员和那些既有经验又有能力的充分理解当地评估架构和实践的非本土评估人员混合组成。Smith（1999）在其著作《非殖民化方法论》中强调了基于本土知识和价值进行开发设计的重要性，这样能确保有效和可靠的研究，这些研究对原住民致力创建的社区才具有可信性和价值。更进一步说，评估的文化维度超出了设计范畴，正体现了 Nan Wehipeihana（新西兰著名的毛利族评估人员）所强调的至关重要的因素——原住民"如何"参与进来，"如何"让分析和形成结果的过程有意义。在最近的一篇期刊文章（Wehipeihana 等，2010）中，她提出了这样一个观点："有一些东西抛开文化背景是无法学习、了解或探索的"（第 188 页），"毛利人社区的评估应该由毛利人来领导"（第 187 页）。

为了坚持自主原则，原住民必须能够对整个评估流程全面掌控，从决定评估内容到管理整个评估过程，使用与本地区、当地人及其价值观和文化规范相适应的评估框架和方法。显然，这远远超出了参与由外部人决定的评估范畴，而是将评估全部置于当地文化控制范围内，并允许按照当地的条件实施评估。对于一些负责向当地社区推动开展项目评估的政府官员来说，这可能是一个挑战。即使双方都有善意，也可能产生误解和紧张关系，他们可以"互相推诿"（Metge 和 Kinloch，1978）。比如，考虑文化兼容时，评估的协商流程可能需要很长时间，通常比政府机构计划的时间要长得多，政府机构有其不同的时间安排。对于负责在合同规定期限内交付报告的评估承包商来说，这也是一个挑战。然而，当按照符合文化完整性要求在各个环节投入时间和精力时，如果最后交付的评估成果既满足委托方需求，又满足政策或计划服务群体的需求，则会带来持久性的好处。

政府部门的评价委托者有责任确保评估工作物有所值，并基于现有资源的限制提供尽可能最好的信息资料。这一价值需要适用于所有利益相关方和纳税公民，因而，如果要公平对待所有群体的人，那么与文化有关的评估是必不可少的，而不是可有可无的。幸运的是，近年来在新西兰随着评估人员的人数越来越多，他们的兴趣与日俱增并渴望更多地了解自身以外的文化，以及这些文化如何影响评估方法。

3.4 讨论和总结

本章重点介绍了评估职能的几个要素，它们原本就是在组织机构中被创建并赋予职责的。本章还考虑了委托和承担评估中可能出现的一些问题，并以新西兰为参考案例，讨论了文化背景的重要性以及文化背景对评估实践的影响。

贯穿这些领域的主线之一是，评估委托者和从业者基于本章讨论的各种挑战，需要有效地引导和促进评估过程，目的是使评估成果尽可能可信和有用。一些讨论重点放在了所涉及的关系因素以及拥有这些资源和决策能力的人上。评估既是一项技术活动，也是一项社会活动，必须认识并维持这些人之间关系的质量。

本章讨论了与评估管理有关的一系列问题和考虑，以及可用于解决这些问题和考虑的一些战略，并给出了一个实例。

讨论的一些挑战与组织机构内评估职能的位置和分配的资源有关，另一些挑战与评估中遵循的目的和过程有关。一个组织机构内的文化和价值观在评估中也会凸显出来，并影响其被感知和使用的方式。这也会包括独立性和可信度方面的问题以及对评估活动本身的质量评价。

评价管理人员在促进评估过程和处理可能出现的许多问题方面的作用对评估的成功至关重要。能够意识到常见的陷阱并理解良好实践标准有助于管理者有效地处理问题。在评估活动涉及不同文化背景的情况下，本章还强调了对文化重要性的认识，以及这种认识如何影响评估方法的选择及其对关键利益相关者的相关性和有用性。最根本的关切是要确保评估既有意义又有用，不仅对评估委托者而言，而且对基于评估产生的决策而受到影响最大的人也是如此。

问题讨论：

1. 你认为评估的可信度在多大程度上与评估职能的独立性有关？为什么？

2. 本章提出了评估管理者为确保成功评估可以采取的若干步骤。你认为还可以增加哪些内容以确保最大限度地利用这些发现？

3. 你认为评估标准在外包评估中扮演什么角色？为什么？

4. 在你所在的国家和地区，如何提高评估对文化背景的敏感性，从而确保评估工作对所有的利益相关者有意义和有用？

注释：

①《威坦吉条约》于1840年由英国王室和毛利人酋长签署，是新西兰作为一个民族国家的创始文件。

参考文献

Barbier, J. C., & Hawkins, P. (Eds.). (2012). *Evaluation cultures: Sense-making in complex times.* New Brunswick, NJ: Transaction.

Boyle, R., & Lemaire, D. (Eds.). (1999). *Building effective evaluation capacity: Lessons from practice.* New Brunswick, NJ: Transaction.

Cracknell, B. (2000). *Evaluating development aid: Issues, problems and solutions.* London, UK: Sage.

Greene, J. C., Boyce, A., & Ahn, J. (2011). *A values-engaged, educative approach for evaluating educational programs: A guidebook for practice.* Champaign: University of Illinois.

Hawkins, P. (2003). Contracting evaluation: A tender topic. In N. Lunt, C. Davidson, & K. McKegg (Eds.), *Evaluating policy and practice: A New Zealand reader.* Auckland, New Zealand: Pearson Education New Zealand.

Hawkins, P. (2012). Successful evaluation management: Engaging mind and spirit. *Canadian Journal of Program Evaluation*, 25 (3), 27–36.

House, E., & Howe, K. (1999). *Values in evaluation and social research.* Thousand Oaks, CA: Sage.

Mayne, J. (2012). Independence in evaluation and the role of culture. In J. C. Barbier & P. Hawkins (Eds.), *Evaluation cultures: Sense-making in complex times* (pp. 105–138). New Brunswick, NJ: Transaction.

Metge, J., & Kinloch, P. (1978). *Talking past each other: Problems of cross-cultural communication.* Wellington, New Zealand: Victoria University Press.

Morra-Imas, L., & Rist, R. (2009). *The road to results: Designing and conducting effective development evaluations.* Washington, DC: World Bank. Retrieved from http:/www.worldbank.org/r2r

Organisation for Economic Co-operation and Development (OECD). (1991). *Principles for the evaluation of development assistance.* Paris, France: Author.

Organisation for Economic Co-operation and Development (OECD). (2010a). DAC *quality standards for development evaluation.* Paris, France: Development Assistance Committee. Retrieved February 18, 2011, from http:/www.oecd.org/dataoecd/55/0/44798177.pdf

Organisation for Economic Co-operation and Development (OECD). (2010b). *Evaluation in development agencies, better aid.* Paris, France: Author. Retrieved February 18, 2011, from http:/dx.doi.org/10.1787/9789284094857-en

Patton, M. Q. (2011). *Developmental evaluation: Applying complexity concepts to enhance innovation and use.* New York, NY: Guilford Press.

Pawson, R., & Tilley, N. (1997). *Realistic evaluation.* London, UK: Sage.

Picciotto, R. (2003). International trends and development evaluation: The need for ideas. *American Journal of Evaluation,* 24 (2), 227–234.

Rist, R. C., & Stame, N. (Eds.). (2006). *From studies to streams: Managing evaluation systems.* New Brunswick, NJ: Transaction.

Smith, L. T. *Decolonizing methodologies: Research and indigenous peoples.* (1999). London, UK: Zed Books.

Thompson-Robinson, M., Hopson, R., & SenGupta, S. (Eds.). (2004). *In search of cultural competence in evaluation: Toward principles and practices: No. 102. New directions in evaluation.* San Francisco, CA: Jossey-Bass.

UN Development Programme (UNDP). (2006). *Planning and managing an evaluation.* New York, NY: Author. Retrieved July 10, 2011, from http:/web.undp.org/evaluation/handbook

UN Population Fund (UNFPA). (2007). Tool no. 5: *Planning and managing an evaluation: Program managers planning, monitoring and evaluation toolkit.* New York, NY: Author. Retrieved February 20, 2011, from http:/www.unfpa.org/monitoring/toolkit/5managing.pdf

Wehipeihana, N., Davidson, J., McKegg, K., & Shanker, V. (2010). What does it take to do evaluation in communities and cultural contexts other than our own? *Journal of Multi-Disciplinary Evaluation,* 6 (13), 182–192.

第4章 制度化和评估文化及其相互作用：来自瑞士联邦公共卫生办公室的经验教训[*]

Marlène Läubli Loud

本章主题

- 评估制度化、评估能力、评估文化之间的相互关系
- 公共行政机构评估制度化和文化发展的案例
- 内部评估服务在组织机构层面上对创建评估框架、开发评估能力、发展评估文化等方面的作用

在过去20年左右的时间里，人们一直在努力使评估制度化，使其成为分析和报告公共行动有效性的可持续的过程。事实上，在许多发达国家和越来越多的发展中国家，对公共政策和行动的评估正在成为一种"制度化"的做法。评估（和监测）看来已经成为"良好管理""基于结果的管理"和"新公共管理"的重要组成部分。项目捐助者、资助者和政治家都希望知晓公共和私人资金使用的效率和效果。

但是，制度化的评估能否保证其得到有效利用？什么可以帮助优化组织对评估的使用？在组织内发展一种评估文化，对于优化评估的使用来说无疑是必要的，这意味着大家认可和理解评估所能提供的好处。那么，制度化是否有助于或阻碍评估文化的发展？以何种方式？制度化与文化之间的相互作用是什么？本章探讨了这两个概念之间的相互关系，并审视了两者的价值，为在组织中加强评估实践和使用提供有利条件。

---

[*] 免责声明：作者所表达的任何观点和意见并不一定反映瑞士联邦公共卫生办公室的观点和意见。

第4章 制度化和评估文化及其相互作用：来自瑞士联邦公共卫生办公室的经验教训

本章在对瑞士联邦政府的评估发展历程进行简要回顾之前，首先对"制度化"和"文化"的概念进行了简要辨析；然后讨论了联邦机构引入评估所面临的一些挑战和采取的一些战略，这样就便于将取得的成就与相关指标进行比较和对照分析；最后对制度化和文化的协同合作关系以及内部评估部门在实现这一合作目标方面的作用进行了一些思考。

4.1 评估制度化和评估文化的内涵

制度化的评估作为一个主题并不新鲜，40多年前Guba和Stufflebeam在美国教育体系框架内讨论了这个概念（Guba和Stufflebeam，1970，1997）。如今，在文献中这个术语已经与更广泛领域的评估相关联。因此，相关出版物的数量一直在增加，尤其是合作与发展方面相关的文献（例如，Balthasar，2006，2007；Jacob，2005a，2005b，2005c；世界银行，2009；Varone和Jacob，2002；Widmer和Neuenschwander，2004）。

根据Hartz（1999）的观点，制度化评估意味着它将"整合到一个能够影响其行为的组织系统中"（第2页）。同样，Mayne（1992）认为，制度化需要一套最低限度的政策指导方针，尤其是组织结构方面（需要阐明机构开展评估的目的和目标，以及用于评估实践的资源），以及评估实践方面（确定评估类型，形成性评估或是总结性评估，确定评估方法和质量标准等），还有评估使用方面（需要确定结果管理的责任）。换句话说，评估必须被集成到一个组织框架或基础架构中，由它为支撑评估实践提供所有的规则、资源和沟通机制（创建一个评估体系）。

然而，Bussmann（2008）认为，要使评估制度化，就必须使其合法化，从而为评估提供法律依据。他说，"在瑞士，议会在评估中发挥着重要作用，这与议会的立法职能相对应。约有90项法案（法律、条例等）拥有评估条款（有责任开展评估）"（第499页）。瑞士宪法也有一项条款以确保对联邦措施的有效性开展评估（《联邦宪法》第170条）。

类似地，Furubo、Rist和Sandahl（2002）对21个国家和3个国际组织评估体系的"成熟度"和"文化"发展水平进行了比较分析，其使用的9个指标中有3个具体指的是在政府、议会和最高审计机构制定的制度安排和程序，以此确保评估结果得到利用（形成政策）。虽然他们并没有提及任何"法律条款"，但他们指出此类制度安排是"一种保障形式，至少以正式术语规定确保评估成果得以使用"（第 8 页）。

当然，制度化的基本概念是指评估结果能够在开展评估的组织机构内部和外部得以讨论和传播，并最终用于决策。事实上，根据 Jacob（2005b）的观点，评估文化的建立主要取决于它被用于制定和实施政策（第 53 页）以及战略或计划的程度。

简言之，我的观点是，将评估制度化意味着有一套正式的安排和程序体系，以支撑评估委托和实施，并最终利用评估结果。该体系是为了响应法律或机构要求而开发的，以评估公共部门或机构的政策和行动的有效性。

然而，文化是一个关于价值观和信仰的更为定性的概念。针对评估文化和评估能力建设的文献更为丰富和长久（Mayne，2008；Mihalache，2010；Owen，2003；Patton，2008；Russ-EFT 和 Preskill，2009；Toulemonde，2000；以及 Neubecker、Ripley 和 Russon 的著作《为利用而生》第 9 章）。但是，文化和能力建设（某种程度上甚至包括制度化）之间的界限还不是太清晰，就如 Depeter 和 Pattyn（2008）、Kuzman（2009）和 Labin、Duffy、Meyers、Wandersman 和 Lessesne（2012）所指出的那样。在试图确定评估能力与评估文化之间的相互关系时，研究人员在对文献进行广泛回顾后得出结论：评估能力与评估文化之间几乎没有一致性，其含义和反映指标存在着很大的异质性。"每个特定的研究者都从特定的角度看待评估能力和/或评估文化"（Depeter 和 Pattyn，第 3 页）。事实上，对于一些作者来说，制度化和文化也被认为是一体的（Furubo 等，2002）。DePeuter 和 Pattyn 提出的定义也不够明确，他们指出文化是"一种模式，该模式下的政策制定者和评估者享有共同的信仰和价值观，这为他们提供了行为准则，引导他们进行评估实践。"但评估能力更关注"开展评估所需的业务内容和组成部分"（第 10 页）。从这个意义上讲，评估能力与评估实践本身密切相关。然而，Boyle、Lemaire 和 Rist（1999）则认为评估能力与评估实践是截然不同的。

但本章的目的并不是提出任何结论性的定义，而是为后续的讨论提供一个有效定义。所以，在我看来，就本章的目的而言，评估文化是指在组织层

第4章 制度化和评估文化及其相互作用：来自瑞士联邦公共卫生办公室的经验教训

面上的一套共享的思想、价值观和信念，涉及评估的作用、功能、实践以及通过评估产生的知识的使用。我认为，评估能力更多地与用于建立"良好实践"的措施和策略有关，这些实践用于委托、执行和使用评估。从这个意义上说，制度化可以被认为是建设能力的措施之一。但是，制度化是否能保证有效地利用知识是值得怀疑的（Constandriopoulos，1999）。

4.2 瑞士联邦政府的评估制度化

瑞士是一个多民族、多语言、多文化、多宗教的基于其人民意愿形成的国家。它自1848年以来一直是联邦制政府。其政治制度包括三个层面：联邦、州（26个）和市镇。联邦在外交政策、国家安全、货币政策、环境、交通和健康等有限的领域负有特殊责任，这些在《联邦宪法》中有明确规定。联邦政府的职责由联邦总理府和7个部门来管理，而这些部门又负责大约90个联邦机构。每个州都有自己的地方宪法、议会、政府和法院。每个州都有许多市镇拥有政治体系。州政府决定其市镇的自治程度，因此它们的职责也有很大的不同。除了州和联邦分配给市镇的任务外，市镇在很多领域也有自己的权力。

自20世纪80年代末以来，对联邦政府相关措施和活动的评估已逐渐制度化。联邦司法和警察部在制定相关法律框架以支持对联邦政府相关行动开展系统评估方面发挥了重要作用。1999年，新的《联邦宪法》有一条规定（第170条），"联邦议会应确保对联邦政府措施的有效性进行评估"（瑞士联邦政府，1999）。从本质上讲，目前有两个中央机构负责监督和评估联邦政策。1990年，建立了议会行政监督局（PCA），它对联邦议会负责，开展相关绩效审计和评估工作。它支持议会对联邦政府所采取的措施进行监测和评估。瑞士联邦审计署的评估部门也评估联邦措施的执行情况和影响，尤其是那些具有财政相关性的措施。此外，还特别注重强化了"自上而下"和"自下而上"两个评估流程，"授权"联邦政府发展自己的评估实践、经验和评估体系。因此，每个联邦机构都可以决定如何报告其措施和行动的有效性。下面将讨论一个联邦机构为响应该项评估任务而采用的策略。

4.3 评估制度化和发展评估文化的经验

本节首先描述了瑞士某个联邦机构内开展评估服务的组织背景和时间演变；然后简短地说明描述当前评估服务的主要功能、任务和职责。

1. 机构背景情况

瑞士联邦公共卫生办公室（FOPH）是联邦内政部的一部分。它是管理国家卫生事务的权威官方机构。它还代表瑞士参加国际组织并与其他国家打交道。1848年，通过的《联邦宪法》为联邦政府在卫生领域设定了非常有限的责任。这样一来，各州有高度的自治权。因此，FOPH与各州共同负责公共卫生事务和制定国家卫生政策。

在艾滋病大流行之前，FOPH的员工不足100人。它的传统任务是保护人民免受健康危害，并监督各州执行联邦卫生法规。随着艾滋病的出现，它在制定国民预防疾病和促进健康的战略方面发挥了主导作用。在20世纪90年代，医疗、意外事故和军队保险系统也被整合到其常规业务中，因此，员工数量在相对较短的时间内迅速增长，从不足100人增加到目前超过500人。

FOPH的主要目标是促进和保持瑞士所有居民的健康，其任务和责任涵盖了广泛的健康主题。

- 提供消费者保护（涉及食品、化学品、治疗产品、化妆品和公用事业产品）。
- 监测传染病、食品安全以及化学和辐射防护。
- 制定和监督旨在预防多种传染病、减少物质依赖和促进健康生活方式的国家战略。
- 规范医生、牙医、药剂师和兽医的基础教育和研究生教育，并授予本国相关学位。
- 制定流行病学、生物安全、人类研究和移植医学方面的立法，并监督这些领域的活动。

第 4 章　制度化和评估文化及其相互作用：来自瑞士联邦公共卫生办公室的经验教训

2. 机构内的评估时间节点安排

FOPH 在制定政策和指导实施方面都发挥着重要作用。它在为议会制定公共卫生立法方面发挥着主要作用，法律草案通常要经过广泛而正式的协商过程。一旦一项法律被通过，它的实施主要由州、市和非政府合作伙伴负责。因此，FOPH 特别有兴趣利用评估收集有关公共卫生政策实施、效果和有效性的证据。

图 4.1 所示为一个理想化的，但有点简化的示意图，它表示评估可以在政策周期内做出贡献。例如，评估可用于确定列入政治议程相关议题的优先次序，但也可在实施和问责阶段发挥重要作用。例如，讨论确定拟议战略（仍）在多大程度上相关。在 FOPH 中，更体系化地将评估用于战略规划（制定）和业务实施。例如，许多预防战略和计划通常递延到下一个 4 年的立法周期，原因是评估后发现了其存在的不足及潜在的改进内容，这与其有效性同样重要。

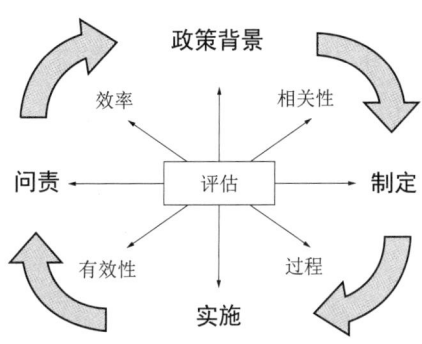

图 4.1　评估在政策周期内的最优贡献

（授权引用：来自 FOPH 于 1997 年编制的《健康计划和项目评估规划的指导大纲》第 19 页）

3. 将评估从一项孤立的活动转变为整个组织范畴内的服务活动

1）早期阶段：一项孤立的活动

自 1987 年以来，FOPH 就有了开展评估的传统，远远早于瑞士宪法第 170 条的出台。在努力打击艾滋病流行以及使用非法药物有关的问题时，FOPH 制定了由州市当局以及非政府组织（NGO）实施的国家预防战略。由于这项工作的敏感性和开拓性，从一开始就确定委托外部专家进行评估，以更好地确保其可信度，参与群体涉及了非常广泛的利益相关者（包括政治家、非政府组织、州卫生部门、媒体、目标人群、公众或纳税人、特殊利益群体和研究人员)。因此,尽管他们的主要评估任务是判断政策的有效性,但他们也被要求重点提出可以改进的领域。

这些战略评估任务委托了单一的供应商,一所大学的社会和预防医学研究所,每次评估为期3~4年,整体评估的时间跨度超过17年。为了满足不同目标受众的需要,评估是综合性的(考虑了过程、结果以及不同时期的流行病和行为变化),包括多学科研究(以分析预防策略的特定方面),并混合使用各种方法。在每项研究结束时,均提供了各个研究的反馈报告。从多个研究中吸取的主要经验教训每3~4年报告一次。

从单个研究和综合性研究获取的经验教训在提交给卫生部部长之前,已向FOPH主任和相关内部合作伙伴进行了介绍并得到了讨论。新闻发布会也向公众(和政治家)公开发布这一消息。这些报告连同一份管理声明会在瑞士国内外广为分发。

在后续的一个阶段,从1993年起,确定了内部评估服务制度后,就进一步制定了沟通战略,以强调评估利用。方式包括:①通过举办研讨会,邀请州政府和非政府组织的合作伙伴对评估结果进行审议,并决定需要采取什么行动;②通过形成不同媒介和格式的报告,以便针对不同的受众汇报和讨论评估结果。例如,对一个为监狱吸毒者介绍无菌针头分配器的项目的评估结果是以小册子的形式呈现的,并在针对监狱看守的培训课程中得到使用。艾滋病预防行动海报以幽默方式向公众报告了避孕套使用数量的增加,从而显示了预防战略的一个主要目标的成功。积极的结果(增加了性行为保护,减少了新的艾滋病毒感染)连同广泛的传播战略,有助于合法的存在争议的预防战略的制定。

2)内部评估服务制度的产生

艾滋病和药物部门的工作人员缺乏开展评估的经验以及监督和管理评估所需的时间和专业知识。例如,与数据所有权相比,知识产权的所有权并没有得到充分的讨论或商定,外部评估团队看起来在研究议题设计中起到了主导作用,并且由于评估是由单一的供应商承包的,因此也没有制定任何形式的评估任务大纲(ToR)。1992年,预防部门进行了重组,下设了一个专家组(负责研究、评估和培训),评估专家得以雇用。"采购部门"继续资助

第4章　制度化和评估文化及其相互作用：来自瑞士联邦公共卫生办公室的经验教训

评估研究，并通过分配其年度计划预算的一部分为专业人员提供资金。当然，经费额度可能逐年不同。

随着内部评估部门的建立，管理程序也发生了变化。所有新的评估合同的期限逐渐缩短到最多2年（尽管仍有例外情况）；引入了竞争性招标制度，以促进一批高水平评估专业机构的发展；与一系列不同的机构建立了伙伴关系，既包括私营机构也包括大学；创建了一个囊括公共卫生领域有潜力的评估人员数据库；并以指南和清单的形式发布了一套FOPH的评估程序和标准（瑞士FOPH，1997）。指南中包括了评估的定义、目的和功能，以及评估术语及其含义的词汇表。这样就有望对什么是评估以及可以预期得到什么达成共识。这样的法规、程序和机制有助于在现有文化的基础上得以构建，并提供一个更正式、更全面的评估框架。

多年来，评估仍然是几个业务部门中的一个孤立活动。人们普遍认为，它对预防领域以外的任何人都没有直接意义，它被认为是一项昂贵的活动，甚至是一种奢侈，尤其是在经济困难时期。尽管评估仍然是预防领域的优先事项，但在FOPH范围内或部门重组期间，它曾多次受到威胁。

3）评估的组织制度化的外部因素

虽然已经有若干法律条款支持并证明对特定的卫生健康议题使用评估的正当性，但宪法第170条的引入的确为联邦政府提供了一个一般性法律框架。它还提供了一个外部压力，促使行政人员对评估产生兴趣。评估成为"必需"。因此，2001年，政府设立评估技能中心（CCE），作为专业机构为整个组织提供评估服务。该中心直接向管理服务部的首脑汇报工作，其分配了4.6人/年的工作量，并提供了自己的专门预算。这样一来，管理层就确定了评估的战略作用及其内部制度化。CCE制定了一个战略框架（评估体系），规定了评估的效用和功能的基本原则，以及确保其应用所需的程序。它得到了行政管理层的批准，赋予了CCE开展新的内部评估服务的通行证。

在3年后的另一次重大内部重组中，CCE从其所在的行政部门转移到了业务部门。它与研究管理部门合并，成为一个服务部门，而不再是一个技能中心。然而，作为新成立的卫生政策部门的所属部门，其有助于将评估纳入战略规划和卫生政策制定。尽管专门从事评估活动的工作人员比例已降至

3.8人/年，但其仍保持独立预算。

4）内部评估服务部门：职能、任务和责任

评估服务部门（ESU）[①]负责所有与评估相关的事项。其主要职责是代表其内部合作伙伴对外委托评估，并管理评估合同，偶尔也被要求自行实施内部评估。它将确保评估能够针对FOPH制定和启动的战略与措施的相关性、有效性、效率、一致性做出判断，有时还包括可持续性。因此，评估有四个关键功能。

（1）作为一种战略工具：为FOPH的行政和专业部门提供战略发展的证据。

（2）作为一种学习工具：帮助提高绩效和有效性，通过其分析评估突出干预措施的优缺点，并提出如何及在哪里进行改进的建议。

（3）作为知识和专家资源的来源：加强公共卫生知识库建设，说明什么有效、如何有效、在什么条件下、为什么、为谁、成本如何。

（4）确保透明度：公开所有评估报告，以帮助澄清和提高公众对瑞士公共卫生政策及其措施、行动和有效性的理解。

制订多年（4年）评估计划的惯例是最近出现的一种情形。各部门处室提出的评估需求在提交给行政管理层审批之前，通过其业务部门内的协商意见确定优先顺序。所采用的标准是公共卫生议题的紧迫性或与FOPH战略目标的相关性。每年都对4年计划进行审查和修订，以增加或删除相关提议。

5）评估实施过程的6个步骤

对于每项评估研究，ESU都会与提出需求的内部伙伴合作开发评估重点和相关问题（有关利益相关者参与问题，请参阅本章后面的"鼓励更多和更广泛地参与评估过程"一节）。评估任务大纲（ToR）不仅用于明确和商定责任和任务，而且更重要的是，用于确定可能的受众、评估的预期目标和时间。外部评估团队的选择是内部伙伴和ESU之间的联合决策，ESU主要负责方法事项。ESU全权负责合同安排，监督评估过程、质量控制和评估报告的最终验收。内部伙伴在整个评估研究过程中会随时知晓进展情况，负责审查报告草稿中可能存在的错误。但最终报告仍然是ESU的责任，包括报告传播和网站发布，以及安排展示活动和相关研讨会讨论如何使用这些信息。针对

第4章 制度化和评估文化及其相互作用：来自瑞士联邦公共卫生办公室的经验教训

评估结果的后续行动计划由 ESU 和作为"评估采购人"的内部伙伴讨论制订。然而，后者仍然对评估结果和建议的实际"使用"或应用情况负责。ESU 最近开始对内部伙伴使用评估结果的情况至少每隔 1 年开展系统的监测。图 4.2 给出了 ESU 实施评估的 6 个步骤。ESU、内部伙伴和评估人员都系统地使用以前制定的评估指南和清单（瑞士 FOPH，1997）指导这一过程。

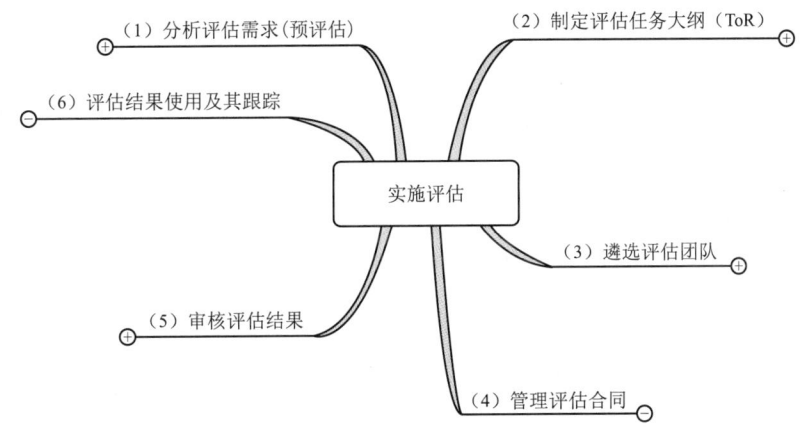

图 4.2　FOPH 实施评估的 6 个步骤

因此，评估实施过程已经得到制度化。在设计评估和选择外部评估者时鼓励构建伙伴关系，以确保评估过程和成果的"知情权"得以共享。在少数情况下 ESU 自身也实施某项评估，这种情况下其评估报告或结果会很少得到使用。

目前，ESU 已被纳入 FOPH 的 4 年战略规划过程中，这样的制度安排将能使评估产生的知识得到重视。

6）发展整个组织的评估文化所面临的挑战和策略

行政高层花了许多年时间才正式认识到，对整个 FOPH 来说，评估可能是一个相关的有用的工具。在同样情况下，为开展评估需要提供专门的、集中的人力和财务资源并独立于战略和业务决策者的原则，也花了相当多的时间和精力得以建立。但这些只是反映（评估）制度化和能力建设的一些指标，不一定是一种既定的文化（Labin et 等，2012）。那么，在建立一种评估文化方面，我们还做了什么，并且正在做什么？一种真正的评估文化已经形成了吗？下面介绍必须克服的挑战以及已经或正在采取的一些策略。

（1）挑战

第一个挑战是，自 1992 年以来，FOPH 对主要业务处室进行了三次重大的部门重组和许多次较小的调整。此外，还大幅削减了预算，暂停聘用新员工。十多年来，FOPH 员工普遍认为必须用更少的钱做更多的事情。因此，对于每个人来说，时间及其优先考虑事项是至关重要的。参与评估活动，如制定评估议题或设计活动流程，是一个费时的过程，往往被高级或中级管理人员认为是次要的事项。然而，正如 Patton（2008）、Love（1993）、Stufflebeam 和 Shinkfield（2007）、美国总审计署（GAO，2003）以及许多其他人提出的令人信服的观点所言，只有通过让合作伙伴参与评估过程，才能够发展出一种真正的评估文化。

第二个挑战是 FOPH 的实际组织架构。它有 4 个主要业务领域和 15 个部门，鉴于它们所负责的健康主题各不相同，所有这些部门都相对独立地运作。行政管理层的组成包括主任、副主任（各业务领域负责人）和若干服务部门负责人（如管理服务部门和国际事务部门负责人），主任具有总体决策权。战略目标是在自下而上和自上而下的过程中制定的，并倾向于反映特定部门的关切，而不是反映更普遍和共同的问题。评估面临的挑战是让 FOPH 的高级管理人员参与到特别相关和关注的主题中。一种可能的设想方案是对 FOPH 所有部门中都存在的将特定任务委托授权给他人的活动安排全部进行评估（这里的"委托授权"一词是指将立法或行政部门分配给自己的全部或部分职能和/或任务转移给第三方执行）。这样做不仅是为了减轻 FOPH 不断增加的工作量所带来的负担，还为了使重要的利益相关者参与其政策和战略并扩大其影响范围。然而，这并非不会危及其权威性和自主性。这种评估的目的是用于研究分析不同的活动安排，以确定什么是有效的、对谁有效、为什么有效、在什么条件下有效以及成本如何。但是，这样的建议迄今尚未得到热烈的响应。

第三个挑战是评估需求与业务部门属性之间的关系。虽然评估已被证明对创新和实验性工作（主要是在预防领域）有用且相关，但它对其他业务领域（如消费者保护或流行病学）的体验效用并没有立即显现出来。

第四个重要挑战是跟上不断变化的环境，这是政治环境变化、机构重组和人员流动的结果。如下情况并不鲜见，即当评估结果提交讨论时，当初发出评估提议的中高级管理人员已经不再与此事有关了。这种情况下，弄清谁有权决定及支撑后续行动至关重要。同样，不断扩大的业务领域和随后的部门重组也意味着评估在若干情况下可能受到威胁。因此，面临的挑战就是不断地调整用于优化评估效用的策略。

最后，在过去的几年中，专家评估小组始终处于从属地位，一般通过高级管理人员向行政高层报告。因此，评估的形象、相关性和效用的体现往往受制于他人的同情心或个人偏见（也视情况而定），这削弱了其影响和塑造评估文化的能力，尤其是在最高管理层（见第3章"对评估的管理"，以了解更多有关内部评估部门独立性的价值所在）。

（2）应对挑战的策略

ESU一直在利用各种能力建设战略来应对上述挑战。就本章而言，不可能详细描述所有这些内容。以下主要讨论了从组织层面做起，建立真正的评估文化涉及的四个最重要的方面：推广评估有用的良好实践，鼓励更广泛和更深入地参与评估过程，提高评估的可信度和相关性，以及非正式和正式的评估培训。

①推广评估有用的良好实践

为了吸引新的业务部门，最初可要求来自"旧"领域（卫生预防领域）的"用户"或客户展示他们如何使用评估结果来捍卫或调整特定战略的成功案例。Cummings 和 Worley（2009，第 206 页）建议，从一个部门向另一个部门传播变革的效用，有助于降低整个组织的抵制，并为变革达成共识和承诺。

然而，尽管以"展示良好实践"促进采用评估的策略具有优势，但它本身并不足够。如前所述，监管领域和消费者保护领域的新客户对评估的相关性或效用提出疑问，他们认为没有必要来"证明"评估有用。这时，联邦的"制度化"法规就派上了用场。根据新的宪法条款中对各项措施的有效性做出判断的强制要求，FOPH 主任鼓励每一个业务部门至少开展一项评估。这样，随后 2 年内，每个部门都委托开展了至少一项这样的评估研究。

在卫生预防领域用于交流和使用评估结果的既定良好实践（包括拟订和执行将评估结果和建议转化为行动的工作计划）被系统地提倡用于所有具有战略意义的新评估任务。Torres、Preskill 和 pienttek（1996）认为，评估者（本案例中是 ESU）的主要目标是通过让合作伙伴参与面对面的讨论来促进组织学习，目的是激发"探究、反思、对话和行动计划"。这当然也是本章所述的 6 个阶段评估过程的目标。但是，关于与伙伴一起开展反思性的"行动计划"，这并不总是能够在评估报告完成后立即实施。通常需要几周的时间来考虑如何开展，如果将流程扩展到包括外部利益相关者，则需要更长的时间。随着时间的推移，ESU 了解到，时间间隔越长，这种联合制定行动规划的机会失去的可能性就越大（例如，来自其他工作的压力，或由于中高层管理人员的变动而失去权限）。因此，在这种情况下，ESU 采纳使用了不太参与的方式；至少在约间隔 1 年后，ESU 要求内部伙伴提供报告，说明如何将来自评估的经验教训得以最佳利用。这些报告向高级管理层或联邦内政部提供了简要的效果说明。当对评估需求提出疑问时（如在重大改组期间），这种做法尤其有用。

推广评估有用的另一种方法是将其在战略和项目规划中的使用制度化。例如，可系统地要求规划人员在其下一阶段的计划中对前期计划的评估经验教训的整合情况予以说明。让 ESU 的一名成员参与这一进程以加强这一"规则"使用，并为讨论和辩论提供进一步的机会。

四年期评估计划为高级管理人员提供了另一个理想的机制，让他们参与"探究、反思、对话和行动计划"。通过参与计划的制订，他们不得不对委托进行的评估的数量和内容产生积极的兴趣。他们有兴趣看到他们的特定业务部门受益于对评估活动的资助，并且这些评估研究活动与他们部门的战略目标有关。正是通过对评估结果、关键政策和战略信息的展示，大家对评估的浓厚兴趣正在形成（尽管偶尔出现）。

②鼓励更多和更广泛地参与评估过程

此前有人认为，如果建立并持续发展"评估文化"，组织机构就可以从评估中获得最大收益（Leeuw、Rist 和 Sonnischsen，1994；Mayne，2008）。但是，正如前面所说，从评估结果中学习只是整个评估过程的一部分，大多数的学习则是通过将利益相关者（内部和外部合作伙伴）整合到评估过程中得以进行的（Fetterman 和 Wandersman，2005；Patton，2008）。正式的 6 个步骤的评估流程确保了内部客户伙伴的整合。但是对于外部利益相关者来说，在什么时候应该整合到哪些步骤？什么样的整合在联邦机构中是可行的？简言之，他们参与评估的深度和广度应该是多少？

第 4 章 制度化和评估文化及其相互作用：来自瑞士联邦公共卫生办公室的经验教训

对于 FOPH 而言，外部利益相关者参与评估及其参与程度取决于所讨论的特定战略的重要性或敏感性，最近的一个例子是评估医院部门的新融资安排。在这个案例中：①ESU 及其内部客户伙伴有组织地设立了一个评估咨询委员会，由此将主要利益相关者召集在一起，以便在评估启动时对评估重点和问题进行评议；②在评估实施过程中帮助寻找和/或获取数据并在相关情况下报告反馈重要信息；③在评估结束时对评估结论和建议进行仔细推敲以符合相关情景；④协助将评估结果转化为行动。这个案例中，外部利益相关者包括多个方面，如健康保险公司、瑞士医疗协会以及医院协会。这种做法成功地促进了评估设计和实施的集体决策权的履行，并大大明确了相关背景情况和数据源，而这些信息对评估小组来说是不可能轻易得到的。

但 FOPH 根本没有时间或意愿让外部或内部利益相关者广泛参与整个评估过程。一种常见的做法是 ESU 建立一个内部咨询小组，从开始到最后一直跟踪评估进展。经验表明，在内部伙伴参与评估的广度方面必须谨慎行事。考虑到工作压力，只有对评估对象有直接兴趣的人才会放弃原本工作时间参加该小组。如果外部合作伙伴的确实际参与了某项计划或措施的实施，至少应邀请他们参与讨论评估结果的实际影响。

在以下方面做出的更多努力已经提高了内部伙伴对评估好处的认识。

• ESU 通过提供咨询和方法支持鼓励一些小的业务进行自我评估。但由于工作人手有限，ESU 每年只能帮助非常有限的请求。

• ESU 有组织地向所有新聘用的初级和高级管理人员提供服务。

• ESU 与内部伙伴合作，积极参与策划和制订为期 4 年的评估计划。

• ESU 和被评战略或计划的部门负责人开展系列讨论，以确保涉及更多的战略问题。

③提高评估的可信度和相关性

高质量的评估有必要确保可信度（Bussmann，2008；Mayne，1992，2008）。同样，为了使评估可信，它们必须与用户的需求相关（Patton，2008）。因此，需要采取一些措施，以确保委托进行的评估的质量、可信度和相关性。最为重要的措施包括以下两个方面。

• 质量控制及（有限的）再评估。

当评估报告草案提交给 ESU 时，它会对报告开展自己的评价，以此作为质量保证措施。用于支持再评估过程的检查清单是基于瑞士评估协会（SEVAL）的质量标准（Widmer、Landert 和 Bachmann，2000）。相关内部客户对评估过程的评价也是对质量控制措施的补充，但更重要的措施是让客户能感受到评估报告的确有用。Preskill 和 Torres（1999）以及 Stufflebeam 和 Shinkfield（2007）都提倡再评估以确保评估可信度和质量的价值。然而，尽管 ESU 没有足够的时间和资源开展学者们所说的完整意义上的再评估，但有限的再评估已被证明对于评估人员和内部伙伴讨论评估质量问题时是非常有用的。

- 多年来实施的竞争性招投标制度。

在招投标成为履行《关税与贸易总协定》（简称《关贸总协定》）规定的义务之前，ESU 就提出了实施评估招投标的建议。《关贸总协定》的规则现已系统地应用于委托评估中。然而，ESU 的做法经常是更进一步，其大多数评估需求都发布在瑞士评估协会（SEVAL）的网站上并（或）发送给其所有成员，即使是低于最低金额要求的评估合同。这样做有什么成效？最初的想法是以此促进一大批评估人员的成长，从而能在更广泛的合格评估队伍中进行选择。另一个目标则是希望围绕评估任务大纲（ToR）的讨论，激励大家产生新思想和新方法。在早期，约有 15~20 名评估人员提交"意向书"，最后大约能收到 10 份完整的建议方案。然而几年后，除去少数例外，提交的建议方案大大减少。结果是，同一家机构或个人评估事务所被反复委托。这就造成了一个真正的两难境地：一方面，竞争性招标并没有带来更多的多样性；另一方面，针对一两项低于标准的评估任务，FOPH 也不愿冒险尝试新的团队。在某种程度上，部分原因或许是 FOPH 自身缺乏创新思维。那么FOPH 正在发现同样的问题吗？是倾向于采用同一种评估方法吗？一些评估人员批评 FOPH 在其评估任务大纲（ToR）中对方法论部分的规定过于刚性。但也有其他人欢迎这种对评估方法的明确预期。问题似乎没有明显答案，但ESU 的确需要更认真地对待这个问题。

④非正式和正式的培训

主张在组织内开展能力和技能建设的需求、战略和方法研究的学者名单很长（Mayne，2006；Patton，2008；Preskill 和 Torres，1999）。正如 Hawkins 在本书第 3 章中所述：

"一方面，需要有广泛的评估方法方面的技能以及了解部门概况和相关背景知识;另一方面,'内部人'对组织的洞察力和理解也是有用的,特别是在解释相关发现和制定有用的建议时"。

有人认为,"评估性"思维,即学会从评估中探寻、反思、分析和识别关键经验教训,是优化评估使用的一个非常重要的过程。前一节描述了内部和外部合作伙伴如何以及在多大程度上参与这一过程,以此作为鼓励他们进行评估性的思考和行动的手段。其他方法也可使用,其中一些方法将在下文简单描述。

如上所述,作为质量标准要求和对评估报告再评估过程的一部分,ESU要求其内部客户对报告初稿的准确性进行评论。还要求内部客户拟定战略性的信息,并对评估及其结果的有用性提出批判意见,也需要针对如何更好地利用这些知识提出初步想法。除质量问题以外,从ESU的角度来看,该过程还旨在帮助发展评估性思维,内部客户和ESU的员工同样要学会对评估结果进行批判,并从中吸取教训和关键信息。这似乎是一个有点困难的任务,从这些评论的不同质量表现或"评价立场"就可以看出。只有更高质量的评论才会和报告一起发布在互联网上。

一般来说,学习经验可以通过其他措施得到更好的展示,如演讲、研讨会、面对面的讨论和培训课程。为了支持应用FOPH评估规划指导方针,ESU为内部客户组织了有限数量的关于评估基本原则的课程(Läubliloud,2004)。这些培训班的参加情况很好,但由于ESU有其他工作重点而没有持续开展。

至于评估人员自身,各大学和瑞士评估协会开展了相关的专业发展课程以及更为正式的基础和高级教育培训活动。ESU也试图为专业发展做出自己的贡献,但以失败告终。为了激发新的思维,在最初几年,还没有大规模高质量的评估人员之前,瑞士以外的评估专家偶尔会参与到本国的评估小组工作中,并对出现的评估方式和方法论问题进行建设性的评论。ESU与这些专家顾问签订合同,通过面对面会议和书面方式提供学术建议。尽管其意图是支持性的,但是瑞士的外部评估小组并没有把这看作是与同行就方法论问题进行切磋的机会,而是感受到了威胁,因此就放弃了这项实验活动。

至于ESU自己的工作人员,则是鼓励大家通过参加科学会议和在资源允许的情况下举办专业发展活动,跟踪了解评估的理论和实践发展动态,并持续积累其专业知识。还组织了数年的每月小组讨论会，就评估实践和理论问题进行讨论。一些成员还持续参加了瑞士评估协会的兴趣小组，并为大学的评估课程提供了管理方面的意见。

4.4 评估已经制度化和具有评估文化的标准

关于制度化、能力和文化的内涵，或者哪些指标可用于反映这些概念的含义，在文献中没有结论性的意见（Kuzmin，2009；Labin 等，2012）。这使得对制度化、能力、文化等任意要素发展现状的评判变得更加困难！然而，Depeter 和 Pattyn（2008）还是聚集了 17 个最常用指标，并试图区分出哪些内容与评估能力和文化相关。尽管他俩声明这些指标还存在一些重叠，我还是参考使用并对其分组和解释的原始顺序重新进行了排序，以此来评价 FOPH 中评估的制度化程度和文化发展程度（见表 4.1）。

表 4.1 能力、制度化和文化的发展指标及证据

指标和标准	FOPH 状态
文化相关指标	
对评估内在价值的认知：决策者对评估持积极态度。	评估一直得到了部门层面的持续支持，自 2001 年以来，得到行政高层的支持。已经认识到评估作为一种工具在判断有效性方面的价值，比如向卫生部部长报告预防战略的有效性，而且也有助于明确可以做出改进之处。
基于背景原则：评估人员和评估能力建设者充分考虑所处环境状况。	这是做事遵循的原则标准，以此决定哪些利益相关方能作为咨询委员会的成员代表，要确保考虑到其需求和观点。评估设计通常还包括对背景因素及其对评估过程和结果的影响的分析。
政策领域覆盖面：在规划实施周期的每个阶段都有评估。在许多政策领域都开展评估。开展评估已经成为常态。	参考 FOPH 网站上列出的报告和正在进行的研究，表明评估已经存在于广泛的业务领域，涵盖了项目周期的每个阶段，并且开展评估已是常态。
评估需求：存在真实的评估需求（不是指需求的特定"驱动因素"）。	1986—2010 年，共向 FOPH 提交了 112 份评估报告，它们都可以在 FOPH 的网站上找到。虽然大部分都属于健康预防领域，但自 2001 年以来，其他业务领域的需求也在不断增长。基于 ESU 现有的人力和财力资源，设立 4 年期的评估计划有助于确保评估的数量。

第4章 制度化和评估文化及其相互作用：来自瑞士联邦公共卫生办公室的经验教训

续表

指标和标准	FOPH 状态
工作网络：在评估协会等此类组织的框架内，评估的各类利益相关者之间能够开展沟通，形成工作网络。该标签分类也可指"实践社区"。	ESU 小组成员均为瑞士评估协会成员，并参与联邦评估网络的会议。
视为已任：涉及的利益相关者都参与评估过程。组织机构中出现了评估的社会化。	如前面所述，外部利益相关者确实参与了评估过程。同样，一些部门和业务处室的负责人现在积极参与设计并就评估任务大纲（ToR）达成一致意见。 在本章"应对挑战的战略"一节中，还提供了组织层面评估社会化的其他例子。
政治保障：存在切实的政治纲要，有助于发展评估职能。	有法律框架支持评估，能够提供建议推动并确保联邦措施的有效性得以评估。在大多数情况下，联邦机构自觉依法组织自己的评估。内政部有时会指派 FOPH 的评估服务部门代表其对外委托和管理评估（如 H1N1 流感疫苗接种战略）。 在 FOPH 内部，其领导层通过建立 ESU 表现出了对评估的承诺。它同意 ESU 制定的战略框架，邀请 ESU 参与战略发展，并要求 ESU 制定一个为期 4 年的评估计划。
法律保障：存在推动评估的法律框架。	有《联邦宪法》（第 170 条）以及 10 多个法律条文，支持针对 FOPH 工作的具体方面开展评估。
评估使用：评估的有效使用得到实践和应用。	FOPH 对评估的有效使用受到了几位作者的好评（Balthasar, 2006, 2007; Fornerod, 200; Widmer 和 Neuenschwald, 2004）。FOPH 采用的六步评估流程确保了将评估使用内嵌在评估设计中，并在评估全流程中跟踪评估的使用情况。
能力和制度化相关指标	
与政策和管理决策耦合的能力及相关制度：评估与政策制定相结合。评估与管理工具相联系。能够及时开展评估，以便将其纳入决策过程。	有时，专门计划开展某项评估，以便支持政策决定（例如卫生系统方面的立法修订） 评估一般与项目管理、监测和战略规划过程相关联。评估时间框架设计通常与政策或内部决策的议程相适应。
数据采集机制：功能良好的数据采集系统能够保证数据源的可用性。	FOPH 确保可以访问联邦统计局、社会保险部门以及其他相关可靠途径收集的数据。如有需要，会资助相关监测研究活动以满足特定数据需求。
扩散和反馈机制：存在一套流程，以使评估结果能够汇集和评估报告顺利扩散。良好的沟通渠道应贯穿整个评估流程。	目前，虽然还没有系统的措施来确保各方面评估结果得以汇集，但是关于如何做到这一点的讨论正在进行中。已经有一套经过考验的工作流程，包括扩散评估报告、讨论评估结果和建议以及针对评估结果而制订"行动计划"。

续表

指标和标准	FOPH 状态
财务资源：开展评估所需的经费渠道是可行的。	有一个重要的专门预算支持 FOPH 评估服务。
人力资源能力（内部/外部）：开展评估有足够可行的人力资源（在组织层面以及更广泛的评估市场上）。	ESU 有限的人力资源处理着各种内部评估需求：包括委托和管理评估，向内部伙伴提供评估咨询，以及偶尔自己也实施内部评估。ESU 的员工数量随时间有变化。瑞士评估协会（SEVAL）有 400 多名成员，其中大多数是评估人员。
评估职能的组织固化：在组织结构中嵌入评估职能（集中和分散）。在一个国家的管理体系中嵌入了评估职能（在法律和/或行政权力范围内）。	ESU 已经得到重点资助，并服务于 FOPH 所有业务领域。
质量体系保证：存在相关机制以确保评估过程的质量。	ESU 有自己的工作指南和任务清单，确保其六步评估流程的质量。这些都符合联邦和瑞士评估协会的质量标准。
实施评估的技能：有成功执行评估所必需的技能或（通过培训等）正在开发相关技能。	ESU 的员工接受过社会科学研究方法方面的培训，一名工作人员持有评估方面的硕士学位。有一些专业发展活动，但是参加情况受可用资金的限制。

（来源：摘编自 DePeuter 和 Pattyn（2008））

根据表 4.1 中的信息和证据表明，FOPH 的评估文化确实存在，并由支持评估实践和发展（制度化）的规则、程序和资源构成。然而，还需要进一步的研究来确定 FOPH 评估文化的质量水平和成熟度。对此，第 1 章中 Mayne 提出的指标是很有用的参考，即组织能否（在各个层面）进行自我反思和自我检查（如自评估）、开展基于证据的学习，以及鼓励实验和变革（包括冒险）。

ESU 至少尝试了两次与内部伙伴合作进行此类研究，但每次都不得不终止；原因则是可用资源有限以及 FOPH 认为此类研究不是优先事项。

4.5　结论

评估可以被认为是有益的、有害的，或者没有价值的。我们的观点最初都是基于个人经验和所处背景形成的（见 Bannister 和 Fransella，1989；Kelly，1955；以及 Hawkins 在本书第 3 章中对文化和背景的评论）。归因于经验

第4章　制度化和评估文化及其相互作用：来自瑞士联邦公共卫生办公室的经验教训

的定义往往是通过与他人的互动而得到发展和强化的。因此，被大家认可的评估是什么，它能提供的潜在利益，以及它在任何特定背景下应该发挥的作用方面，可能存在差异。评估的制度化可以看作是支持基于结果的管理、学习型组织、评估文化和评价性思维的积极手段。另外，它也可以被解释为一种消极的强迫，被视为是一种控制的形式。在资源稀缺时，评估活动可以被视为对稀缺资源的争夺或是一项有价值的投资。当评估被固化在一个机构或组织中时，就不可避免地存在着这种紧张关系。因此，评估的引入、管理以及随后的构思设计的方式至关重要。

本研究试图揭示评估制度化与评估文化发展之间的相互作用，以及 ESU 利用前者建立后者的可能性。宪法有关评估的条款给整个组织实施评估带来了外部压力。FOPH 的评估指南、质量标准、实施步骤和评估框架等为评估的标准化流程提供了必要的规则，通过在特定评估研究中的实际应用，它们的意义和目的变得更加明确，尤其是对内部伙伴而言。评估的组织制度化有助于正式植入评估并推动需求，但它需要与 ESU 采取的各种策略携手合作，以避免将其理解为不必要的义务。

那么内部评估职能在组织结构中的不同位置有多大帮助呢？Love（1993）认为，当评估职能处于最高位置并直接向最高管理层报告时，评估部门的员工才更有可能被视为战略管理的一个组成部分并得到支持。这一观点确实已经在 FOPH 案例中得到了证实。随着集中式评估服务的推出，对评估的需求不断增长和扩大，并且逐渐地这些问题越来越关注战略问题，这从 FOPH 网站上的委托评估事项是可以看出的。

Mayne、Divorski 和 Lemaire（1999）认为，当评估在管理中得以制度化时，它就不太可能关注战略或计划的影响或持续相关性。换言之，它更可能将问题局限于改进和学习。虽然在一般情况下很可能是这样，但是这条规则似乎有一些例外，如本书介绍的案例。卫生预防计划评估一般会考虑到人口健康相关举措的影响、感染病例数量的变化、新的感染等。有时也委托一些研究来评估战略的持续相关性或新法律的效果（例如，联邦采取的氡预防措施的相关性，以及针对心理治疗的新财务计划的效果）。开展评估的原因一定程度上在于联邦制政治制度的性质和《联邦宪法》（第170条）本身的要求，需要对联邦措施的有效性进行评估。

公共组织加强评估使用的方法和实践

Wimbush 在重新评价关于提高评估使用情况的相关文献时（见第 5 章）认为，在 21 世纪的前 10 年，以"能力建设"为重点的"学习文化"已经复苏，通过提供培训、资源和机构数据库以及为评估的管理设定质量标准，来教会组织机构"捕鱼"和"引导他们下水"。虽然在政策层面上，瑞士很可能是这样的情况，但仍有很多人强调，还应当利用评估证明干预措施的影响，尤其是要了解哪些措施有效。议会和联邦审计署的集中式评估服务部门的资源有限，无法处理整个行政机构的所有问题。总的来说，需要各联邦机构自身负责评估其措施的有效性。

更进一步地讲，在封闭状态下即便按最高层级将评估职能制度化，也并不一定能确保其有效利用（Love，1993）。不参与评估的一些原因是，他们拒绝对评估过程和结果表现出主人翁态度，甚至抵制接受建设性的批评意见，同时也有来自时间的压力和其他优先事项（见第 8 章）。接受建设性的批评并做出改变取决于是否有既定的学习和评估文化（Russ Eft 和 Preskill，2009）。因此，也许这与评估职能在组织结构中的位置高低关系不大，而更多地与内部服务部门如何认识和利用机会促进制度化变革有关。这可能与最初引入评估时，大家对评估是什么以及评估应发挥什么作用的群体认识存在差异。

可以说，组织机构内部和外部的各种因素结合起来将会促进或阻碍整个组织的评估文化的发展。本章的目的是说明如何利用制度化来发展这种文化或加强现有的文化要素，反之亦然。这里，内部评估部门可以发挥的作用是必要的。必须持续推进制定新的战略或调整已有战略以适应新的情况，特别是考虑到政治环境中的结构重组和不断变化。

问题讨论：

（1）引入自上而下的评估并使其制度化有哪些优点和缺点？
（2）你会采取什么措施来促进非政府组织内部的评估需求？
（3）在缺乏学习文化的组织中，如何发展内部评估文化？
（4）使用外部评估人员而不是内部评估人员对发展评估文化有哪些利弊？

注释：

①ESU 还负责研究管理，其正式名称是评估和研究。然而，由于本章侧重于其评估活动，因此下面将其称为评估服务部门（ESU）。

参考文献

Balthasar, A. (2006). The effects of the institutional design of the utilization of evaluation: Evidenced using qualitative comparative analysis (QCA). *Evaluation*, 12 (3), 354–372.

Balthasar, A. (2007). *Institutionelle Verankerung und Verwendung von Evaluationen* [Evaluation institutionalization and use]. Zürich, Switzerland: Rüegger Verlag.

Bannister, D., & Fransella, F. (1989). *Inquiring man: The psychology of personal constructs*. London, UK: Routledge.

Boyle, R., Lemaire, D., & Rist, R. C. (1999). Introduction: Building evaluation capacity. In R. Boyle & D. Lemaire (Eds.), *Building effective evaluation capacity* (pp. 1–22). New Brunswick, NJ: Transaction.

Bussmann, W. (2008). The emergence of evaluation in Switzerland. *Evaluation*, 14 (4), 499–506.

Constandriopoulos, A-P. (1999). Is the institutionalisation of evaluation sufficient to guarantee its practice? *Cadernos de Saude Publica*, 15 (2), 229–259.

Cummings, T. G., & Worley, C. G. (2009). *Organization development and change* (9th ed.). Mason, OH: South-Western Cengage Learning.

DePeuter, B., & Pattyn, V. (2008) *Evaluation capacity: Enabler or exponent of evaluation culture?* Paper presented at the 2008 conference jointly organized by the French and German Evaluation Societies, Strasbourg, France. Retrieved June 14, 2012, from http://www.evaluatieplatform.be/doc/paper%20-%20De%20Peuter%20&%20Pattyn.pdf

The Federal Authorities of the Swiss Confederation. (1999). *Federal Constitution of the Swiss Confederation of 18 April* 1999. Retrieved from http://www.admin.ch/ch/e/rs/101/index.html

Fetterman, D. M., & Wandersman, A. (2005). *Empowerment evaluation principles in practice*. New York, NY: Guilford.

Fornerod, S. (2001). *A quoi et à qui servent les évaluations? Une recherche sur la place des évaluations dans les processus de décision et d'apprentissage dans l'administration fédérale* [What does evaluation offer and for whom? Research into where evaluations feature in the decisional and learning processes of the Federal Administration (Unpublished master's thesis)]. Institute of Higher Education in Public Administration (IDHEAP), Lausanne, Switzerland.

Furubo, J-E., Rist, R. C., & Sandahl, R. C. (Eds.). (2002). *International atlas of evaluation.* New Brunswick, NJ: Transaction.

Guba, E. G., & Stufflebeam, D. L. (1970). *Strategies for the institutionalization of the CIPP evaluation model.* An address delivered at the Eleventh Annual Phi Delta Kappa Symposium on Educational Research, Ohio State University, Columbia, OH.

Hartz, Z. M. A. (1999). Institutionalizing the evaluation of health programs and policies in France: Cuisine *internationale* over fast food and sur mesure over ready made. *Cadernos de Saude Publica*, 15 (2). Retrieved November 24, 2011, from http://www.scielo.br/scielo.php?script=sci_arttext&pid=S0102-311X1999000200002&lng=en&nrm=iso&tlng=en

Jacob, S. (2005a). *Institutionnaliser l'évaluation des politiques publiques. Etude comparée des dispositifs en Belgique, en France en Suisse et aux Pays-Bas* [Institutionalizing policy evaluation. A comparative study of dispositions in Belgium, France, Switzerland and Holland]. Brussels, Belgium: Peter Lang.

Jacob, S. (2005b). La volontédes acteurs et le poids des structures dans l'nstitutionalisation de l'évaluation des politiques publiques (France, Belgique, Suisse et Pays-Bas) [The commitment of actors and importance of structural organization for institutionalizing policy evaluation (France, Belgium, Switzerland and Holland)]. *Revue françise de science politique*, 55 (5-6), 835-864.

Jacob, S. (2005c). Réflexions autour d'une typologie des dispositifs institutionnels d'évaluation [Reflections on a typology of institutional evaluation dispositives]. *Canadian Journal of Program Evaluation*, 20 (2), 49-68.

Kelly, G. A. (1955). *Personal construct theory.* New York, NY: Norton.

Kuzman, A. (2009, December 15-17). *Evaluation capacity building strategy: Towards a mature profession.* Paper presented at the Conference on National Evaluation Capacity, Casablanca, Morocco. Retrieved July 6, 2012, from http://web.undp.org/evaluation/workshop/nec/2009/documents/papers/Kuzmin.pdf

Labin, S. N., Duffy, J. L., Meyers, D. C., Wandersman, A., & Lesesne, C. A.

(2012, January 27). A research synthesis of the evaluation capacity building literature. *American Journal of Evaluation*. Retrieved July 6, 2012, from http://aje.sagepub.com/content/early/2012/01/27/1098214011434608

Läbli Loud, M. (2004). Setting standards and providing guidelines: The means toward what end? *Evaluation*, 10 (2), 237 – 245.

Leeuw, F. L., Rist, R. C., & Sonnischsen, R. C. (1994). *Can governments learn? Comparative perspectives on evaluation and organizational learning*. Brunswick, NJ: Transaction.

Love, A. J. (1993). Internal evaluation: An essential tool for human services organizations. *Canadian Journal of Program Evaluation*, 8 (2), 1 – 15. Retrieved September 12, 2011, from http://www.evaluationcanada.ca/secure/08-2-001.pdf

Mayne, J. (1992). Institutionalizing program evaluation in action-oriented evaluation in organizations. In J. Hudson, J. Mayne, & R. Thomlison (Eds.), *Action oriented evaluation in organizations* (pp. 21 – 27). Toronto, Ontario, Canada: Wall & Emerson.

Mayne, J. (2006). Studies are not enough: The necessary transformation of evaluation. *Canadian Journal of Program Evaluation*, 21 (3), 93 – 120.

Mayne, J. (2008, November). *Building an evaluative culture for effective evaluation and results management* (Brief No. 20). Rome, Italy: Institutional Learning and Change (ILAC).

Mayne, J., Divorski, St., & Lemaire, D. (1999). Locating evaluation: Anchoring evaluation in the executive or the legislature, or both or elsewhere? In R. Boyle & D. Lemaire (Eds.), *Building effective evaluation capacity* (pp. 23 – 52). New Brunswick, NY: Transaction.

Mihalache, R. (2010). A developing evaluation culture in Romania: Myths, gaps and triggers. *Evaluation*, 16 (3), 323 – 332.

Owen, J. (2003). Evaluation culture: A definition and analysis of its development within organizations. *Evaluation Journal of Australasia*, 3 (1), 43 – 47. Retrieved July 12, 2011, from http://www.aes.asn.au/images/stories/files/Publications/Vol3No1/evaluation_culture.pdf

Patton, M. Q. (2008). *Utilization-focused evaluation* (4th ed.). Thousand Oaks, CA: Sage.

Preskill, H., & Torres, R. T. (1999). *Evaluative enquiry for learning in organizations*. Thousand Oaks, CA: Sage.

Russ–Eft, D., & Preskill, J. (2009). *Evaluation in organizations: A systematic approach to enhancing learning, performance, and change* (2nd ed.). New York, NY: Basic Books.

Stufflebeam, D. L. (1997). *Strategies for institutionalizing evaluation: Revisited: Vol. 18. Occasional Paper Series. Kalamazoo*, MI: Evaluation Center, Western Michigan University.

Stufflebeam, D. L., & Shinkfield, A. J. (2007). *Evaluation theory, models and applications*. San Francisco, CA: Jossey-Bass.

Swiss Federal Office of Public Health (FOPH). (1997). *Guidelines for health programme & project evaluation planning*. Berne, Switzerland: Author. Retrieved November 3, 2011, from www.bag.admin.ch/evaluation/02357/02362/index.html?lang=en

The World Bank (2009). *Institutionalizing impact evaluation within the framework of a monitoring and evaluation system*. Washington, DC: Independent Evaluation Group, International Bank for Reconstruction and Development, World Bank.

Torres, R. T., Preskill, H. S., & Piontek, M. E. (1996). *Evaluation strategies for communicating and reporting: Enhancing learning in organizations*. Thousand Oaks, CA: Sage.

Toulemonde, J. (2000). Evaluation culture(s) in Europe: Differences and convergence between national practices. *Vierteljahreshefte zur Wirtschafsforschung*, 69(3), 350–357.

U. S. General Accounting Office. (2003). *Program evaluation: An evaluation culture and collaborative partnerships help build agency capacity* (Report to Congressional Committees No. GAO–03–454). Retrieved November 24, 2011, from http://www.gao.gov/new.items/d03454.pdf

Varone, F., & Jacob, S. (2002, October). *Institutionalising policy evaluation: A comparison of Western democracies*. Paper presented at European Evaluation Conference, Seville, Spain.

Widmer, T., Landert, C., & Bachmann, N. (2000). *Evaluation standards of SEVAL: SEVAL standards*. Retrieved August 23, 2012, from http://www.seval.ch/en/documents/SEVAL_Standards_2000_en.pdf

Widmer, T., & Neuenschwander, P. (2004). Embedding evaluation in the Swiss federal administration: Purpose, institutional design and utilization. *Evaluation*, 10(4), 388–409.

第 5 章 重塑评估以加强使用：中介机构在苏格兰"知识到行动战略"中的作用

Erica Wimbush

本章主题[①]

- 将"知识到行动战略"（KTA）贯彻到评估使用中
- 评估机构（Eval Unit）促进知识利用的实践面临的挑战与变化
- 审视评估机构为加强政策学习和知识利用而采取的不同措施取得的成功

有组织地对公共政策和计划绩效进行评估被视为公共问责制的核心，评估是政府职员和其他公共机构员工的一项核心专业技能。在英国（UK）布莱尔首相推行政府"现代化"的执政时期（内阁办公室，1999a，1999b），要求政策制定中使用证据已经得到制度化。这种判断"什么是有效"的新需求催生了一个为政策制定收集证据和综合分析的行业（Davies、Nutley 和 Smith，2000），同时掀起了一个针对全国范围内基于伙伴关系的重大政策措施的影响开展评估的新潮流。一些评估报告中描述了开展此类政策研究和促进证据使用所面临的诸多方面的挑战，其中最值得关注的是 Kings 基金（Coote、Allen 和 Woodhead，2004）、财政部（Wanless，2004）和其他学者（Davies 等，2000；Petticrew 等，2005）。他们指出的挑战包括：政府机构中评估人员和相关工作人员缺乏学习文化，针对政策有效性和成本效益情况的证据缺乏相关性和时效性，以及需要围绕影响评估开展更多的研究。在这种情况下，人们认识到针对在复杂环境中实施的错综繁杂的社会计划的影响评估存在着巨大的方法挑战。

从知识利用的角度来看，大家认为实践应用的快速发展，走在了用于支撑战略设计和进程评估的理论框架发展的前边（Best 等，2009；Graham 和 Tetroe，2007）。关于提高知识利用率的文献数量一直在稳步增长，尽管通常是在同类学科领域，而且主要由学术圈推动。在应用的理论和实践这两个圈子之间建立起有效的联系是缓慢的。这一定程度上归因于系统的驱动因素，缺乏时间和资源进行协作思考和知识协同生产，同时缺乏激励机制和能力向那些专注于政策和实践的人公开信息。在这种情况下，学术界充当了"知识过滤器"的角色，但也受制于他们通过研究面访而获得的信息，这种信息往往从特定的概念性视角进行解释，并又反馈给政策制定者和执行者。理想情况下采取的沟通方式有助于增强他们对自己领域的理解，但过于频繁地使用了他们难以认知的语言和概念。

大家已经认识到了这个知识转移问题。其中一个对策是培养一支新的知识交流和转移的专业队伍，一个"混合"或"跨界"小组，由他们充当中间人，实现"研究—政策—实践"各领域之间的连通、对话和协作。例如，英国经济及社会研究理事会（ESRC）的知识交流计划资助了能够促进更大跨界行动的人员借调或实习活动（主要是学术人员进入政策和实践领域），通过一段时间融入其他领域公共政策、公共管理或学术圈的文化环境来加强学习。随着经纪人组织或知识转移中介机构（KMI）的成立，在知识交流的制度架构建设方面也进行了大量投入。英国的案例包括实施知识转移伙伴计划、创建创新和知识中心以及基因知识园区。Cooper（2012）认为 KMI 具有独特的跨界作用，特别能在组织或专业团体与相关领域之间的"空白"区域内运作，以实现连接并促进互动。对许多中介机构来说，它们在知识转移（KM）中的作用已经成为更广泛任务的一部分。在英国，促进研究成果应用的额外驱动力已经内嵌在了学术研究的公共资助机制中，需要考察其对社会、文化、公共政策和经济福祉的影响或贡献（见"研究卓越框架计划"（REF），http://www.ref.ac.uk）。

本章内容是 ESRC 知识交流实习奖学金计划资助一个大学商学院的成果。它将一些最相关的知识利用的概念应用于苏格兰公共卫生部门内一个评估机构应对挑战的实践经历中。该评估机构通过其统计研究证据和评估的职能，以及作为在地方实施的国家卫生改进政策的评估委托者，在公共卫生领

第 5 章 重塑评估以加强使用：中介机构在苏格兰"知识到行动战略"中的作用

域的证据、政策和实践之间发挥着中介作用。该机构于 2003 年成立，当时评估小组的核心目标是提高评估和绩效数据的质量和利用率，从而使卫生改进政策及其实践更加明确和有效。由此，评估研究的产出属于典型的范式 2 知识生产形式[②]，其中包括基于问题的调查报告以及聚焦解决方案并使其扩散和实施的评估结果（Denis、Lehoux 和 Champagne，2005；Gibbons，1995）。评估通常是内部评估人员、项目实施者和决策者之间的合作成果，其过程和相关背景因素都得到了认真考量。因此，研究和评估之间的一个关键区别是评估（包括行动研究）的目的本质上是与被研究的项目或机构的未来发展联系在一起的，并且是其中的一部分。因此，与研究人员相比，评估人员和评估活动对于项目发展和学习过程来说更为不可或缺。对成果的利用而言，两者内在区别是显著的，评估具有直接的相关性和受众，而研究通常必须努力与可能的用户建立联系。相应地，评估人员必须努力确保对一个项目有独立的分析视角，以便评估其优点或价值所在，同时要足够深入地了解项目的复杂动态变化情况及其实施背景。

本章介绍了一个评估机构历经 8 年时间制定和实施评估战略的经验。本章初步概述了评估方法和评估利用所面临的挑战、对取得成就和某些事情失败原因的反思、以及吸取的经验。本章基于"真实"案例描述了一个国家公共卫生机构的评估小组的经历，该评估小组在国家层面政策制定、地方层面实施政策以及公共卫生专业人员队伍之间发挥着中介作用。本章选择了四个方面的内容供讨论：①在"知识到行动"实践中不断变化的组织模式；②将政策评价作为加强证据使用和政策学习的手段；③基于理论的影响评估的方法；④评估能力建设。随后，讨论了相关概念模型在多大程度上有助于理解这些经验，并总结了中介机构在"知识到行动"战略中的作用。

5.1 基本概念

本节阐述了评估机构战略上试图解决的四项关键挑战背后的思想：加强知识利用，在特定（政治）政策环境中运作，构建评估性的学习文化，以及应对归因的方法论挑战。

1. 从知识利用到协同生产

自 20 世纪 90 年代末以来，关于如何提高科学研究（包括评估）成果的影响、利用和效果的学术思想和概念模型发生了重大变化（Best 等，2009；Nutley、Walter 和 Davies，2007；Weiss，1979）。正如 Mayne 在本书的介绍性章节中指出的，这种学术思想演化的一个关键里程碑是 Weiss（1979）早期提出的对研究成果利用类型的划分方法，随后 Nutley、Walter 和 Davies（2003）对研究成果利用给出了从理论应用（一侧）到更多实践应用（另一侧）的一体化的概念内涵。与评估研究相关的研究成果利用的文献逐渐增多，研究的重点涉及组织学习和发展评估文化，以及研究成果对政策和实践的影响如何最大化（Cousins 和 Earl，1995；Patton，1997；Preskill 和 Torres，1999；Russ-Eft 和 Preskill，2009；Torres 和 Preskill，2001）。

Best 等（2009）针对证据和知识从实践转移到行动的过程提出了一个有用的总体思路，给出了知识到行动（KTA）思想的三代模型。第一代模型使用线性模型，设想了一个简单的单向知识转移过程，即知识包从研究成果的生产者传递给研究成果的使用者。知识"利用和吸收"的用词就体现了这一概念模型的特征。

随后向基于知识"交流"的关系模型的转变，使大家认识到了多个知识来源（研究、政策、实践）的重要性，由此转变为基于对话、关联和交流的更为互动的知识生成模型（第二代模型）。例如，加拿大卫生服务研究基金会开创了这一方法，并将研究者连同决策者一起贯穿于知识开发和使用周期的各个阶段，以促进相关知识的产生和决策中使用相关证据（LAMAS，2000）。工作网络、协同合作和联合资助的机制通常用于汇集不同形式的知识，这是知识交流实践中的关键特征。在这些思想的基础上，基于知识生产的系统思维和生态模型，正在发展形成第三代模型。系统方法通常包括：①研究人员和应用人员协同开发心理模型；②这些共享模型强调了综合的多层次干预举措（以及它们之间的相互作用）对解决复杂问题和复杂状况的重要性（Best 等，2009）。总之，"知识作为产品被视为嵌入关联和交流的相互关系中，而这些关系又嵌入由文化、结构、优先事项和能力形成的更大系统中"（Best 等，2009）。该模型的支持者倡导知识"协同生产"，倡导发展系

第 5 章 重塑评估以加强使用：中介机构在苏格兰"知识到行动战略"中的作用

统能力以支撑协作、关联和交流（Best 等，2009）。

在随后的案例研究中，该国家机构中知识利用的实践历程反映了这一过程。然而，更广泛的外部政策环境的影响对吸收以证据为基础的知识来说发挥着很强的作用，值得单独关注。

2. 知识利用的政策窗口

认识到知识"嵌入"更广泛的系统中，并不一定能说清楚这种共同生产的知识最终在何种政治环境中有效利用。如果政治氛围不佳，即使是最优等级的协同生产知识也可能无法被采纳。有一些"研究成果利用"的文献对知识接受和采纳的概念进行了一般性考察，而政治科学相关文献则围绕研究成果对政策制定过程中主要观点形成的促进作用，探索分析了接受研究成果的政治环境。这表明，决策者接受科学证据或观点需要一个乐于接受的政治环境，在这样的环境中决策者有动机和机会将证据转化为政策。Kingdon（1995）认为必须同时满足三个条件：①引起关注的政策议题；②潜在有效解决方案的证据对政策界人士可行；③政治制度在乐于接受证据方面的变化。Cairney（2009）研究了将被动吸烟的新证据转化为联合王国（UK）政治制度中禁烟政策的案例。尽管有相同的证据，四个政府（英格兰、威尔士、苏格兰、北爱尔兰）也采用了相同的政策，但每个国家"机会窗口"（时机、动机和机会）的本质各不相同。政策窗口依赖广泛的政策参与者、机构和各种因素，最重要的是：政策执行能力的差异、议会各党派的作用、对公众和媒体意见的反应、利益集团活动的水平以及对国际政策发展的反应。

这种思路表明，识别这些可预测但短暂的"政策窗口"是有效知识利用战略的必要条件。在随后的案例研究中，以上认识对于理解政策评估的建议的接受程度相对较低是有帮助的，尽管对知识协同生产的合作方式越来越多。

3. 组织学习、评价性学习文化和能力建设

在关于提高利用率的评估文献中，强调了在利益相关者所有群体中以及在组织机构和工作过程中发展评价性学习文化的重要性，这将促进知识获取和评价性思维发展（Russ-Eft 和 Preskill，2009；Torres 和 Preskill，2001）。Nutley 等（2007）在最近关于研究成果使用的概述中也强调了组织学习。这些文献都强调了将知识的使用当成个体学习事宜的局限性，强调了组织文化在理解知识如何创造、获取、共享和使用方面的重要性。关注的重点是如何"管理"知识，以及通过参与式评估的方法促进个人和集体学习，这里的知识和学习是协同联动在一起的（Greene，1988；Wadsworth，1998）。将组织机构学习过程的经验，甚至包括跨组织或项目界限的学习经验，扩展到"整个系统"的学习过程，以适用于多机构间的协作和基于伙伴关系的服务，这种做法还没有被业内很好地认识到，尽管并非完全被忽视（Solomon 和 Chowdhury，2002；Williams 和 Sullivan，2011）。

在随后的案例研究中，试图在个人、组织和系统层面建立评价性学习文化的尝试是与评估机构能力建设的活动密切相关的，其目标是发展评价性信息开发和使用的能力（Mayne 和 Rist，2006）。根据 Rogers（2004）和 McDonald、Rogers 和 Kefford（2003）的研究，这包括"授人以渔"（如提供培训、资源、机构数据库和实践社区以支持进行评估）和"引导他们下水"（如确保激励和培训以鼓励使用评估信息）。

4. 影响评估的方法论挑战：复杂系统的归因评价

如上所述，评估机构面临着方法上的挑战，同时也有如何促进知识利用的挑战。方法上的挑战主要涉及在复杂环境中实施的综合计划影响评估的归因问题。在公共卫生评估领域，通常选择设计随机对照试验作为评估干预效果的方法，因为这种方法最可靠，使遴选或分配的人为偏好最小化。但由于实际或政治原因，随机化通常是不可能的或太难。成功地使用"自然实验"方式来评估政策影响的例子相对较少（Hawe、Shiell 和 Riley，2004；Melhuish、Belsky、Leyland 和 Barnes，2008），并且怎样被算作是好的自然实验也还不清楚（Petticrew 等，2005）。

解决复杂系统和现实环境中的因果关系被认为是一个重要的方法论上的挑战，因为其中有许多因素和多个参与者影响着预期结果（Forss、Marra 和 Scwartz，2011；Mayne，2011；Shiell、Hawe 和 Gold，2008）。观察到的变化情况在多大程度上是特定政策或计划的行动结果呢？自20世纪90年代末以来，基于理论的评估方法成为主要方法，它的提出有助于解决因果关系问题。在理解变革过程和机制以及更广泛背景因素的重要性方面，它对评估方

第 5 章 重塑评估以加强使用：中介机构在苏格兰"知识到行动战略"中的作用

法论的完善做出了重大贡献。这些对于理解社会干预从一个国家或环境到另一个国家或环境的可转移性也至关重要。在英国，随着务实评估（Realistic Evaluation）方法（Pawson 和 Tilley，1997）、Aspen 研究所的变革理论（ToC）方法（Connell 和 Kubisch，1995；Connell、Kubisch、Schorr 和 Weiss，1998）的使用，以及"项目理论"方法（Rogers，2008）在复杂和综合性计划评估中更广泛地使用，基于理论的评估方法论在 21 世纪初得到了发展。这是本章所考虑的评估方法论发展的主要领域和背景。需要重点说明的是，与基于理论的评估方法相适应的"参与式评估方法"，在培养评估文化以及促进评估实践方面起到了显著的加速作用（Wimbush、Montague 和 Mulherin，2012）。

下面将概述苏格兰公共卫生机构在制定和实施以利用为重点的评估战略方面的经验，以此讨论这些概念在现实场景中的应用。本部分并不是对其工作的详尽描述，而是聚焦于四个部分的工作内容，这些工作内容展示了加强学习和知识利用方面的一些关键挑战和创新。

5.2 苏格兰公共卫生署的评估实践

自 20 世纪 80 年代初以来，苏格兰建立了一个公共卫生和促进健康教育的国家机构。如今，该机构被称为苏格兰公共卫生署（NHSHS），成立于 2003 年，由两个前身机构合并而成，即苏格兰健康教育委员会（1993 年成立，约有 60 名工作人员）和苏格兰公共卫生研究所（2001 年成立，约有 20 名员工）。现在，该机构雇用了大约 300 名员工，并拥有一个独立的董事会。机构战略（2008—2011）体现为四个关键目标。

（1）增进对苏格兰健康状况以及如何改善的了解。

（2）及时为健康改善政策和规划提供基于证据的资源投入。

（3）提高健康改善计划实施的能力和条件。

（4）提高证据、学习和良好实践的传播质量。

因此，证据收集和利用被视为该机构的核心任务。该机构作为一个中介组织维系着如下各方的联络和互动，包括苏格兰政府（负责制定国家层面健康改善政策）、地方机构（负责改善本地人口健康水平，包括 15 个地方卫生委员会、地方政府及其社区规划合作伙伴）和专业的公共卫生工作人员。该

☑ 公共组织加强评估使用的方法和实践

机构负责依据流行病学分析、有效性证据审查和政策执行情况评估结果,向上述群体和内部团队提供建议和专业知识。可以认为,该机构在健康改善领域中的个人、组织及合作伙伴构成的更广泛体系中发挥着"知识中介"的作用。基于 Nutley 的分析框架(2003),该机构的经纪角色涵盖以下三个方面。

● 知识管理:促进创建、传播和使用与现行政策和做法有关的公共卫生证据。

● 联络交流:通过"研究—政策—实践"对话及协同工作、学习网络和培训,协调知识"创造者"和"用户"之间的关系。

● 能力建设:使分析数据和证据能用于决策且有用,提高工作队伍在策划、产生和使用评估信息方面的能力。

苏格兰公共卫生署表现出了对以证据为基础的政策的重视,其投入重点发生了变化,英国的其他区域也是这样[③]。该机构成立时,1/3 的人力资源或工作人员致力于公共卫生证据及其分析。60% 的资源(17 个职位或工作岗位)集中于评审现有国际研究证据(系统性审查、对审查的审查、循证指导),就哪些证据对改善健康有效向决策者和从业人员提供建议。其余的人力资源重点分析苏格兰的人口健康数据(6 个职位),协调各地执行改善苏格兰人口健康政策的评估(6 个职位)[④]。政策实施周期中,这三方面角色(知识管理、联络交流、能力建设)之间的相互依赖关系已经得到了公认(见图 5.1),并得到配置资源以加强战略领导和持续改进。

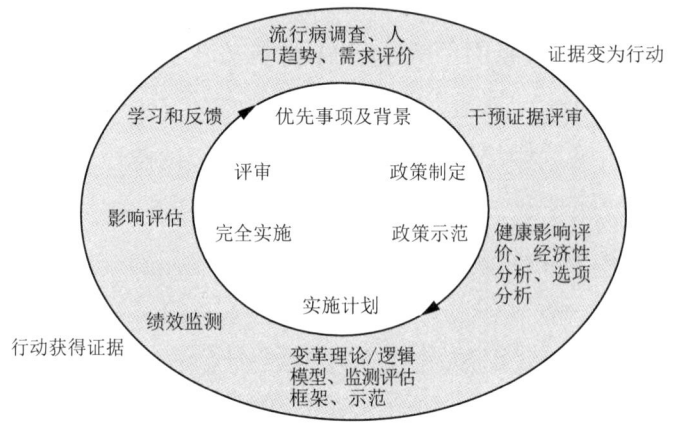

图 5.1 政策实施周期中的证据

(来源:苏格兰公共卫生署,2004 年)

第5章 重塑评估以加强使用：中介机构在苏格兰"知识到行动战略"中的作用

本章的其余部分侧重于讨论2004—2012年评估职能在加强对评价性思维的利用以及对政策和实践的学习方面的演变⑤。在与国家和地方层面的利益相关方磋商后，2004年苏格兰公共卫生署制定了这项评估工作的战略方针（见专栏1）。

在下文中，选择了团队工作的四个主要部分进行评述：①知识利用的组织模式的变化；②启动一系列政策评价工作作为加强政策学习和知识利用的手段；③开发基于理论的影响评估方法；④建立评估能力。

专栏5.1 评估目的和目标

①目的：

苏格兰公共卫生署评估方面的工作目的，是通过有组织地推进协调，加强政策执行情况评估和政策实施前的预评估，并从中提供反馈和学习，从而更有效地规划和实施健康改进政策。

②目标：

- 提高对苏格兰健康改进政策实施有效性的认识和理解。
- 通过加强项目规划、监测和评估方面的能力和技能，改进政策实施过程。
- 发展一种学习、创新和实验的文化，让证据、评估和审查成为政策规划和实施的组成部分。

---

1. 知识利用：组织模式的变化

虽然知识中介组织已经大量出现，但很少有研究成果专门关注中介组织（如苏格兰公共卫生署）在促进政策制定和实践中使用研究证据方面的作用，尽管认识到了这方面的需求（Davies等，2000；Nutley等，2007）。苏格兰公共卫生署积极参与了欧盟（EC）资助的"将证据付诸实践"（2003/2004）项目，该项目旨在制定欧盟议定书，以在改善人口健康方面提供有效实践。这项工作确定了知识利用活动的四个必要方面。

- 研究成果综述与研究证据整理；

✓ 公共组织加强评估使用的方法和实践

- 基于证据评价来制定和传播有效做法的指南；
- 开发实施有效实践活动的能力；
- 从有效的实践活动中学习。

2005年6月，苏格兰公共卫生署委托一个专家小组对其本身将证据纳入政策和实践（Evidence into Policy and Practice，EIPP）的工作进行内部审查，以指导未来后续工作的整合。审查中还考察了基于知识利用和组织学习的更广泛证据（Percy Smith、Speller和Nutley，2006）。审查提出的建议包括以下内容：

——使整个组织的EIPP（将证据纳入政策和实践）职能主流化：需要从一个个孤立的EIPP项目"口袋"转向将整个组织的EIPP职能主流化，通过一种共同的方法进行统一，例如，从共享学习中识别出良好实践，制定一个协议，规定什么可以作为证据，以便在整个组织中服务于不同目的的知识利用活动，也需要建立如何从实践中收集案例证据的协议。

——转向实践变革的"嵌入式"模式：需要从基于研究的个人实践模式转向组织实践变革的"嵌入式"模式，其中EIPP（将证据纳入政策和实践）项目用于吸引和影响相关组织和/或专业机构，而不是单个实践者。

5年来执行这些建议的进展不大。最初的三个学习网络被解散，人力资源纳入了苏格兰公共卫生署证据综合分析部门，成为公共健康顾问的一员。该组织的服务支持部门还继续开展证据传播和学习交流的实践活动。在2011和2012年出现新的发展机会之前，几乎没有动力在整个组织内制定一种共同的EIPP实践方法。伴随着苏格兰卫生部门开展全国性的"从知识到行动"（KTA）战略评审活动，苏格兰公共卫生署同步启动了组织战略的再造工作，该战略为在组织内思考新的工作方式创造了反思空间。

国家层面卫生服务评估工作回应了对医学图书馆服务缺失的担忧，也回应了医学图书馆需要现代化及重新定位于服务多学科"知识到行动"职能的担忧。对于苏格兰公共卫生署而言，这项审查引发了另一个内部审查，涉及事关医学图书馆现代化和该组织更广泛的"知识到行动"角色有关的反思和跨组织对话。这导致该机构的核心业务中有了一个更加明确的、嵌入式的"知识到行动"流程。正如新的组织战略所述，该流程被视为支撑机构强化循证决策目标实现的核心内容。图5.2直观地显示了"知识到行动"流程，

第5章 重塑评估以加强使用：中介机构在苏格兰"知识到行动战略"中的作用

它将知识管理与知识利用相结合，贯穿于苏格兰公共卫生署业务流程的各个关键阶段，目标是在政策和实践背景下对决策产生影响。人们认识到，实施"知识到行动"流程需要有一种重视证据和学习的组织文化的支持，也需要具备知识管理和协同工作功能的新技术平台的支持。

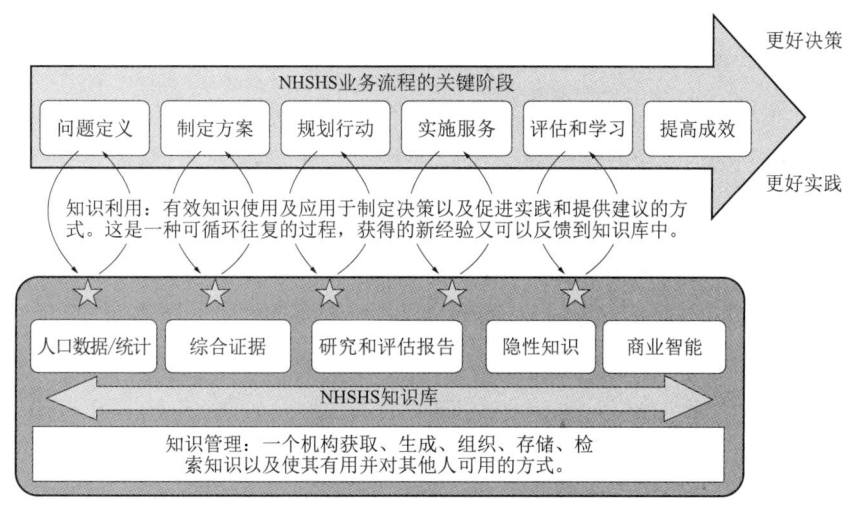

图5.2 "知识到行动"广义功能

（来源：NHSHS委员会）

2. 政策评估：加强政策学习和知识利用

至今，政策周期的评估阶段以及证据使用和经验学习的潜在范围几乎完全被忽视了。NHSHS设立新的评估部门后，针对健康改善政策启动了一系列政策评估，该政策在地方实施了5~6年，政策制定者也希望"更新"政策。政策评估过程旨在解决现有监测政策执行情况的做法中存在的不足，仅限于实现国家层面人口健康状况或行为变化的目标。政策评估中引入了一个系统的、透明的过程，以便证据收集、研究综合和利益相关者参与。自2005年以来，在食品和饮食（Lang、Dowler和Hunter，2006）、心理健康和幸福感（Hunter、Barry和McCulloch，2007）以及体育活动（Halliday，2009）等领域进行了三次政策评估。

尽管在三次政策评估过程中不断改进方法，但其核心做法包括如下内容。

● 组建评估小组：由评估小组实施评估、指导审核讨论过程、分析秘书处（NHSHS 的政策评估小组）收集的信息和证据，并向苏格兰政府政策负责人（负责特定领域政策制定的公务员）报告。

● 分析进度和影响：利用人口层面的成效数据、项目评估信息，以及新委托进行的对社区层面和服务的影响评估的研究成果，对迄今为止政策实施的进度和反映影响的证据进行评估。

● 横向比较分析：将苏格兰的政策及其实施进展情况与其他国家和国际趋势进行对标分析。任何新的证据或指导意见如被确认，则可能会据此调整政策重点或方向，也会抓住任何新机遇以加强或加快现有的行动举措（例如，2014 年在格拉斯哥举行的英联邦运动会带来的机遇）。

● 利益相关者参与：参与协商和审议过程的主体涉及许多有关的个人、团体和组织（例如，苏格兰政府官员、国家机构、社区规划合作伙伴，以及实施工作人员），大家共同参与评估相关进展和变化情况，反映取得的成功、面临的挑战和获得的经验教训，并就未来的关键优先事项达成一致。

● 对未来提出建议：基于实施进展和影响取得的经验教训，根据新的证据和机遇，在政策实施方面找到存在的任何差距，并做出必要的调整或修正。

评估方法在三次评估之后得到了发展。最重要的是，作为 NHSHS 政策团队，我们不再使用由学术专家组成的评估小组（由秘书处协助），该小组可以对政策及其实施进行独立的专家审阅。在第三次评估中，评估小组成员汇集了主要利益相关方，并将学术专家、政策负责人、主要执行机构（用户）和秘书处结合起来。评估小组由一位重要的公众人物、一位国际运动员和广播员（以及政策工作组的原主席）共同主持，他们都是拥护被评政策的知名人士。与前两个专家小组不同，这个联合小组为评估设计了一个沟通计划，以便在更广泛的利益相关者群体中最大限度地共享信息。

在最初的专家领导模式下，政策负责人只参与制定评估任务大纲（ToR）、遴选专家组和提供证据，政策的学习效用有限，而且对调查结果没有知情权，甚至没有机会辩护。当政策负责人深度参与评估小组时，的确改善了政策评估信息的知情和利用，尽管是否采纳建议和促进改变政策在很大程度上仍取决于政治和其他背景因素。例如，苏格兰饮食评估报告的发布时间与国家饮食目标数据公布的时间窗口吻合，这有助于提高评估报告的相关性，也提供了一个证据充分的绩效事实，进一步补充了国家目标数据。如果没有（精神健康和幸福感）国家目标数据，评估报告的相关性则要低得多。

在三次评估过程中，利益相关者的参与都得到了保留，尽管评估过程的性质因每个小组的不同而不同。虽然这三个评估过程都包括一系列利益相关者参与的活动，以便对评估组的初步分析进行审议，但苏格兰饮食评估和心理健康改善评估还包括了许多场为期一整天的"听证会"，就所提供的证据进行双向对话，以使专家组进一步熟悉政策及其在当地的实施情况和主要的利益相关者（专业团体、研究人员、行业机构等）。第三个评估过程就大大减少了听证次数，主要是为了加快评估进程，而且专家组也不需要熟悉进程。

与政策评估相比，在改进知识利用和政策学习方面，另一项不太成功的尝试是通过综合多个重大的国家层面评估工作的过程性评估结果来识别反复出现的政策执行问题。这是一个基于案头资料的综合，而这项工作并没有让用户参与知识的生成和学习。在综合报告完成后，才确定了潜在用户并让其参与讨论。这导致了受邀参与者的抱怨，他们表示对所产生的任何改进行动缺乏知情权。因此，这种形式的知识生产远没有成功。

3. 基于理论的影响评估方法：贡献和影响

在苏格兰公共卫生政策的背景下，变革理论（ToC）最显著的应用是格拉斯哥大学和爱丁堡大学的政策评估团队对两个国家示范项目和一个后续项目的评估（Blamey 和 Mackenzie，2007；Sridharan，2006）。尽管基于研究背景的变革理论的充分应用在研究、政策和实践者群体中的反应不一（Craig等，2005），但它以逻辑模型的方式更为简化地应用于项目规划和评估，却得到了更为热烈的响应，当然变革方法的基本理论经常被误解和过于简单化（Birkmayer 和 Weiss，2000）。逻辑模型充其量就是一种工具，它有助于推动对"项目理论"的共同理解，从而有助于项目成员、决策者和评估者之间的沟通和协作，并可用于设定绩效目标的基准。最差情况下，逻辑模型算是从特定利益相关者角度提供了一个项目的一次性可视快照，或者表现为一个过于详细和纷杂的图表，其中所有内容之间都相互连接。根据我们作为 NHSHS

评估团队的经验，我们发现在规划初始阶段之外使用逻辑模型是不常见的，应用于风险管理、监测评估、报告和获取经验方面也不常见。这一点从 Coryn 等（2011）最近的综述文章中得到了证实。

随着苏格兰公共部门引入结果管理和问责制（作为 2007 年年底中央和地方政府协议的一部分），这种情况有可能发生变化。政策评估小组与苏格兰政府和地方卫生委员会开始密切合作，在规划和绩效工作中形成并嵌入了新的结果评估方法（Craig，2013）。这一背景为引入一种更结构化的基于理论的影响评估方法奠定了基础，该方法正在应用于地方伙伴关系绩效评估中。贡献分析的概念和基本方法是由加拿大的 John Mayne 提出的，用于在基于结果管理的背景下评估政府政策和公共计划的绩效（Mayne，2001，2008，2011）。贡献分析提供了另一种关于归因问题的思考方法，它有别于传统实证主义方法中通过反事实来证明因果关系。它并不试图证明某个因素（政策或计划）"导致"了期望的结果，而是使用逻辑论证过程来评估政策或计划对观察到的结果变化所做的贡献。

Mayne 的思想和方法在实践中得到了进一步发展，Montague 通过努力（Montague，2000，2009），提出了以结果链形式展示的变革理论（ToC），这些结果基于逻辑按照时间顺序排列[⑥]。主要产出是一个基于证据的绩效过程描述，可据此分析一个计划、组织或政策对一组人口指标期望结果的贡献，例如改善健康状况。

贡献分析的方法仍在发展中，但基本可以认为，如果发生以下情况，利用该方法是可以合理地得出结论，即干预正在产生影响。

（1）变革理论模型已经描述清楚了。一组预期活动和产出正在随时间进展产生一系列结果，基于这一系列变化的证据、风险和假设都得到了满足。

（2）预期活动的实施可以得到演示。

（3）有足够的证据支持变革理论，也就是说，有证据表明预期的变化正在发生。

（4）影响结果的其他因素已经得到评价和解释说明（Mayne，2011）。

在地方伙伴关系规划工作中，制定并使用了一种参与式的贡献分析方法。Wimbush 等（2012）给出了应用实例，他提出，贡献分析方法通过参与过程加强了大家对结果的规划、管理和实施，以及变革理论的概念和实践的理解，从而有助于在参与伙伴的组织内部和之间建立基于结果的工作思路、评估实践和协作能力。

4. 评估能力建设：制度、管理和专业技能

如前所述，提高证据使用不能脱离开更广泛的知识开发概念和基于实践的证据需求。构建评估能力是政策评估小组的一个重要目标，它是改善供给和使用基于实践的证据的途径。由于能力建设任务的规模和范围之大，以及对"质量"内涵、"能力"需求和需求者是谁的理解事宜，这些都决定了能力建设也是属于最大的挑战之一。

（1）知识协同生产的管理。在委托评估的管理中，评估团队的一项重要内容是做好利益相关者关系管理，包括资助者、决策者、项目实施者以及评估负责人。作为委托方，我们认识到需要发挥与这些群体的有效联络作用，有时是中介作用，需要为对话和挑战创造空间。除了正式的评估管理作用外，所有委托评估研究中设立的咨询小组在知识转移和协同生产方面都发挥了重要作用，具体如下：

- 在主要利益相关者之间发挥定期沟通渠道的作用，他们对评估和改进项目绩效有共同的兴趣，能够就评估的重点、关键评估问题和对时间表的任何调整达成一致意见。
- 对所讨论的项目及其变革理论模型和实施背景（包括伙伴关系）有共识，能够分享和讨论项目即时的经验教训。
- 在利益相关者之间建立建设性和协作性的工作关系，例如信息收集和数据共享，以及解决双方之间出现的任何问题。
- 制定分享关于项目目标和预期结果的描述文字和术语。

评估咨询小组通常在起草评估大纲时组建，评估大纲是为了通过竞争性招标委托外部研究团队遵照实施评估工作。作为评估委托者，我们学会了在投标要求中提出明确规定，即采用协作的团队方法以及基于理论的评估框架。我们要求评估团队参与到项目变革理论制定过程中以便形成共识，在制订详细的监测评估计划并达成一致意见之前，我们将委托过程分为两个阶段：一是初步方案的认可；二是在商定的变革理论基础上形成更加细化的方案并得到认可，同时签订完整合同。尽管在选择合适的评估团队时，评估专

业知识被视为是至关重要的，但在初始阶段，与各方尤其是与项目团队建立关系和信任的能力，也被视为必不可少，这点也要纳入考察。虽然数据收集、分析和编写报告主要由受托团队负责，但在形成联合出版物时，仍有许多情况会涉及咨询小组中的其他利益相关者。

（2）机构能力和学术领导能力。在评估中，这些被认为是必要和值得拥有的，但苏格兰缺乏。在评估方面没有明确的专门知识体系，以帮助指导新的评估团队开展工作。我们的委托者试图通过短期（3年）资助安排，与爱丁堡大学合作开展一个评估培训计划，以便在卫生部门内对此进行弥补。这创造了一个有价值的合作伙伴关系，有助于扩展我们的内部能力，促进开展了高质量和创新性的评估实践，并通过每年的暑期评估培训班为大家定期提供了学习机会。虽然我们期望针对这个高级岗位培训的投资应发挥好最佳种子基金作用，能够吸引其他赠款来建立一个更广泛的评估培训计划，但这并没有实现。该培训计划充满活力，但仍专注于单一岗位，在资助期结束后就终止了。认识到这方面差距，2008年医学研究理事会（苏格兰公共卫生研究与政策合作组织）成立了一个新的学术机构，负责建立跨组织沟通能力，推动开展高质量的与政策有关的干预研究。这项合作由一位加拿大流行病学家领导，目前已接近第一期资助的尾声。

除了这些制度安排外，还需要建立一个跨部门的专业网络，供公共政策和计划评估人员使用，以进行学习交流和持续发展专业技能。作为评估小组成员，我们与苏格兰政府和其他国家级机构合作，协助建立了苏格兰评估网络（Scottish Evaluation Network，与英国评估协会 UKES 有关联），并协助第三方机构（Evaluation Support Scotland（ESS））开发了新的评估领导力和评估能力建设资源。

（3）专业技能。评估小组的目标之一是强化工作人员和组织系统的能力，以在不同背景下，为了不同目的，通过高质量的评估工作提高规划、行动、管理、实施和学习的能力。重新评价团队所需技能的必要性变得显而易见。在评估团队中招聘专业人员看重公共卫生和/或社会研究方面的资格和经验，特别是开展过评估研究的经历。随着评估团队的事业发展（基于理论的方法、提高评估的使用、评估的支撑作用）和向新领域的扩展（成果规划和绩效管理），新的知识和技能在评估团队中变得更加必要。

- 完成中介角色所需的协调技能,例如利用逻辑模型或结果链模型促进变革理论的共享和开发流程;需要具备设计和管理评估的技能,以便积极促进组织内部和利益相关者群体之间的学习。
- 需要人际关系技能,以此加强利益相关者群体之间的关系和信任,并确保其参与到整个评估周期。
- 需要绩效管理尤其是基于结果的管理领域的知识、技能和信誉。

通过逐步调整知识和技能需求概况及岗位资格要求,这些技能需求被逐渐纳入现有岗位的招聘中,既包括个人和团队发展的招聘,也包括新建一个专门从事结果和绩效管理工作的高级职位的招聘。暑期评估培训班旨在为团队每年提供一个专业发展集训营,让来自不同背景下应用、实施或利用评估的学员们共同工作。

5.3 有关讨论

1. 多种不同模型

为了理解变革过程,系统思维方法(和复杂性理论)指出,实践人员和理论学者不仅需要了解新的知识形态(一项干预措施、计划或政策),还需要了解其运作的实施环境(制度、地理、文化、政治等)(Best 等,2009)。我们的经验表明,这种思维方式在某些评估方法中很明显,例如基于理论的评估方法、参与和行动导向的方法,这种思维方式更适合于在以复杂和协作关系为特征的多机构伙伴关系背景下实施多层级计划和战略。然而,这些方法与更传统的评估方法是共存的,例如,使用集群随机试验设计方法,这些方法越来越适合于包括可跨区域推广干预措施在内的变革理论(Hawe 等,2004;Hawe、Shiell 和 Riley,2008;Hawe、Shiell 和 Riley,2009)。

尽管系统模型可能反映了思维和方法论发展的新方向,但我们在公共卫生领域的经验表明,从线性单向的知识利用模型已经逐渐转向了基于关系、多个知识源以及联络和沟通机制的模型。政策评估工作展示了一个从简单线性利用模型转变到复杂多维模型的例子,在简单模型中,独立专家小组体现了知识创建者的角色,他们将专家报告交付给不太了解政策过程的预期用户；在复杂模型中，评估组包括了关键利益相关者，并且评估过程充当了小组成员之间交流、辩论和学习的平台，各成员的参与活动将评估过程扩展得更为广泛。有必要为评估活动的利益相关者之间创建对话和共享学习的空间，这也已经成为正式和非正式评估工作的一个重要方面。另一个例子是从基于研究的实践者模型逐步向基于实践变革的嵌入式模型的转变。

然而，这种转变并不是简单地用一个知识生产模型取代另一个模型的问题，而是几个相互竞争的模型的共存。这种情况得到了在知识生产和利用领域科研人员的回应，如 Swan、Bresnen、Robertson、Newell 和 Dopson（2009）。他们还注意到，在各学派内部以及之间都可能存在相互抵制关系，并且一种新的知识生产模型的提出，还可能会产生其自身的矛盾，有意思的是，这很可能又会引起先前已有模型的同步应用（和加强）。

2. 知识发展的多种模型对评估能力建设的影响

评估能力建设被视为"知识到行动"战略的重要组成部分，这也是我们评估战略的组成部分。执行这方面的战略需要时间以取得进展，因为需求的定义很复杂且是敞口的（多少是足够的？）。尽管所有评估成果都是关于提高公共政策和计划的知识，但它们可以服务于不同的目的，并具有不同的知识发展的基础模型。这反过来又会影响到在评估中如何定义"质量"和"良好实践"，从而也影响到"需要哪方面能力"。本文借用 Chelimsky（1997）关于评估的三个主要目的的思考，有助于阐述这些不同的观点。

（1）为完善计划而开展的评估直接将评估与学习过程联系起来，这种评估是建立在知识发展的关系模型上的。例如，在国际发展领域，那些采用"将社会变革视为发展"的实践模型的人就避开了方法驱动的评估方法。"评估和学习不仅仅是一种方法，而是一种重要的人际关系。因此，确保评估和学习服务于社会变革过程的关键是这种人际关系的质量水平和建立起充满信任的（内部）学习环境（Guijt，2007，第6页）。

（2）一些评估的目的是创建知识，其强调通过实施相关行动倡议，如 Cochrane 合作倡议或 Campbell 合作倡议，从干预措施研究中积累和储存高质量的有效性证据。知识生产的线性传播模型流行的观点是知识创造者（通常是产出研究报告、出版物和系统性评估报告的外部评估者）与知识使用者是分离和相互独立的。

（3）监测评估的问责性目的也趋向于单向的知识生成过程。绩效信息通常由赞助人和捐款人提出并为其生成，绩效评估一般通过正式和程序化的年度审查流程向上报告。组织内部的自我评估过程常常超出向资助者报告的问责要求。

在实践中，这些区别并不那么明显，这些方法模型通常共存。例如，当绩效信息用于内部改进目的时，根据团队关系和组织学习文化，可能会使用双向的知识协同生产模型。然而，利益相关者对知识生产以及良好评估实践构成内容的不同观点，可能会导致评估质量方面的意见冲突，并对评估的影响和利用产生负面影响。比如，Spicer 和 Smith（2008）指出，在儿童基金会评估中出现了这种状况，由合作伙伴委托的地方独立评估受到高度质疑，评估过程对项目设计和实施的影响有限。因此，认识到在评估人员和利益相关方之间建立早期对话和接触的重要性是极其关键的。在评估能力建设方面，对不同模型的认识有助于管理协调多个利益相关者的观点和利益。

3. 通过政策评估加强政策学习的思考

针对政策周期最后阶段的干预措施，期待引入一个更系统和更积极的政策评估流程，以扩大和加强政策学习的机会。但实际比预期收获更为有限，主要有两个与背景因素相关的原因。

- 关注过去的政策不如关注与现任领导直接相关的新政策更能吸引政治兴趣。
- 政策学习的一个关键驱动力是同行竞争（与其他同类国家保持一致的动机），但这需要具有可比较的国家指标和实施环境。

上述分析表明，在政策评估的设计中，更多地关注同行竞争的动机可能会使政策学习更加有效。此外，可以进一步加强评估过程中个人和组织学习之间的联系。

5.4 获得的经验

过去 8 年的主要经验总结如下。本文所使用的分类来源于 Cherney 和

Head（2011）的相关文献《组织环境的九个组成部分》，其对在政策理论和实践背景下的决策中使用证据给予了支持。

（1）沟通：为决策者和从业者创造反思空间，使他们能够询问、思考和讨论新的证据，这些证据表明他们能够与自己的经验和理解相关联，最终有助于计划、服务或政策的重新设计。

（2）澄清：与政策制定者、项目实施者和/或服务管理者合作，将基于理论的方法应用于规划和评估，有助于共同提出"心理模型"，以此解释计划如何设计以解决特定问题以及计划如何运作（通常是多个层面）；这样也能得到一些评价性的反馈信息，比如实际上的工作方式是什么以及可能还需要哪些调整。

（3）技能：关于开展和使用高质量评估的知识和技能，需要重点关注的核心是，要具备额外的协调能力，以使个体或团队能够瞄准预期结果开展服务的规划和设计或推进计划实施，并将现有证据的使用和评价反馈纳入实施过程。

（4）能力：传统上，这涉及产生和使用评估信息的组织或系统能力。但是，如果这被视为循证决策中更广泛的"知识到行动"过程的一部分，那么能力建设还包括存储和管理日积月累的知识和学习经验的能力，以便日后被其他人检索使用。

（5）氛围：有利于在政策和实践中使用证据的外部政策大环境是一个关键的促成因素，在公共服务管理和问责体系中引入面向结果的思想更进一步推动了这个观点。强调业务流程中持续改进质量的做法也有助于为组织学习和改进创造一个支持性的内部氛围。

（6）承诺：虽然官方个体或政策部门可能认可这些改革举措，但个体层面和组织的承诺是必要的，以将这些转化为实践并对长期的变革过程加以管理。因此，至关重要的是要在体系中的多个层级上都有具备领导能力和能够在更广泛的背景下有效地推动变革过程的拥护者。

（7）协作：在知识生产中纳入协作方法是知识利用的必要先决条件。然而，知识吸收也受到外部政策环境的强烈影响。所以，观点和证据的接受，需要与外部环境中的时机窗口相一致。

（8）创新和实验：评估在检验创新和鼓励实验中发挥了重要作用，对基

第 5 章 重塑评估以加强使用：中介机构在苏格兰 "知识到行动战略" 中的作用

于证据的政策和实践做出了重要贡献，主要体现在两个方面：一是政策领域中针对解决问题采取的哪些行动是有效的存在着高度不确定性，通过评估可以确认；二是政策领域中对在其他地方实施的表明有效的计划或服务，在基于本地条件进行修订而实施的行动是否有效也存在着高度不确定性，通过评估可以确认。

（9）监测和审查：随着在决策中证据使用的强化，现在这已被公认为组织战略的核心内容，开发用于监测这一过程和结果的系统将成为组织绩效报告和过程改进的组成部分。

5.5 结论

本章围绕知识利用的内涵进行了系统性思考，对其在多大程度上有助于理解国家公共卫生机构的一些经验和挑战以及有助于形成一个不断发展的评估战略展开了讨论。它没有针对国家机构或评估职能提出全景式的概况，但它对一些关键的战略和方法挑战进行了分析性说明。然而，这些经验教训很可能会引起其他评估部门的共鸣，特别是那些在组织内的政策和实践中发挥知识转移作用的评估部门。本章关注的这些概念提供了以下见解：为什么相关工作的某些方面是成功的，为什么某些想法能够扎根发展，而另一些则需要更多的时间来取得进展，有些却没有得到发展。

对于支撑知识开发的不同心理模型以及这些模型共存和竞争的事实，本章明确说明了其不同的应用前提，这有助于阐明参与评估的不同利益相关者群体之间经常遇到的对立关系。对于评估工作的质量和良好评估实践的内涵，各自制定了不同的评价标准。由于评估能力建设工作的一个重要目标是提高所开展的评估活动的质量，从而在这一领域取得进展，因此有必要弄清楚在什么情况下需要什么类型的评估。对于组织内部和整个更广泛的系统需要哪些类型的技能和学习过程，本章也提出了相关认识。

有一些证据表明，无论是在组织层面上，还是在更广泛的公共服务产品体系中，都朝着系统性思维和更为嵌入式的知识开发模型迈进。它建立在（而不是取代）一个预先存在的关系模型以及沟通交流机制的基础上。这一转变的部分原因是认识到健康改进政策领域存在着 "无效" 属性，特别是在解决不平等问题方面。政策实施的对策是开发复杂的多层次项目,由多机构以伙伴关系在复杂和动态的环境中提供服务。虽然这带来了方法上的挑战,但也带来了机会,可以尝试在评估中应用变革理论方法,并加强项目规划。随着基于结果的方法在公共管理和问责体系中的出现,也给了将这些评估方法与绩效管理相结合和嵌入的机会,从而使其朝着归因可信的方向发展,而不是只关注绩效目标。

成功的一个重要因素是,在组织的战略方针中允许将创新和实验与评估实践中更为常规的做法结合起来。从本质上,这意味着可以尝试新的方法(例如,引入政策审查、启动暑期评估培训班、尝试逻辑模型、适应委托和管理实践活动),同时也要随时注意政策窗口提供的机会,以加快新的想法和实践,比如苏格兰当局和地方政府发展协议的签订、国家绩效框架的出台以及各方开始对结果的关注。这种方法存在成本和风险,因为它需要有快速灵活地应对新机遇的能力。一旦成功,它将产生新的工作局面,有时还会产生新的技能和专业知识。如果有固定或既定的评估资源支撑开展评估工作,那么这些新的发展可能会带来挑战,也将可能视为非预期的工作增量。所以,对已有工作计划和团队技能的调整需要有充分的认识并加以管理。

问题讨论:

(1) 为了加强评估在政策中的使用,苏格兰的经验说明了若干因素的"有效结合"。在你的国家或地区,哪些因素是显而易见的?

(2) 成立评估小组是为了评估政策的绩效,以期改变或改进政策。小组成员一开始主要是学术专家,逐步演变为更广泛的利益相关者代表。你认为引入更广泛的小组成员会带来哪些新的挑战?你会将哪些利益相关者群体加入这样的评估小组?

(3) 以苏格兰为例,新的公共卫生机构1/3的资源专门用于公共卫生证据和分析,其中60%(17个职位)集中在向政策制定者和执行人员提供关于什么政策对改善健康有用的建议(系统性审查、对审查的审查、循证指导)。其余40%的公共卫生资源关注分析苏格兰的人口健康数据(6个职位),协调各自执行改善苏格兰健康政策的评估(6个职位)。那么,公共卫生机构的预算中应该有多少比例用于构建政策执行及其有效性的证据?

第5章 重塑评估以加强使用：中介机构在苏格兰"知识到行动战略"中的作用

（4）评估咨询小组经常用来配合委托开展的评估工作，以此作为加强对评估结果使用的一种手段。然而，成立这样一个小组的原因是多方面的。你能说出其中三个原因吗？你期望能达到什么目的？

注释：

①本章编写于在爱丁堡大学商学院师从 Sandra Nutley 教授为期 1 年（2009—2010）的奖学金项目学习期间，该奖学金由 ESRC 知识交流计划和苏格兰公共卫生署资助（这里将 NHS Health Scotland 翻译为苏格兰公共卫生署，简称为 NHSHS，其官方网站定义是 NHS Health Scotland is the national health education and promotion agency. A Special Health Board of NHS Scotland, its goal is to improve the health of the nation, via research, planning, programme implementation and evaluation. NHS: National Health Services）。

②Gibbons 等（1994）对比分析了科学技术研究的历史过程与社会方式，总结得出了知识生产的两种范式，即范式 1 和范式 2。在范式 1 中，知识的产生是在一种学科的、规范的术语体系（语境）、"科学的"研究方法体系中进行，遵循认知和社会的学术研究规范，将科学研究活动作为一个经过严格训练的专业化职业岗位行为，形成了判断好科学（good science）、正规科学知识，以及区别于非科学知识的标准规范。在范式 2 中，知识的生产是在一种应用环境中，置身于跨学科领域环境、采取非等级制的异质性组织模式，其知识的生产更加关注科学知识的社会价值和社会责任，而不仅仅是一个科学的认知过程，还是一个社会利益反复平衡与博弈的过程。在范式 2 的应用情景中产生的知识，区别于范式 1 中遵循基础科学研究的认知规范的情景中所产生的知识，它不仅仅是由单纯的科学研究目标驱动，而是要考虑到工业、政府、社会的广泛需求因素；不再仅仅是科学家、科学界精英所组成的科学共同体内部行为，而是整个社会广泛参与的知识生产过程。

③例如，英格兰的国家公共卫生署，即卫生发展署（2004），最近进行了重组，作为国家临床卓越研究所（NICE）的一个新分支，只专注于审查公共卫生证据和提供基于证据的指导大纲。

④到 2012 年，评估机构的人员规模增加到了 11 个职位。

⑤评估小组从 2004 年的 6 个员工增至 2012 年的 11 个。团队的工作主要是面向外部的，尽管也提供了一些关于组织绩效和自我评估过程的内部建议。评估人员直接参与国家政策和计划评估的规划和设计，委托和管理外部承包商，以及处理报告和传播事项。近年来，我们在苏格兰公共卫生署使用常规数据，越来越多地自行协调和执行了评估工作，代表苏格兰政府对评估进行规划和管理；过程中有内部项目团队参与，

☑ 公共组织加强评估使用的方法和实践

有时也有当地卫生委员会。

⑥大家认识到，还有许多其他的补充方法、工具和框架可作为这一过程的一部分，例如具有相关证据摘要的逻辑模型、RE-AIM 框架（Reach the target population, Effectiveness or efficacy, Adoption by target staff, settings, or institutions, Implementation consistency, costs and adaptions made during delivery, Maintenance）、伙伴关系统一体模型，以及不平等指标分析方法。

参考文献

Best, A., Terpstra, J. L., Moor, G., Riley, B., Norman. C. D., & Glasgow, R. E. (2009). Building knowledge integration systems for evidence-informed decisions. *Journal of Health Organization and Management*, 23, 627–641.

Birckmayer, J. D., & Weiss, C. (2000). Theory based evaluation in practice: What do we learn? *Evaluation Review*, 24 (4), 407–431.

Blamey, A., & Mackenzie, M. (2007). Theories of change and realistic evaluation: Peas in a pod or apples and oranges? *Evaluation*, 13 (4), 439–455.

Cabinet Office. (1999a). *Modernising government white paper* (Cm 4310). London, UK: Stationery Office.

Cabinet Office. (1999b). *Professional policy making for the twenty first century*. London, UK: Strategy Policy Team, Stationery Office.

Cairney, P. (2009). The role of ideas in policy transfer: The case of UK smoking bans since Devolution. *Journal of European Public Policy*, 16 (3), 471–488.

Chelimsky, E. (1997). Preface: The coming transformation in evaluation. In E. Chelimsky & W. R. Shadish (Eds.), *Evaluation for the 21st century: A handbook* (pp. 1–26). Thousand Oaks, CA: Sage.

Cherney, A., & Head, B. (2011). Supporting the knowledge to action process. *Evidence and Policy*, 7 (4), 471–488.

Connell, J. P., & Kubisch, A. C. (1998). Applying a theory of change approach to the evaluation of comprehensive community initiatives: Progress, prospects, and problems. In K. Fulbright-Anderson, A. C. Kubisch, & J. P. Connell (Eds.), *New approaches to evaluating community initiatives: Vol. 2. Theory, measurement, and analysis* (pp. 15–44). Washington, DC: Aspen Institute.

Connell, J. P., Kubisch, A. C., Schorr, L. B., & Weiss, C. H. (1995). *New ap-

proaches to evaluating community initiatives: Vol. 1. *Concepts, methods and contexts*. Washington, DC: Aspen Institute.

Cooper, A. (2012). *Knowledge mobilization intermediaries in education* (Unpublished doctoral dissertation). University of Toronto, Ontario, Canada.

Coote, A., Allen, J., & Woodhead, D. (2004). *Finding out what works: Building knowledge about complex community-based initiatives*. London, UK: Kings Fund.

Coryn, C., Noakes, L., Westine, C., & Scroter, D. (2011). A systematic review of theory-driven evaluation practice from 1990 to 2009. *American Journal of Evaluation*, 32, 199–226.

Cousins, J. B., & Earl, L. M. (Eds.). (1995). *Participatory evaluation in education: Studies in evaluation use and organizational learning*. London, UK: Falmer Press.

Craig, N. (2013). Seeing the wood and the trees: Using outcomes frameworks to inform planning, monitoring and evaluation in public health. *Journal of Public Health*, 35.

Craig, P., West, P., Wimbush, E., Magee, C., Kennicer, M., & Rossi, M. (2005). *National Health Demonstration Projects—Evaluation task group review: Final report*. Edinburgh, UK: Scottish Government. Retrieved August 2, 2012, from http://www.scotland.gov.uk/Publications/2005/04/07105005/50064

Davies, H. T. O., Nutley, S. M., & Smith, P. C. (2000). *What works? Evidence based policy and practice in public services*. Bristol, UK: Policy Press.

Denis, J. L., Lehoux, P., & Champagne, F. (2005). A knowledge utilization perspective on fine-tuning dissemination and contextualizing knowledge. In L. Lemieux-Charles & F. Champagne (Eds.), *Using knowledge and evidence in health care* (pp. 18–40). Toronto, Ontario, Canada: University of Toronto Press.

Forss, K., Marra, M., & Scwartz, R. (Eds.). (2011). *Evaluating the complex: Attribution, contribution and beyond*. New Brunswick, NJ: Transaction.

Gibbons, M. (1995). The emergence of a new mode of knowledge production. In U. Felt & H. Nowotny (Eds.), *Social studies of science in an international perspective* (pp. 55–66). Proceedings of a Workshop, Institut für Wissenschaftstheorie und Wissenschaftsforschung, Universität Wien [Institute for Scientific Theory and Research, University of Vienna], January 13–14, 1994, Vienna, Austria.

Graham, I. D., & Tetroe, J. (2007). How to translate health research knowledge into effective healthcare action. *Healthcare Quarterly*, 10 (3), 20–22.

Greene, J. (1988). Stakeholder participation and utilization in program evaluation. *Evaluation Review*, 12 (2), 91-116.

Guijt, I. (2007, November). *Assessing and learning for social change: A discussion paper*. Brighton, UK: Institute of Development Studies.

Halliday, E. (2009). *Five year review of "Let's make Scotland more active": A strategy for physical activity*. Edinburgh, UK: NHS Health Scotland. Retrieved August 2, 2012, from http://www.healthscotland.com/documents/3223.aspx

Hawe, P., Shiell, A., & Riley, T. (2004). How far "out of control" should a randomised trial be? *British Medical Journal*, 328, 1561-1563.

Hawe, P., Shiell, A., & Riley, T. (2008). Important considerations for standardising complex interventions. *Journal of Advanced Nursing*, 62 (2), 267.

Hawe, P., Shiell, A., & Riley, T. (2009). Theorizing interventions as events in systems. *American Journal of Community Psychology*, 43, 267-276.

Health Development Agency. (2004). *Learning from effective practice: System and standards*. London, UK: HDA.

Hunter, D., Barry, M., & McCulloch, A. (2007). *A review of Scotland's national programme for mental health and wellbeing, 2003-2006*. Edinburgh, UK: NHS Health Scotland.

Kingdon, J. (1995). *Agendas, alternatives and public policies* (2nd ed.). Harlow, Essex, UK: Addison-Wesley Longman.

Lang, T., Dowler, E., & Hunter, D. (2006). *Review of the Scottish Diet Action Plan: Progress and impacts 1996-2005*. Edinburgh, UK: NHS Health Scotland.

Lomas, J. (2000). Using linkage and exchange to move research into policy at a Canadian foundation. *Health Affairs*, 19 (3), 236-240.

Mayne, J. (2001). Addressing attribution through contribution analysis: Using performance measures sensibly. *Canadian Journal of Program Evaluation*, 16 (1), 1-24.

Mayne, J. (2008). *Contribution analysis: An approach to exploring cause and effect* (ILAC Brief No. 16). Retrieved August 2, 2012, from http://www.cgiar-ilac.org/files/publications/briefs/ILAC_Brief16_Contribution_Analysis.pdf

Mayne, J. (2011). Contribution analysis: Addressing cause and effect. In K. Forss, M. Marra, & R. Scwartz (Eds.), *Evaluating the complex: Attribution, contribution and beyond* (pp. 53-96). New Brunswick, NJ: Transaction.

Mayne, J., & Rist, R. C. (2006). Studies are not enough: The necessary transformation of evaluation. *Canadian Journal of Program Evaluation*, 21, 93–120.

McDonald, B., Rogers, P., & Kefford, B. (2003). Teaching people to fish? Building the evaluation capability of public sector organizations. *Evaluation*, 9, 9–29.

Melhuish, E., Belsky, J., Leyland, A., & Barnes, J. (2008). Effects of fully-established Sure Start Local Programmes on 3-year-old children and their families living in England: A quasi-experimental observational study. *Lancet*, 372 (9650), 1641–1647.

Montague, S. (2000). *Circles of influence: An approach to structured, succinct strategy*. Retrieved August 2, 2012, from http://www.pmn.net/library/Circles_of_Influence_An_Approach.htm

Montague, S. (2009, May). *Structured contribution analysis: A brief dialogue and practical demonstration*. Paper presented to Evaluation Summer School, NHS Health Scotland, Edinburgh, United Kingdom.

NHS Health Scotland. (2011). *Library modernisation and the new knowledge services* (HS Board Paper No. 37/11). Retrieved January 14, 2013, from http://www.healthscotland.com/documents/5567.aspx

Nutley, S., Walter, I., & Davies, H. T. O. (2003). From knowing to doing: A framework for understanding the evidence into practice agenda. *Evaluation*, 9 (2), 125–148.

Nutley, S., Walter, I., & Davies, H. T. O. (2007). *Using evidence: How research can inform public services*. Bristol, UK: Policy Press.

Patton, M. Q. (1997). *Utilization-focused evaluation* (3rd ed.). Thousand Oaks, CA: Sage.

Pawson, R., & Tilley, N. (1997). *Realistic evaluation*. London, UK: Sage.

Percy-Smith, J., Speller, V., & Nutley, S. (2006). *Evidence informed policy and practice: A review of approaches used in health improvement in Scotland*. Edinburgh, UK: NHS Health Scotland.

Petticrew, M., Cummins, S., Ferrell, C., Findlay, A., Higgins, C., Hoy, C., …Sparks, L. (2005). Natural experiments: An underused tool for public health. *Public Health*, 119 (9), 751–757.

Preskill, H. S., & Torres, R. T. (1999). *Evaluative inquiry for learning in organizations*. Thousand Oaks, CA: Sage.

Rogers, P. (2004, November). *Leading horses to water: Challenges in building evalu-

ation capacity. Paper presented to U. K. Evaluation Society Conference, Glasgow, Scotland.

Rogers, P. (2008). Using programme theory to evaluate complicated and complex aspects of interventions. *Evaluation*, 14 (1), 29 – 48.

Russ-Eft, D., & Preskill, H. (2009). *Evaluation in organizations: A systematic approach to enhancing learning, performance and change* (2nd ed.). Cambridge, MA: Perseus.

Shiell, A., Hawe, P., & Gold, L. (2008). Complex interventions or complex systems? Implications for health economic evaluation. *British Medical Journal*, 336 (7656), 1281 – 1283.

Solomon, M. J., & Chowdhury, A. M. (2002). Knowledge to action: Evaluation for learning in a multi-organisational global partnership. *Development in Practice*, 12 (3 – 4), 346 – 354.

Spicer, N., & Smith, P. (2008). Evaluating complex, area-based initiatives in a context of change: The experience of the Children's Fund Initiative. *Evaluation*, 14 (1), 75 – 90.

Sridharan, S. (2006, September). *Explicating Have a Heart Paisley Phase 2 interventions*. Edinburgh, UK: Research Unit in Health, Behaviour and Change, University of Edinburgh.

Swan, J., Bresnen, M., Robertson, M., Newell, S., & Dopson, S. (2009, November 6). *When policy meets practice: Colliding logics and the challenges of "Mode 2" initiatives in the translation of academic knowledge*. Paper presented at ESRC Research Seminar Series, Making Sense of Knowledge Production; Seminar 2: Co-Producing Knowledge, St Andrews University, Scotland, United Kingdom.

Taylor, A., & Newberry, J. (n. d.). *Boxing ourselves in: When do program logic models become a hindrance to crossing boundaries?* Powerpoint presentation at the Centre for Research and Education in Human Services, Kitchener, Ontario, Canada. Retrieved from http://evaluation canada. ca/distribution/20051027_a_taylor_andrew_newberry_jason. pdf

Torres, R. T., & Preskill, H. (2001). Evaluation and organizational learning: Past, present, and future. *American Journal of Evaluation*, 22 (3), 387 – 395.

Wadsworth, Y. (1998, November). What is participatory action research? *Action Research international* (Paper 2). Retrieved January 10, 2013, from http://www. montana. edu/cpa/news/images/articles/hires/img200603291143660763 – 1. pdf

Wanless, D. (2004). *Securing good health for the whole population* (*Wanless report*). London, UK: HM Treasury.

Weiss, C. H. (1979). The many meanings of research utilisation. *Public Administration Review*, 39 (5), 426 – 431.

Williams, P., & Sullivan, H. (2011). Lessons for leadership in learning and knowledge management in multi-organisational settings. *International Journal of Leadership in Public Services*, 7 (1), 6 – 20.

Wimbush, E., Montague, S., & Mulherin, T. (2012). The applications of contribution analysis: Outcome planning and impact evaluation. *Evaluation*, 18 (3), 310 – 329.

第6章 从离散型评估到更加系统性评估的组织方法：加拿大公共卫生署的案例*

Nancy L. Porteous, Steve Montague

本章主题

- 充分了解设置内部评估部门的组织
- 在组织机构层面开发逻辑模型
- 使用系统方法在组织机构内规划评估
- 综合利用评估结果和建议，为组织学习和发展提供信息

本章介绍了加拿大公共卫生署（PHAC）的经验，描述他们是如何从传统上关注单个项目的一次性评估，扩大到在评估工作中采取更全面系统化的组织方法。

评估人员在项目层面思考问题的做法已经根深蒂固。的确，评估人员接受的培训就是在项目层面进行思考。作为评估人员，我们在展示评估技能方面做得很好，但由于缺乏对组织更广泛的认识，因而无法将我们的工作与组织机构更大的战略愿景联系起来，评估的质量和有用性往往会受到影响。

不仅单个评估活动的质量和有用性受到影响，而且在组织机构层面上也有错失的机会，即以更普遍的方式，甚至更深刻的方式，为组织机构的学习和发展，贡献我们独特的评估能力的机会有所缺失。

---

* 注：作者感谢加拿大公共卫生署（PHAC）评估服务部以及评估和计划设计卓越中心过去和现在的工作人员对这一经验模式的贡献。特别感谢 Mary Frances MacLellan-Wright、Adriana Newbury 以及来自卫生署相关部门的其他人员，他们参与了图 6.2～图 6.4 所示逻辑模型的开发。还要感谢 Paula Walters Daze 开发了图 6.1 和图 6.5 中的视觉效果。

第6章 从离散型评估到更加系统性评估的组织方法：加拿大公共卫生署的案例

"评估人员除了对传统的单个项目层面开展评估工作之外，还必须在系统层面上开展工作。这是内部评估团队必须展示的闪光点。他们必须在整个组织中积累知识，了解哪些措施对客户及主题目标是有用的、哪些是无用的，并以此吸取经验教训。这是一项艰巨的任务，因为我们评估人员接受培训的方法是针对单个项目的，而这并不能让我们体现出最大的增加价值。组织机构中的许多专业人员可以就单个项目的绩效提出建议，但很少有人具备足够广泛的视角，能够说清楚整个组织所采用的各种手段。"（Gauthier 等，2009，第33页）

下面，我们将讨论 PHAC 评估职能发展的背景以及向更加系统性评估的组织方法转变的原因。然后，我们将讨论为实现更广泛的组织愿景而实施的战略以及在此过程中面临的一些挑战。

所讨论的四项战略包括：确保对组织机构的充分认识；构建组织层面的逻辑模型；为组织制定一个多年的评估规划；专注于组织内累积性的评价性学习。

在我们看来，这些战略不仅提高了我们以问责为目的而开展的评估活动的质量和有用性，而且有助于本组织的学习和发展能力。表面上看，这些战略似乎相当简单和浅显，但实现它们并不总是那么直接。从事一般性评估工作和/或尤其是内部评估方面的新手，可能对这些实用战略方法的简要介绍部分特别感兴趣。

6.1 背景情况

1. 加拿大公共卫生署（PHAC）

加拿大公共卫生署（PHAC）与加拿大卫生部、加拿大卫生研究院和其他几个小型机构共同构成了加拿大国家卫生系统的一部分。该机构于2004年在 SARS（严重急性呼吸综合征）暴发后，由加拿大卫生部组建成立，以响应加拿大政府加大对公共卫生的关注和管理公共卫生事件的能力的承诺。2011—2012财年，该机构约有3 000名员工，年度预算约为6.2亿美元。该机构致力于预防和控制慢性病和传染病，准备和应对公共卫生紧急情况，并负责国家公共卫生的能力建设。该机构对检疫活动以及病原体控制和安全负有监管责任。

该机构2007—2012年战略计划的重点是加强信息收集、知识发展和公共卫生行动之间的联系。其战略计划对该机构的作用描述如下：

卫生保健服务的提供主要由省级/区域负责，而公共卫生的责任则由所有管辖区共同承担。联邦政府与省/区和地方政府以及其他部门一起发挥着关键作用。在这些领域，联邦政府的工作旨在提供增值服务，与其他管辖区的活动目的不同，并与之互补。联邦政府的工作主要包括以下内容。

●国家层面牵头。根据需要制定国家相关标准和指导方针、动员建立伙伴关系、协调全国行动或建立共识，比如，在国家层面协调和领导疾病和风险因素监测，或制定国家公共卫生人力资源战略。

●确保足够供给。联邦政府拥有高度专业化的技术资源，确保为国家能力建设提供咨询和服务，比如其内设实验室的公共卫生科学研究能力，或在紧急情况下的大规模供给或激增能力。

●实现规模经济。与确保足够供给类似，已具备的重大能力使得在现有基础上投资建设更为经济，例如对国家微生物学实验室4级生物安全设施的投资建设。

●开展公益投资。联邦机构在国内及国外公共卫生领域共享和交流知识的做法，体现了其工作成本集中于联邦层面但潜在利益得到了广泛共享。

2. 加拿大政府中的评估

在加拿大政府中，各部门和机构的运行都受制于加拿大财政委员会秘书处负责实施的"加拿大评估政策"（2009年更新）。该政策的一些关键特征影响了PHAC内部评估部门的设计，主要包括以下要点。

●客户或用户：组织的负责人是评估的主要客户（在本案例中是加拿大首席公共卫生官员），尽管财政委员会预期的评估服务对象也将包括加拿大公民、议员、部长、中央机构和项目管理人员。

●评估重点：每次评估必须处理五个核心问题。相关性方面涉及三项：对项目的持续需求、与政府优先事项一致、与联邦角色和责任一致。绩效方面涉及两项：取得预期成果、体现效率和经济性。

- 覆盖范围：每个项目必须至少每5年评估一次。
- 透明度：所有评估及其附带的管理层响应和行动计划必须及时让加拿大人能够便捷知晓（即在互联网上发布）。

3. PHAC 的评估

如上所述，加拿大公共卫生署（PHAC）是加拿大卫生部基于现有部门创建的。PHAC 的评估工作继承了加拿大卫生部的分散式运行模式，大多数项目评估都是由项目领域的评估人员开展的。自 2006 年以来，该机构设立了评估机构这么一个小单位，被称为"评估和项目设计卓越中心"，它起初和转移支付（即赠款和捐款）管理中心一样都属于一个项目分支，随后，调整为直接向负责机构服务的副部长助理报告工作（就像人力资源和财务部门一样）。

在过去，因为只有特定的政府领域有这样的评估要求，所以机构内的评估几乎只审查赠款和捐款项目。在卫生促进和疾病预防领域存在着赠款和捐款项目，因此，在该机构的科学、应急或监管领域的项目都仅开展了数量有限的正式评估。在分散模式下，项目领域的评估人员通常委托外部顾问开展评估研究。分散模式的优势在于，位于项目领域的评估人员对项目及其利益相关者非常了解，他们非常便于提供技术援助并促进评估结果使用。由于评估人员就在项目领域内，评估人员通常直接向被评项目的负责人直接汇报，所以评估缺乏客观性的挑战也的确存在并且可感受到。

当前，在评估职能的分散模式下，评估和项目设计卓越中心不是评估的"操刀手"，而是评估的审查员。该机构支撑着项目领域的评估，主要通过在评估流程的前端提供技术援助，在后端进行质量保证审查。这个机构只有几位职员。

2010 年年初，机构评估部门的名称更名为评估服务部，在其领导下，该机构的评估职能从分散模式（项目领域内进行评估）转变为完全集中模式。评估机构目前与内部审计部门位于同一地点，由审计和评估总干事监督，该总干事直接向本组织负责人汇报工作。

将评估职能集中的决定在很大程度上是由高级管理层希望由远离项目之外的人对项目开展评估所驱动的。集中评估职能是加拿大联邦政府的规范，反映了财政委员会评估政策的要求。评估部门 2011—2012 财年的薪酬预算支持了20名员工，业务预算约为75万美元。所有预算都可分配（没有时间或项目的限制），并由评估机构直接管理（评估机构不依赖被评项目的资金转拨）。评估机构的愿景是，评估证据在PHAC的规划和决策中得到肯定并系统地加以使用。

评估集中化导致了评估小组规模扩大，现在由一名执行主任及其行政助理、一名副主任和17名专门从事评估活动的工作人员（3名主管和14名评估分析人员）组成，共有20名工作人员。此外，还有审计和评估总干事及其行政助理。表6.1列出了评估部门四大活动领域中人员投入计划明细情况。几乎所有的评估都是由评估部门的工作人员内部实施的。他们告诉管理层，非常荣幸有机会亲自实施评估。这是管理层有意制定的员工招聘和留用策略的内容。自评估职能集中和转向内部评估以来，几乎没有员工流失。根据评估项目的性质和需要，经常聘请外部的领域或技术专家参与评估。外部顾问参与的一些评估工作，包括文献综述、数据收集以及部分报告的编写。

表6.1　评估投入时间分配表

评估部门活动	人力资源比例/%
执行评估（机构计划和跨部门项目） 对每一项评估活动，我们的时间分配目标是：规划25%，执行50%，报告、批准、扩散25%	75.0
致力于规划、绩效和报告 （在逻辑模型、绩效措施建议、向政策反馈证据、资助方案、以及组织报告和支出审查等方面进行协助）	7.5
职能管理 （评估计划、评估委员会、对管理响应和行动计划的跟踪、开发工具和流程、持续了解机构和政府范围事项的最新情况、培训、联络中央机构等）	7.5
管理和行政	10.0

评估部门开发了一个电子计划支持工具，用于跟踪员工时间（类似于私营机构中按时计费的记录）。此信息用于监控项目和任务相对于预估时间的实际时间投入情况。时间跟踪工具用于计算与每个项目相关的员工成本。当我们向高级管理层提交评估报告时，我们会告诉他们组织机构花费的成本。我们还使用这些数据来提高对未来项目的预测。大多数项目评估的持续时间

在6～18个月，更快速实施评估的压力在持续增加。我们不断地在严谨性和相关性之间取得平衡。

在评估部门中，存在着一系列分析师职位，从初级到高级评估分析师都有。职位等级之间的区别遵循了加拿大财政委员会秘书处发布的联邦公共服务评估专业能力资格要求和加拿大评估协会发布的评估实践能力资格要求。员工来自不同的学科背景，如经济学、社会科学和健康科学（包括医生和护士）。随着评估工作从分散模式向集中模式的转变，我们有意识地从总部和区域办事处招聘在项目领域具有经验的评估人员。此外，我们还从PHAC的战略政策部门调派了一名工作人员。管理团队的理念是这种不同阅历的多样性使评估部门充满了活力。大多数分析师至少拥有硕士学位，然而，只有少数人毕业于评估专业。

基于对员工学习需求的评价，评估部门制订了专业发展计划。例如培训内容包括：定性数据分析软件、评估伦理、撰写简报材料、撰写评估报告以及公共卫生政策。此外，工作人员还参加由评估协会，如加拿大评估协会组织的学习活动和相关会议。获得专业发展机会是管理团队招聘和留用员工战略中精心设计的内容。工作人员告诉我们，他们感谢机构对他们持续学习的支持。

评估部门业务运行采用了矩阵管理方法。从行政角度，分析师与其管理者之间存在直线汇报关系，但是对于特定的评估项目，他们可以向项目的任何负责人报告工作。

我们在给评估任务和项目分配工作人员时试图在两大原则中做好平衡。

原则1：通过努力寻找最适合于按时和按预算要求提供高质量产品的最佳方案来履行评估职能。

- 使员工的技能、知识和经验与评估任务相匹配；
- 满足评估报告的截止日期；
- 体现人力和财力资源的高效利用。

原则2：通过努力提供公平机会来尊重每个团队成员。

- 支持员工的职业发展目标；
- 对员工感兴趣的领域提供支持；
- 平衡好工作量；
- 尊重其能或不能出差或加班的意愿。

基于对这些背景的了解，为使评估更加关注整体组织层面，下面将概述

✓ 公共组织加强评估使用的方法和实践

我们实施的战略以及面临的挑战。

6.2 战略1：确保对组织机构的充分了解

与大多数组织机构一样，加拿大公共卫生署（PHAC）也是在日益复杂和变化迅速的环境中运作的。为了整体上掌握组织内部的情况，我们经过精心设计，有意与组织中其他部门的同事建立联系，并系统地对重要的讨论、文档和决策开展监测。

如果我们不知道高级管理层的专注和关切以及计划和优先事项（既包括已经在整个组织中相对正式发布的，也包括在整个组织中还不是众所周知的），那么我们就担心针对特定的被评项目，可能会意识不到项目实施的重要背景。由此，我们就无法识别出关键的评估事项和问题，这将导致我们的评估产品得不到高级管理层的关注。

1. 定期联络关键同事

有一些重要的领域和问题是我们应该熟悉的，包括表6.2中描述的那些内容。

表6.2 组织机构内需要监测的事项

领域	示例
政策	利益相关者的期望、政治敏感性
规划	优先事项和承诺
绩效措施	结果
内部审计	风险
财务	资源
沟通	舆论、媒体兴趣

就这些事项进行联络，有非正式和正式两种方式。在非正式方面，评估部门员工个人应寻找机会在整个组织内认识其他同事并建立良好的工作关系。在正式方面，PHAC内部建立了由政策分析师、规划者和绩效措施专家组成的工作网络，他们会碰头开会讨论感兴趣的话题。参与这些工作网络是

评估部门工作人员发展和维护可靠地了解组织和相关事态进展的一种很好的方式。对我们来说，重要的是要意识到这些网络的存在，并形成案例展示评估视角能够增加价值。我们必须优先考虑对评估部门最为关键的那些网络群体，并确定适当的员工参与程度。后一点很重要，有两个原因。第一，时间总是很宝贵的，我们不想让太多的时间和注意力远离正在开展的评估和其他与评估相关的活动；第二，评估者的角色要求我们要与最终被评对象保持一定距离。我们对自己在这些工作网络中所扮演的角色要心中有数，要意识到评估人员在多大程度上会成为最终需要评估的流程、产品或项目的一部分（有关距离和独立性的更多讨论请参阅本章的摘要、讨论和启示的部分章节）。

定期与关键同事和工作网络建立联络将是在两个重要方面获得回报的开始。首先，当我们需要关于组织机构内最新发展的"独家新闻"时，我们有重要的联系人可咨询。其次，凭借强大的工作关系以及对组织和事态的良好意识，我们评估部门成员能够更好地主动地将自己投入任何可以受益于评估思维的工作环节中。评估人员有许多对组织机构有重要价值的技能（例如质询、依靠证据、分析、协助等）和工具（例如逻辑模型），但是，我们并不总是或不经常被视为第一批"该去"的人。

2. 持续监测关键讨论、文件和决策

为了密切关注整个组织内发生的事情，我们还认为，对我们内部评估部门来说，系统地参与一个对当下环境进行持续监测和分析的活动非常重要，包括以下内容。

- 了解组织内的治理结构和报告关系，盘点分析当期和未来议程内容。
- 查看管理层讨论和决策的速记及会议记录。
- 熟悉政策、计划以及预算和报告的周期，审查可用的计划、报告的草案及最终文档。
- 了解高级管理层在政策、计划以及管理和行政方面优先事项的任何正式或非正式变化。

除了监测当前的讨论、文件和决策，我们评估部门的员工还必须知道在哪里以及如何追溯访问这些信息。通常，评估人员依靠项目人员提供关键的项目文件。但不幸的是，由于人员工作调动频繁以及管理实践信息的变化，项目工作人员并不总是能够全面了解项目总体概貌，尤其是项目历史信息的机构数据库。因此，评估人员需要知道组织机构中存在哪些系统，以帮助他们挖掘这些信息。评估部门的工作人员持续监测着一些涉及如下信息的数据库，包括管理委员会（项目领域涉及的议题清单和陈述文件，以及讨论和决策的会议记录）、行政文件和简报，以及网络发布的通知和其他相关出版物。

我们发现，当评估对象涉及组织内多个部门，而不仅仅局限于单个完好独立的项目领域时，知道在哪里找到信息尤其重要。不存在单一的信息库，评估人员必须搜索并整合来自多个渠道的信息。针对 2009 年和 2010 年加拿大应对甲型 H1N1 流感大流行一揽子方案的评估案例表明，有必要广泛挖掘现有信息。

- 沟通部门提供了有关网络分析、舆情研究和媒体分析的关键信息。
- 负责所有高层管理主体的机构秘书处，允许我们查阅会议材料。他们也有与其他联邦政府部门的相关会议记录。
- 应急行动中心提供了涉及应急响应的广泛信息，包括所有电子邮件以及日常态势报告和流行病学报告。
- 战略政策理事会保存了与各省和相关区域伙伴以及国际组织和其他国家政府的会议材料。
- 呼吸系统疾病和免疫计划领域共享了特别重要的主题信息。

3. 方法和经验教训

在我们评估部门的工作计划中，我们指定特定的团队成员作为主要联系人，负责联络机构内的关键领域（如战略政策部门），并将服务于内部或外部网络及工作组的责任进行了划分。

同样，我们指派员工负责监测关键的讨论、文件和决策。我们经历了许多挑战，但一直在尝试解决这些挑战的方法。第一，对外部环境和组织持续进行监测扫描很重要，但是一旦面临要求紧急提交评估报告的截止日期时，不可避免地，完成报告的任务将会挤入优先事项。作为一个管理团队，我们试图强化这项监测扫描活动的重要性，要求相关方面提供特定文件的简报信息，并分析其对评估职能或特定评估项目的影响。换句话说，我们也设定最后期限。第二，挑战与任务的共同责任有关。一开始，我们没有将单个员工对应分配跟踪若干特定文件，而是将四个团队成员同时分配给了一类大量定期生成文档的战略分析中，但最终几乎没有成效。于是我们修订了工作计划，确定了特定文档的特定负责跟踪人员。第三，起初我们没有建立正式的机制将这些信息回馈到团队学习中。但我们发现需要将其正式化为团队会议议程上的常设内容，并将其纳入项目评估规划和管理过程中。我们定期邀请来自组织其他领域的员工参加我们的团队会议，解释他们在组织中的作用，并描述他们面临的压力（如财务、法律服务、民意调查、战略政策）。除了评估团队通常每两周举行1.5小时的例会外，每月还举行一次由员工驱动的午餐学习活动，讨论不同项目的评估经验教训，也开展了一个新的"孵化培育"系列活动，就如何改进评估部门的工具和实践进行思想交流。

4. 受益之处

对我们评估部门来说，保持对组织机构的整体了解（保持组织意识）是至关重要的，体现在两个层面：①有助于提高特定评估活动的质量和有用性；②有助于将评价性思维注入组织的其他方面，以此影响组织文化和学习。大家必须了解组织中各个层面发生的事情，带来的这两个好处之间也是相互加强的（见表6.3）。

表6.3 保持组织的评估意识的两个主要好处

收集重要的知识财富，这将更加突出评估重点，扩宽数据收集渠道，有利于强化分析 ↓ 提高每项评估活动的质量和有用性	好处 ↔	将评价性思维融入整个组织的关键讨论、流程、分析、文档和决策中 ↓ 强化组织学习和发展
引述说明		
"由于评价体系与所处背景相关，因此必须考虑参与者的需要、愿望、期望以及其他因素，如……政治派别、媒体利益……组织使命、目标和优先事项；还有组织的治理、管理、协议和运作程序；以及组织的历史和当前挑战"（Stufflebeam, 2002）		内部评估人员通常被排除在重大决策之外，或者被排除在关键信息网络之外，从而他们不能及时知晓新的计划或发展动态，也就无法提前从评估视角思考问题（Patton, 2008）；前端分析是大多数评估者未实现的愿望；在组织开始项目干预之前，允许检查相关问题（Sonnichesen, 2000）

☑ 公共组织加强评估使用的方法和实践

通过投入时间确保对组织的良好了解，我们已经掌握了组织某些方面的宝贵内部知识。随着时间的推移，我们的目标是牢牢把握整个组织文化，以及它可能是如何演变的，譬如机构的历史和当前背景，过去、现在和新出现的紧急事件和优先事项，参与者和办公室政治，以及所有业务运作方式，甚至包括外部人员也没有引起注意的细微变化。如果我们保持从整体上关注组织中发生的事情，预计我们将更有可能识别出（正式和非正式的）机会以在规划、实施和报告的工作周期中施加影响（见图6.1）。

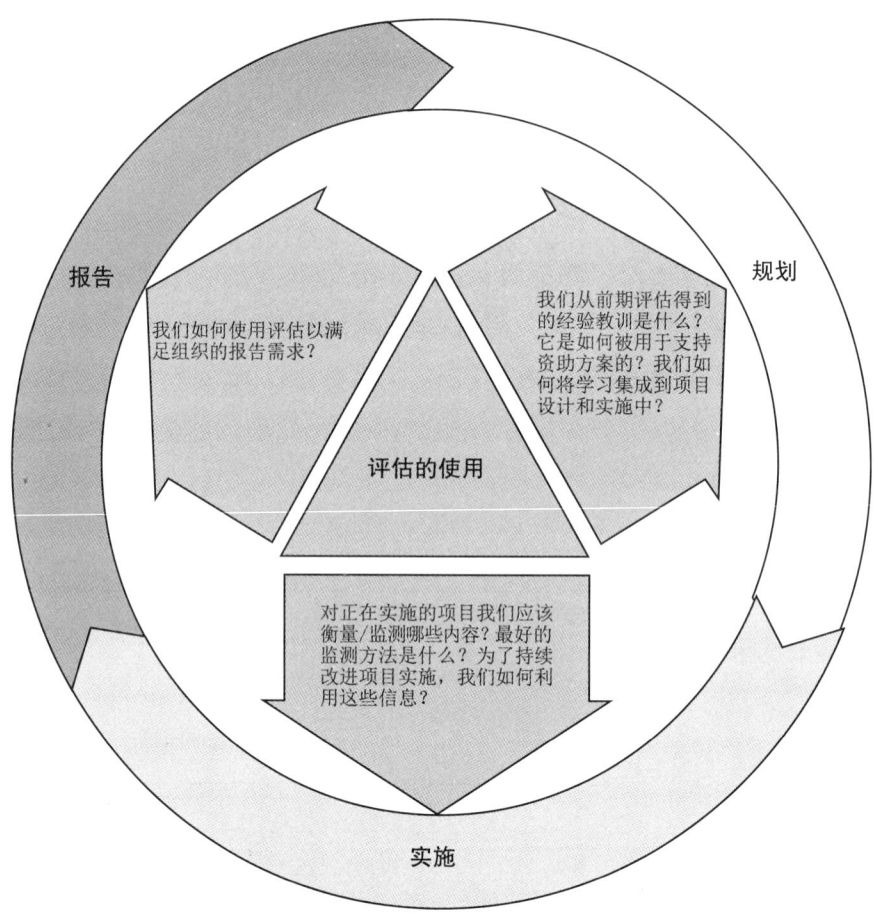

图6.1 评估在规划、实施和报告工作周期中的角色
（来源：加拿大公共卫生署（版权所有）授权使用）

一个很好的案例展示了需要评估人员参与更大范围的组织活动，这个案例就是最近发生的加拿大政府范围内的支出审查和赤字削减活动，要求每一

个联邦部门都必须确定节省其预算的 5%～10%。在 PHAC，评估部门的一名员工参加了审查的分析阶段，期间发挥了具有挑战性的作用，并从前期可行的评估活动中吸纳了相关信息。这有助于确保评价性证据实际上作为了决策过程的一项输入。然而，同样重要的是，参与这次工作对评估部门的价值。我们参与了讨论，通过讨论展示了整个组织的各种观点，包括相关议题、关注点以及成功案例。这为我们了解组织未来发展方向提供了宝贵见解。在这个案例中，由于工作具有保密性，这也就意味着我们私下得以知晓了只有少数员工掌握的信息。因此，我们能够在相关信息正式发布前大约 6个月预测到组织内部的潜在变化。这使我们能够将这些信息纳入当前的评估工作中，有几条非常重要和直接的信息与当前正在进行的评估项目有关。如果我们没有意识到这种情况，极有可能在几个月后，我们提交的评估成果将会变得完全不相关和毫无意义。

6.3 战略 2：构建组织层面的逻辑模型

组织通常缺乏一个以结果为中心的机构层级的框架，该框架可作为制定和描述战略、设计和重新设计项目、衡量和报告绩效或简单描述活动的基础。

逻辑模型可以派上用场。它是描述支撑单个项目的理论和假设的常用的规划和评估工具（Porteous，2009；Porteous、Sheldrick 和 Stewart，1997，2002）。虽然应用不那么普遍，但逻辑模型具有非常有价值的视觉效果，可以描述整个组织的总体结果逻辑（Harrison，2007；Montague 和 Porteous，2012；Taylor Powell、Jones 和 Henert，2003）。

一个机构层级的逻辑模型有助于激发对 PHAC 产出成果的关注。如前所述，当该机构成立时，它是从加拿大卫生部现有领域剥离组建的，因此在过渡到创建新组织的过程中，它照常开展业务。没有机会停下业务，花专门时间从头开始构建一个总体的结果框架来支持整个组织的工作。项目和相关部门把以前的要素（逻辑模型、机会、绩效衡量战略等）凑在一起继续实施，同时创建了新的项目和组织部门。该机构有一个扎实的 5 年战略计划，有明确的愿景、使命和任务，所有这些都以信息—知识—行动的连续统一体为前提。然而，缺少的是对信息—知识—行动连续统一体如何在机构内实际运作的有用阐述。因此，不同项目的逻辑结果之间几乎没有一致性。

外部顾问对该机构进行了组织层面的审核和评估，发现有些员工不一定知道他们是如何融入更大的组织图景中的，或者说没有感觉。评估建议组织机构开发一个逻辑模型。在经历几个月后，评估部门与外部顾问和由 PHAC 多个部门人员构成的工作组共同开发了一个逻辑模型。它首先审查了机构内项目层面和部门层面的数十个现有逻辑模型，然后与整个组织的管理团队进行了协商。每次协商和工作组讨论之后，都会对逻辑模型草案进行改进，以吸纳各方反馈的主要观点。

在图 6.2 中，PHAC 逻辑模型所示的关键要素包括项目活动、覆盖率（reach，评估中使用的技术术语——对项目涉及的目标人口比例的度量）和（预期的）结果。

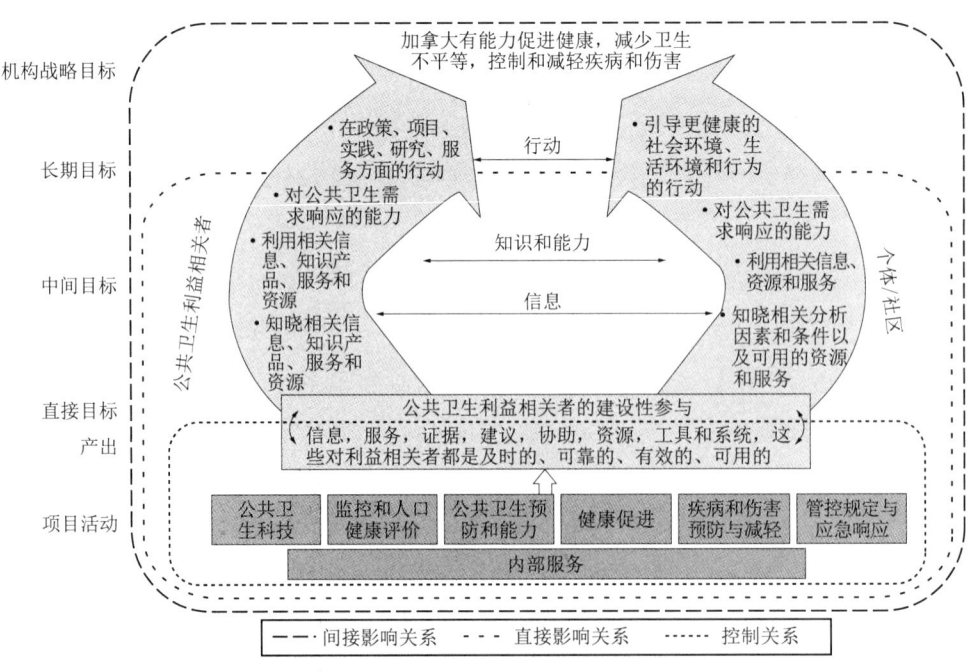

图 6.2 PHAC 组织层面的逻辑模型

（来源：PHAC（版权所有）授权使用）

图 6.2 旨在从足够高的层次上以广泛的代表性，但也充分集中地清晰地

划分出了重要的要素关系和顺序。它融合了逻辑模型中的几项显著的创新，包括影响范围（Montague、Young 和 Montague，2003），明确的覆盖范围（Montague，2000；Montague 和 Porteous，2012；Montague、Porteous 和 Sridharan，2011），并将利益相关者参与作为结果而非过程或活动（Porteous 和 Birch Jones，2007，基于与 Montague 的合作成果）。当然，就像任何逻辑模型一样，图 6.2 也仅是对事物背后的理论描述，说明机构是干什么的、为谁以及为什么。它并不打算囊括所有的细枝末节，毫无疑问，它非常简单化和"线性化"地描绘了组织内部及其周围的复杂系统。

该模型显示了基于渐进式结果链上的相关信息和支撑作用是如何从机构活动中产生的，以及如何从利益相关者的建设性参与中产生的，利益相关者的参与既影响着组织和制度（图 6.2 中左侧），又影响着个体和社区（图 6.2 中右侧）。这些结果链是相互关联的，并且经常在涉及不同利益相关者的多个方向上发挥作用。其目的是，这种渐进的、非线性的、经常是迭代的结果链应该有助于促进健康、减少健康不平等、预防和减轻危害与伤害。

开展这项工作（画图）的想法是，一个高层次的结果逻辑关系图可以帮助 PHAC 的员工了解他们的活动如何带来变化，以实现组织的最终目标。它还可以帮助员工和利益相关者理解支出、活动和产出之间的结果关系链，组织对这些因素负有责任并对其直接控制；也帮助理解这些结果，组织只能直接或间接地影响这些结果。此外，该方法应该有助于在以下方面弥补不足，包括识别组织发展进程中的预期变化过程、展示关键利益相关者参与的次数和质量等，这些是组织机构成功的早期重要基础。

这种方法为整个组织中出现的各种结果提供了一个公共主线。从概念上讲，它是一系列联结的或嵌套的模型，描述了组织中的各个层级，从最高层到部门处室或职能单位以及单个项目或活动。总体上组织层级的逻辑模型旨在启发组织内产生更详细的逻辑模型、结果框架和策略描述。因此，特定的逻辑模型和描述可能会修饰、更改、偏离或偶尔忽略整体模型的某些部分。见图 6.3 和图 6.4 所示的从组织层级到贯穿组织的特定职能的深度分析。

☑ 公共组织加强评估使用的方法和实践

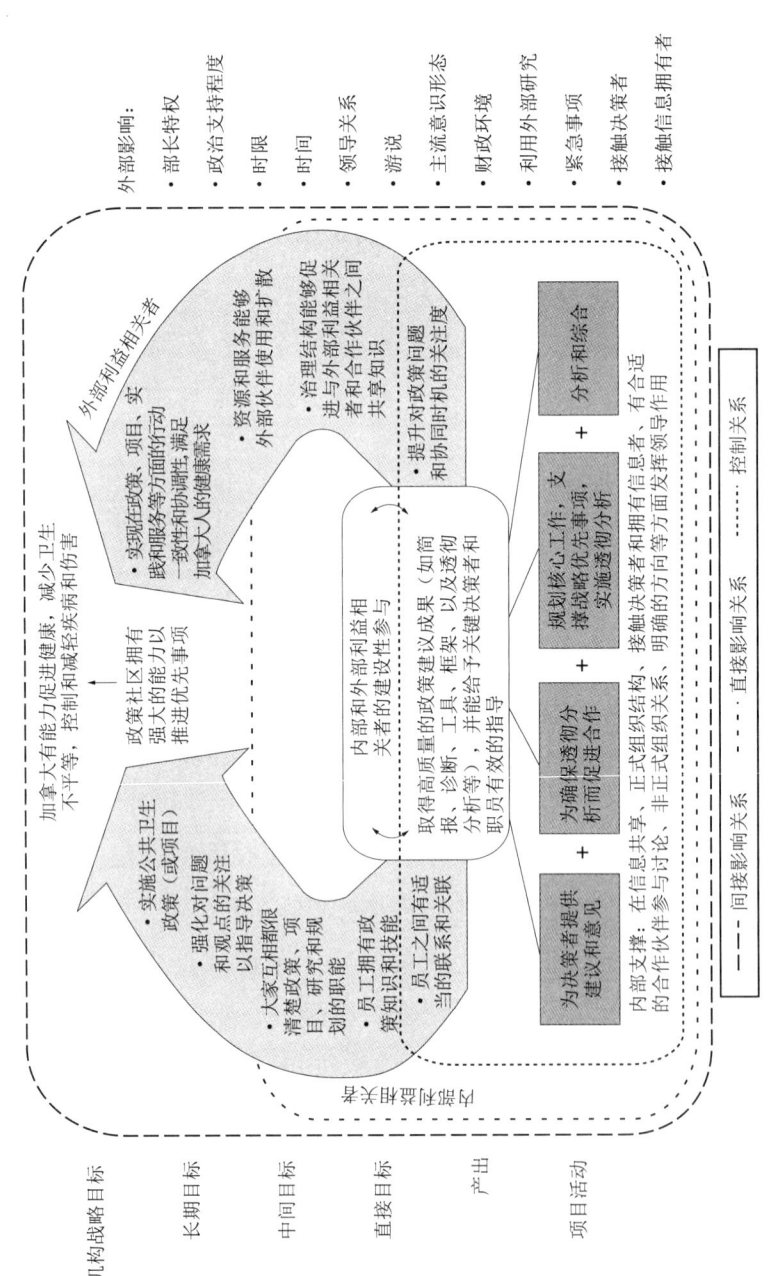

图6.3 PHAC中政策职能逻辑模型

(来源：PHAC（版权所有）授权使用)

第 6 章　从离散型评估到更加系统性评估的组织方法：加拿大公共卫生署的案例

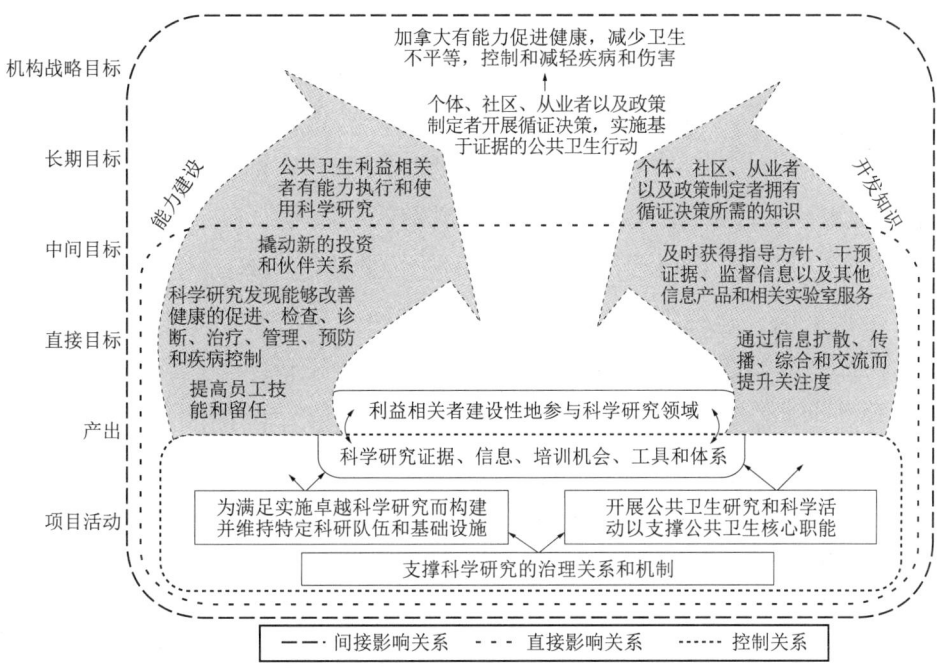

图 6.4　PHAC 中科学研究职能逻辑模型
（来源：PHAC（版权所有）授权使用）

挑战和收获

在开发逻辑模型的整个过程中，在某些方面 PHAC 内始终存在抵制。他们对组织层级逻辑模型的概念提出疑问，主要有两个原因：一是他们认为逻辑模型的价值仅限于项目层级；二是他们认为机构范围的逻辑模型可以复制现有的工具，例如项目活动架构（这是政府机构内对项目及其活动和子活动的详细目录需求）以及机构绩效衡量框架。讨论的重点不一定是逻辑模型试图传达的实质内容，而是概念和所谓的称呼。我们对这个工具尝试了许多命名标签：战略路线图、框架或模型、运营环境等。最后，结果总算得到了确认。具有戏剧性的是，在高层讨论组织层级逻辑模型的优点时，整个机构的项目人员已经将逻辑模型"草稿"用作项目规划和绩效衡量的工具。

开发组织层级逻辑模型可以在两个层次上带来增值。首先，在个体项目评估的层面上，它有助于将被评估的项目定位在更广泛的组织环境中，换句话说，这能显示它在更大的组织图景中是如何关联的。从非常实用的角度看，它在我们的评估过程的所有阶段都非常有用。例如，可作为一个指南，帮助理解项目理论、识别最关键的评估议题、解决和激发对特定评估问题的思考、识别和理解利益相关者以及协助分析和报告。逻辑模型也有助于制订我们机构的评估计划，确定要评估的关键政策工具、职能、主题或项目集群（见本章战略3）。其次，在组织层面，逻辑模型提供了一个评价性的、注重结果的框架，可用于整个组织的多个目的，如员工入职培训、内外部沟通、项目设计和重构、运营和战略规划，以及各种类型的分析和报告。但最重要的是，它是开展对话的催化剂，也是激发对话的示意图，以此展示组织机构使命的背后理论。随着时间的推移，这种工具应该在机构的上上下下及整个组织的各项工作中得到贯彻落实，确保连贯性和一致性。对于一个组织实施基于结果的管理方法而言，这是评估职能所展示的一个非常切实的贡献。

6.4 战略3：为组织制定一个多年期的评估规划

正如本书前言所指出的，评估结果可能不会被使用的原因是它开展得不及时和/或与当下的组织决策无关。也就是说，在决策过程中评估结果提交得太晚，并且/或者错失了关键的评估事项和问题。

为应对这一挑战，制定一项多年期的评估规划已经成为许多机构的一项行之有效的做法（案例可参见加拿大财政委员会秘书处2011年发布的联邦政府部门指南）。评估规划制定了长期内满足组织信息需求的方法，以确保组织内重大政策、计划报告和/或预算制定时期可以及时地使评估结果得到实际使用。

评估规划明确如下内容：
- 可能的评估对象范畴；
- 确定评估活动优先顺序和时间安排（通常基于风险）的方法；
- 评估活动的实际进度以及估计经费预算和时间表；
- 其他评价性任务的优先事项，如支撑项目绩效监测战略的开发和实施。

在PHAC，我们的内部评估部门试图预测组织的高层决策需求，以便在关键政策、规划、报告或预算的"窗口"期间，如批准新政策或项目、预算分配或重新分配或更新计划时，提供有用的评估信息。使用基于风险的方法对评估活动进行优先级排序和安排调度，相关风险涉及以下方面（加拿大财政委员会秘书处，2011）。

- 与项目绩效不佳相关的风险包括：人口健康与安全；政治影响；媒体关注。
- 项目特征包括：重要性（预算规模）；覆盖程度（有多少人和/或组织参与或受到影响）；复杂性（参与伙伴的数量和类型、法律背景等）。
- 组织对项目相关事项的了解程度，表明：管理者已经发现了挑战；利益相关者已经表达了关注；以前的评估、审计和/或其他类型的审查结果指出了对项目相关性和/或绩效的关注。

我们已经观察到评估规划的制定在组织层面（在参与和协调方面）和评估部门本身都有许多好处。

1. 评估中组织的参与

- 可为评估需求和优先事项的协商提供基础信息。前提是在政策议程、评估规划制定和更新方面允许就评估分析最迫切的需求内容进行公开讨论。
- 可协助确定机构整体上的更复杂评估议题或"学习"问题（我们已将这些问题整合到多个评估中）。
- 有助于确保评估覆盖组织内所有领域，而不仅仅是那些更容易评估或过去已经评估过的领域。
- 可提高整个组织对评估职能的认识。
- 允许项目组有足够的时间准备评估（例如，整理和提供项目文档，收集和分析绩效监测和管理数据，梳理财务数据，编制项目利益相关者名单等）。

2. 评估中组织的协调

- 允许评估部门主动与其他计划和优先事项协调，如机构的内部审计计划或利益相关者参与计划。
- 确保评估工作能够在其他主要的监督和报告需求背景下得以安排，如外部审计和/或向联邦机构或议会报告。

3. 评估中对评估部门的管理

- 确保评估部门不会持续地对特殊请求做出反应或响应。
- 支撑评估部门内的预算和工作计划。
- 鼓励承担按时提交评估成果的责任。

正式的和固定的评估规划的一个明显缺点是缺乏灵活性，无法响应组织内不断变化的需求和优先事项，或评估部门内可用资源的变化。加拿大联邦政府内部用来应对这一挑战的方法是制定"滚动"的 5 年规划，该规划每年更新一次（加拿大财政委员会秘书处，2011）。

在制定机构评估规划时，我们将为来自高层的特殊研究需求和开展横切面交叉评估（即多项目评估）提供预留空间。以下逐个讨论这两个方面。

4. 特殊研究需求

我们很早就发现，有必要在评估规划中留有灵活性，以适应高级管理层对特殊研究的需求。在组织内将评估制度化的一个重要因素是"建立和维持一个快速反应机制，以满足应急的评估需求"（Stufflebeam，2002）。这对于像我们这样的应对危机的组织（如卫生、国防和人道主义援助组织）尤其重要。在应急行动中心的重大训练演习或重大事件发生后（如化学、生物和核辐射事件、疾病暴发或自然灾害），机构的应急管理部门自身会定期进行"行动后审查"。然而，有时有人担心缺乏客观性，或者这些审查只审查组织内某些领域的响应，而不是整个组织。当我们作为内部评估部门进行审查时，将被认为更客观（这种类型的相关案例可参阅网络文献《经验教训审查：PHAC 对 2009 年 H1N1 流感大流行的反应》以及《经验教训：PHCA 对 2008 年李斯特菌病暴发的反应》）。

尽管这些类型的"经验教训审查"采用了系统的评估方法，但联邦机构本身并没有将其视为一种评估，因为这些审查活动没有囊括财经委员会评估政策（见本章背景部分所述）要求的所有 5 个评估议题。然而，这种类型的评估工作对组织非常有价值。在时间紧迫的情况下开展高质量评估工作，对提高内部评估部门的知名度和公信力起到了很大作用。以合理的方法和客观性开展的快速研究被认为是非常有用的，使管理层能够及时对需要改进的领域做出回应（Hamilton、Roulston 和 Porteous，2010）。

5. 横切面交叉评估

除了制定特定项目的评估规划之外，我们的评估规划还考虑了横切面的、组织级的评估。这些横切面交叉评估（多项目评估）可以从多个不同的视角检查组织的问题，包括如下几个方面。

- 政策工具（例如，金融激励、监管控制制度、信息计划和组合项目）；
- 功能（如政策、科学研究、知识转移）；
- 主题（如国际交流活动、出版物、现场服务）；
- 同类项目的集群（例如，具有类似服务模式的项目或致力于共同长期目标的项目，或针对同一个目标群体的项目）。

PHAC 组织层级的逻辑模型一直是有助于确定横切面交叉评估工作优先级的宝贵工具（见本章的战略 2）。

这种横切面评估方法涉及检查多个项目领域的相关议题，它对于整个组织内的学习非常有用。从这个意义上说，评估对单个项目的管理者的威胁较小，相反它可以帮助更大范围的管理团队完善各自项目。

然而，缺点是横切面交叉（多项目）评估可能会被"提升"到特别高的分析层面，以至于失去其意义和相关性。对于项目管理者来说，这种评估中可能很难在项目层面上得到对他们的具体影响。

相关问题是针对评估建议的行动问责有缺失。对于大型横切面交叉评估活动，可能没有某个具体管理者负责。在这些责任共担的情况下，我们发现，重要的是，要指定机构层面某个高管来协调评估建议的后续行动。然后，对于采取的每个主要行动，即使行动责任是共担的，也应指定一名高级管理人员负责，以确保协调行动以及跟踪和报告行动计划的执行情况。对于跨组织评估，有时被称为联合、横向或跨部门评估，这种做法尤其重要。相关案例可参见网络资料[①]《经验教训审查：PHAC 对 2009 年 H1N1 流感大流行的反应》案例中管理层针对评估建议制订的行动计划和责任主体分工。

6.5 战略4：专注于组织内累积性的评价性学习

在一个组织内，项目可能在执行活动、覆盖目标群体或实现成果方面遇到类似的挑战。评估工作可能会更加突显这些挑战。但是，通过对零星的一个个项目和一个个评估的结果和建议做出回应，可能无法解决本组织面临的系统性问题。同样的经验教训反复从单个项目中获取，但是作为一个整体，组织机构并没有得到学习和发展。

随着时间的推移，在类似环境中进行的评估和其他类型的审查往往会得到同样主题的问题。下面介绍来自加拿大联邦政府的例子。

- 对跨部门或联合计划的评估反映了一致的发现，即治理结构和合作伙伴之间的沟通和协调存在困难；
- 许多项目评估显示出绩效监测数据不足以及缺乏可靠的项目支出历史数据；
- 对转移支付项目（即赠款和捐款项目）的评估通常会对围绕资金及时性的挑战做出评论；
- 对应急响应工作的评估通常揭示了需要进一步明确各参与者角色和责任的必要性。

为了获取共同主题，我们的内部评估部门采取了正式和定期的方法，系统地审查PHAC所有评估活动和其他类型的评价活动。对评估结果和建议的分析有助于发现问题，如上述所列的例子，这些问题涉及组织内的设计、服务和实施、达到覆盖面和取得成果。对不同评估活动的综合分析相比单个评估的结果和建议，对高级管理层的影响更大，不同评估活动存在的相同趋势更难以被管理层忽视。基于现实的综合分析更加突出了在不同条件和环境下相关工作机制（对谁）发挥作用的程度（Pawson，2006）。这种方法提高了对系统性问题的认识，可以用来解决这些问题。

一些管理者在评估中指出项目需要改进的地方时总会去辩护。我们发现，对管理者而言，知晓其他管理者也面临着类似的挑战，这对他们很重要，也很有帮助。通过共同努力，他们可能能够解决影响其项目的更广泛的系统级问题，并增加解决问题乃至长期始终能够解决问题的机会。

我们对响应评估建议的行动计划也实施了类似的分析过程，用来审查PHAC处理评估建议的方式中存在哪些模式。对行动计划及其实施（或未实施）程度的分析，为评估部门和组织的其他部门都提供了有用的见解。例如，它可以告诉评估团队未来如何制定评估建议（如更具可操作性）。

通过这种正式的审查和综合方法，可以更容易地将这些信息输入"计划—实施—报告"工作周期中（见图6.1）。

"是的，我们对各个项目进行评估，以确定它们是否实现了既定目标，并找到它们可以更好地运作的方法。在某种程度上，对于什么有效以及什么无效的知识的积累，应该能够为政策和项目的发展提供指导。这就是内部评估部门应该闪亮发光的地方：内部评估部门应该是项目绩效的机构数据库，他们的专业知识应该被用于像现在这样的关键时刻做出最佳决策"。（Gauthier等，2009）

基于以往评估经历的结果分析，评估部门越来越意识到存在更广泛的评估模式，我们已经能够在相关评估中探讨这些问题。这使评估能够深入这些议题中，在问题和分析中更加深思熟虑，并跟踪这些旨在解决组织内相关挑战的努力是否产生了影响。

单个项目管理者很难应对整个系统的挑战。但是，如果从组织或机构的角度进行处理，则解决共性问题的可能性更大。这种方法可以推动在整个组织范围内实施更广泛的变革，这将完善各个项目的实施。

Mayne和Rist（2006）认为，"评估研究还不够"，评估人员必须在"创造评估相关知识的潮流"中发挥重要作用。他们认为，"需要从仅仅关注日益增多的一次性评估任务，转向在管理实践和政策中综合与集成评估知识"。他们认为，评估人员应该带头创造评估相关的信息。

6.6 总结

尽管传统上侧重于对单个项目进行一次性评估研究，但本章还是分享了一个内部评估部门的经验，其在评估工作方面尝试采取了组织层面的更全面的方法。基于我们早期的经验，我们认为这种做法提高了单个评估的质量和实用性（原因是评估者对组织背景及其参与者有了更全面的理解），同时也为组织带来了附加价值（因为评估者独特的技能和经验）。表 6.4 总结了本章的要点。

表 6.4 本章要点总结

挑战		战略	受益	
评估	组织学习		评估	组织学习
评估忽略了关键议题，不能收集和分析关键信息	关键的组织业务流程忽略了以往评估的结果和建议	I 确保对组织的良好理解	时刻关注组织的最新发展状态，将增加评估工作的相关性和可操作性	增加在组织中贯彻评价性思考和/或证据的机会
评估与组织的总体成果框架无关	在整个组织内项目的实施和监督没有共同的纽带关联在一起	II 开发组织层面的逻辑模型	将所有项目的评估置于更广泛的背景中	提供多目标、面向结果的分析框架
评估不及时或不相关	在关键决策、规划、报告或预算时期，没有可用的评估信息	III 为组织制定一个多年期的评估规划	加强评估部门的管理	促进组织更多地参与评估，加强与其他职能的协同
评估相关证据不能为公共政策提供信息	仅仅在项目层面开展学习，而不是从组织整体层面	IV 在整个组织内加强累积性的评价性学习	对整个组织涉及的共性议题开展更深入的分析	突出不同项目的模式和趋势，支持案例的改进

6.7　有关讨论

一个显而易见的问题是，实施所有这些战略需要多长时间？在一个组织内实施这四项战略所需的时间并不是微不足道的。事实上，它是相当花时间的。然而，预先投入时间实施这些战略，将会减少实际评估过程中所需的各方面工作投入，还会大大提高最终评估报告的质量和有用性。如前所述，为了验证这些假设，我们评估部门开发了一个活动报告系统，以跟踪员工在一项评估任务的每个阶段及开展相关活动所花费的时间，这些活动与本章概述的四个战略之一相关。由于我们的时间跟踪系统只有一年多一点的时间，现在确定有多大回报还为时过早。

另一个重要问题是，评估部门和单个评估人员如何在尽力成为一个组织

第 6 章　从离散型评估到更加系统性评估的组织方法：加拿大公共卫生署的案例

的充分参与者的同时，又能保持评估职能的独立性和完整性。有许多方法可以保持内部评估部门工作的独立性。Mayne（2012）描述了加强独立性的四种通常做法。

- 使用独立评估人员；
- 使用外部审查人员；
- 在评估过程中邀请广泛的利益相关者参与；
- 加强评价职能的管理和监督。

在 PHAC，其总体评估职能以及单个评估项目的管理中涉及许多这些机制，如图 6.5 所示。

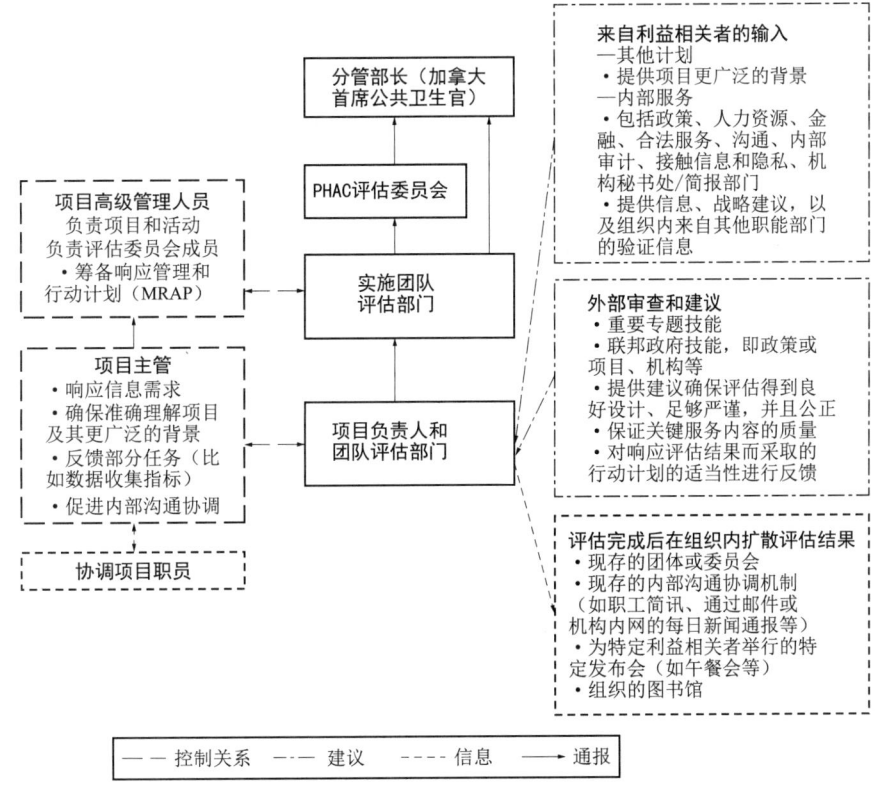

图 6.5　评估管理架构

（来源：PHAC（版权所有）授权使用）

- 定期使用外部的专题评审人员和技术专家进行评估；
- 参与评估的不同类型利益相关者为评估活动提供相关输入；

✅ 公共组织加强评估使用的方法和实践

• 发挥机构层面评估委员会的关键作用,该委员会由首席公共卫生官(本组织负责人)领导,组成人员包括机构大部分高管(如各项目分支机构的分管部长助理,以及关键职能部门负责人,如财务、通信、战略)[②]。

评估委员会负责审查和批准机构的5年期评估规划,包括评估的时间表,然后也参与评估过程的每个阶段,包括制定评估任务大纲(ToR)、数据收集动态更新、初步评估结果和建议以及最终报告。

评估人员具备的有意思的优点之一是,他们与机构内部管理流程紧密相关,但没有被同化而失去独立性,这个优点源于评估工作本身的属性。理想情况下,评估职能的运作应是"由外向内",所有的规划和绩效讨论时所关注的,不是针对"我们"机构及其合作伙伴正在做什么,而是针对目标社区及其参与人员和周边环境这些"外部"正在发生的事情,包括相关议题、现象、风险和实践方面。这将有助于评估人员从理智上与机构内部"由内向外"思维中可能存在的偏见保持一定的距离。事实上,评估者的角色应该是成为内部项目和计划的"挑剔的朋友",通过一套语言,隔着一个透镜,不断地去发问"为什么""我们能接触到谁"以及"这产生了什么不同之处/我们做出了哪些不同"(Montague和Shepherd,2011)。这一观点非常符合评估的多元方法。"多元主义者呼吁评估者增加与被评对象的亲近度,并声称这种做法有助于更好地了解与被评对象有关的内部动态和背景因素。"(Tarsilla,2010)

6.8 启示

本章内容对评估协会、评估部门负责人、单个评估人员以及研究人员都有启发。下面介绍几个示例,如若干评估协会制定了指导原则、标准和道德准则(有关案例可参阅国际评估合作组织(International Organization for Cooperation in Evaluation)发布的评估标准指南);关于评估者能力的内涵的解释说明,也开展了很多研究(加拿大评估协会,2010;Ghere、King、Stevahn和Minema,2006)[③]。然而,这些原则、标准、指南和能力,许多都面向单独离散的评估项目。对于更全面的组织层面评估方法的重要性,是时候应予以更明确地纳入考虑了。例如,依据加拿大评估协会发布的涉及5个方面能力的框架[④]，其仅在情景实践能力（第三方面框架）中暗示了拥有广泛的组织意识的重要性，在反思实践能力（第一方面框架）和人际实践能力（第五方面框架）中仅有更少程度的体现；其技术实践能力（第二方面框架）和管理实践能力（第四方面框架）则只关注了具体评估活动的实施。

对于更广泛的评估界和特定机构的评估部门，本章内容也会给其能力建设方面带来相关启示。更多地接触如下方面内容将带来更多的职业发展机会：

- 政策分析与发展；
- 项目规划与设计；
- 公共和非营利组织的预算、规划和政策周期；
- 组织的治理结构模型；
- 与高级管理人员和当选官员的接触和沟通的有效策略。

就对个人职业生涯规划的启示而言，评估人员可能会受益于将其技术评估经验在其职业生涯的不同阶段与项目、政策、组织服务或核心机构的结合。项目或政策领域的短期任务或交叉培训将丰富他们的评估技能。在计划或政策领域使用评估人员也将对组织有益。

毫无疑问，还需要对评估理论和实践进行更多的研究（Porteous，2005）。Henry 和 Mark（2003）提出了一系列实用的问题可作为指导评估研究的大纲，提出的问题诸如"评估能产生什么不同？评估对政策和项目改进能带来哪些增值？"以及"评估何时以及为什么能影响重要的决策和行动？如何优化利用评估工作？"此外在这方面，对于研究人员来说，重要的是需要将他们的问题从仅仅关注项目层面的评估能产生什么不同，扩展到整个组织层面的评估能产生什么不同。评估活动和评估人员对组织学习和组织文化有什么影响？已经开始转向评估文化建设了吗？

问题讨论：

（1）您还能想到评估者在组织层面上运用的其他评价性思维方法吗？本章介绍的策略中可能缺少哪些方法？

（2）对独立性的威胁和对资源的需求是本章末尾提到的两个挑战。在评估工作中采取更全面、更有组织性的评估方法时，还有哪些其他可能的不足、缺点、劣势或障碍？如何缓解这些问题？

（3）本章这些策略主要反映了作者基于加拿大联邦政府视角的经验。您认为提出的这些想法是否适用于其他文化背景和/或组织环境？基于您所处背景情况，可能需要进行哪些调整？

（4）本章讨论了对评估人员能力建设的一些启示。通过对您自己的评估能力和实践的反思，阅读本章内容是否激发了关于您自己职业发展和/或职业规划的任何新想法？

注释：

①http：//www. phacaspc. gc. ca/about _ apropos/evaluation/reports-rapports/2010-2011/h1n1/pdf/mrap-mrpa-eng. pdf.

②与 PHAC 的审计委员会不同，其评估委员会目前没有任何外部成员（尽管评估委员会章程允许这种可能性）。

③加拿大评估协会最近开发了一个职业称号项目，授予认证评估师（CE）称号。

④全文可参阅如下官方网站：https：//evaluationcanada. ca/competencies-canadian-evaluators

参考文献

Canadian Evaluation Society. （2010）. *Competencies for Canadian evaluation practice*. Canadian Evaluation Society. Retrieved June 4，2011，from http：//www. evaluationcanada. ca/txt/2_competencies_cdn_evaluation_practice. pdf

Gauthier, B., Barrington, G., Bozzo, S. L., Chaytor, K., Dignard, A., Lahey, R., ...Roy, S. （2009）. The lay of the land：Evaluation practice in Canada in 2009. *Canadian Journal of Program Evaluation*, 24（1），1–49.

Ghere, G., King, J. A., Stevahn, L., & Minnema, J. （2006）. Professional development unit for reflecting on program evaluator competencies. *American Journal of Evaluation*, 27（1），108–123.

Hamilton, J., Roulston, J., & Porteous, N. L. （2010）. *Going beyond evaluation：The "what," "so what," and "now what"—Learning from the 2008 Listeriosis Outbreak Lessons Learned Review*. Paper presented at the 2010 Annual CES Conference, Going Green, Gold and Global：New Horizons for Evaluation, Victoria, British Columbia, Canada. Retrieved November 15, 2011, from http://c2010. evaluationcanada. ca/index. cgi? _lang = an

Harrison, J. (2007). Connecting the dots: Six steps to implementing an integrated management environment. *Canadian Government Executive*, 13 (2). Retrieved June 21, 2011, from http://cge. itincanada. ca/index. php? cid = 324&id = 10561

Henry, G. T., & Mark, M. M. (2003). Toward an agenda for research on evaluation. *New Directions for Evaluation*, 2003 (97), 69 – 80.

Mayne, J. (2012). Independence in evaluation and the role of culture. In J. -C. Barbier & P. Hawkins (Eds.), *Evaluation cultures: Sense-making in complex times* (pp. 105 – 138). New Brunswick, NJ: Transaction.

Mayne, J., & Rist, R. C. (2006). Studies are not enough: The necessary transformation of evaluation. *Canadian Journal of Program Evaluation*, 12 (3), 93 – 120.

Montague, S. (2000). Focusing on inputs, outputs, and outcomes: Are international approaches to performance management really so different? *Canadian Journal of Program Evaluation*, 15 (1), 139 – 148.

Montague, S., & Porteous, N. L. (2012). The case for including reach as a key element of program theory [Special issue]. *Evaluation and Program Planning*.

Montague, S., Porteous, N. L., & Sridharan, S. (2011). *The need to build reach into results logic and performance frameworks.* 2011 Fifteenth Annual PPX Symposium, conducted in Ottawa, Ontario, Canada. Retrieved May 14, 2011, from http://www. ppx. ca/download/learning_events/2010 – 2011/January2011/LE_Jan2011_MontPortSrid. pdf

Montague, S., & Shepherd, R. (2011). *Addressing the public policy evaluation imbalance: Finding a path to relevance.* Paper presented at Evaluation 2011: Values and Valuing in Evaluation, annual meeting of the American Evaluation Association, Anaheim, California. Retrieved November 23, 2011, from http://www. eval. org/eval2011/

Montague, S., Young, G., & Montague, C. (2003). Using circles to tell the performance story. *Canadian Government Executive*, 2, 12 – 16.

Patton, M. Q. (Ed.). (2008). *Utilization-focused evaluation.* Thousand Oaks, CA: Sage.

Pawson, R. (2006). *Evidence-based policy: A realist perspective.* Thousand Oaks, CA: Sage.

Porteous, N. L. (2005). *Evaluation theory and practice: The critical role of evaluation associations.* Conference Proceedings of Israeli Association for Program Evaluation, pp. 15 – 31.

Porteous, N. L. (2009). La construction du modèle logique d'un programme. In

V. Ridde & C. Dagenais (Eds.), *Approches et pratiques en évaluation de programme* (Chapter 5). Montréal, Quebec, Canada: Les Presses de l'Université de Montréal.

Porteous, N. L., & Birch-Jones, J. (2007). Getting to engagement: What it is and how it can be measured. Paper presented at the Canadian Evaluation Society's annual general meeting, Winnipeg, Manitoba, Canada. Retrieved June 21, 2011, from http://www.evaluationcanada.ca/distribution/20070606_porteous_nancy_birch-jones_jennifer.pdf

Porteous, N. L., Sheldrick, B. J., & Stewart, P. J. (1997). *The logic model: A blueprint for describing programs.* Ottawa Public Health. Retrieved June 23, 2011, from http://www.phac-aspc.gc.ca/php-psp/pdf/toolkit/logic_model_e.pdf.

Porteous, N. L., Sheldrick, B. J., & Stewart, P. J. (2002). Introducing program teams to logic models: Facilitating the learning process. *Canadian Journal of Program Evaluation*, 17 (3), 113 – 141.

Public Health Agency of Canada. (2007). *The Public Health Agency of Canada strategic plan:* 2007 – 2012. Ottawa, Ontario, Canada: Minister of Health of Canada.

Sonnichesen, R. C. (2000). *High impact internal evaluation: A practitioner's guide to evaluating and consulting within organizations.* Thousand Oaks, CA: Sage.

Stufflebeam, D. L. (2002). *Institutionalizing evaluation checklist.* Evaluation Center, Western Michigan University. Retrieved June 23, 2011, from http://www.wmich.edu/evalctr/archive_checklists/institutionalizingeval.pdf

Tarsilla, M. (2010). Being blind in a world of multiple perspectives: The evaluator's dilemma between the hope of becoming a team player and the fear of becoming a critical friend with no friends. *Journal of MultiDisciplinary Evaluation*, 6 (13), 200 – 205.

Taylor-Powell, E., Jones, L., & Henert, E. (2003). Enhancing program performance with logic models [E-course]. Program Development and Evaluation, University of Wisconsin-Extension. Retrieved June 23, 2011, from http://www.uwex.edu/ces/pdande/evaluation/pdf/lmcourseall.pdf

Treasury Board of Canada Secretariat. (2011). *Guide to developing a departmental evaluation plan.* Ottawa, Ontario, Canada: Centre of Excellence for Evaluation, Treasury Board of Canada Secretariat.

第 7 章　欧盟的评估使用：评估委托者的经验教训[*]

Bastiaande Laat, Kevin Williams

本章主题

- 大型组织中的评估使用
- 支持或抑制评估使用的因素
- 评估委托者的经验教训

欧盟委员会（EC）可能是世界上最多产的评估委托者和评估消费（使用）者之一。本章主要借鉴了 2002 年和 2005 年两项实证研究的结果，探讨了欧盟委员会如何使用评估，并重点介绍了针对评估委托者（对外委托评估的管理者）的一些经验教训。本章首先解释了欧盟委员会内部的评估发展历程，然后探讨了评估的用户和使用情况，最后提出了促进（或阻碍）评估使用的因素。

7.1　欧盟的评估发展历程

欧盟委员会是欧盟的执行机构，它代表整个欧盟的利益（而不是个别成员国的利益）。欧盟的主要职能是制定行动目标和优先事项，向欧洲议会和理事会提出立法建议，管理和执行欧盟政策和预算，执行欧洲法律（与法院

---

[*] 免责声明：作者所表达的任何观点和意见并不一定反映欧洲投资银行（EIB）或经济合作组织（OECD）的观点和意见。

联合），并在欧洲以外代表欧盟（如欧盟与其他国家之间的贸易协定谈判）。约 23 000 名员工分布在 EC 各部门（总司（DGs））或服务部门。每个总司负责一个特定的政策领域，由直接向欧盟委员会主席报告的总干事领导。欧盟委员会的一个特点是，它有一个 7 年期的规划，目前的规划周期为 2007—2013 年。本期预算承诺总额近 1 万亿欧元，其中运营费用占很小比例。绝大多数预算用于区域发展，海外发展合作，电信、能源和交通网络，支持中小企业，以及研究开发和创新活动。鉴于欧盟政策领域的广泛性，相应地，评估的类型和主题也十分多样。

欧盟的项目和政策在其生命周期中的不同时间段都会进行评估，通常包括准备阶段（事前评估）、实施阶段（期中或中期评估）以及实施完成阶段（事后评估）。大多数评估工作都是由各 DG 内的评估职能部门外包给外部评估人员进行，较少情况下由负责实施的服务部门委托开展。欧盟委员会的评估活动由秘书长集中协调[①]。仅 2010 年，由欧盟委员会不同 DG 委托的评估以及评估相关的研究就有约 150 项，这还不包括欧盟的其他部门、机构和实体，也不包括所谓的影响评估。此外，随着欧盟大多数项目的管理移交给了成员国，尤其是区域项目（结构性基金），这些相关项目的评估委托也就直接由欧盟的成员国和区域管理机构负责。这些评估通常由外部评估人员基于欧盟委员会设计的概念框架实施。

欧盟委员会内部的评估实践可追溯到 20 世纪 80 年代，相关的评估力量一直集中在各总司中，主要开展对重大支出项目的评估。最初，主要在发展合作和研究领域内实施评估，由负责的总司制定自己的具体评估方法。1995 年，随着 MEANS 计划的实施[②]，欧盟内部在区域发展领域的评估能力得到了显著提高。这个计划致力于解决欧盟层面政策制定中存在的评估做法大不相同、结果不相一致，以及评估使用受限的问题。MEANS 计划雄心勃勃，借鉴了欧洲及其他国家的最新评估技术，制定了一个方法论框架，充分考虑了区域发展计划的多层次、多利益相关方以及合作伙伴背景情况。1998 年，对MEANS 框架的实质部分进行了调整，以对欧盟公共农业政策（CAP）的金融措施开展评估。

由于欧盟特定政策领域内评估活动的自然增长，到 20 世纪 90 年代末，欧盟内部的评估基本上有三种做法。

第一，项目周期管理（PCM）和逻辑框架方法。这些是用来评估海外发展项目的，后来也用于评估吸纳新成员国的筹备项目。迄今为止，在欧盟对外政策领域，这一做法仍然十分流行。

第二，使用独立的专家小组，这是在科研项目和政策的评估监测中使用的主要方法。邀请科技领域的专家提供同行评审和专家意见。这一方法也对其他政策领域的评估实践的发展产生了重要影响，如以科学、技术和创新为核心的信息社会领域。

第三，MEANS 计划的评估方法框架，特别是在区域发展和就业政策方面，它发挥着核心作用，为那些通过放权计划已交由地区和部门实施的行动的评估，提供了一种结构化的、折中的方法。

自那以后，欧盟委员会在评估领域有了两个重大进展。首先是 2000 年启动的面向结果管理方式的转变，此时评估范围得以扩大，从支出项目扩大到了欧盟所有的"活动"。其次是欧盟发布"促进更好法规的议程"（Better Regulation Agenda），这很快导致了"影响评估"（Impact Assessment）的制度化，这是一种事前评估的形式，被完全融入重大立法建议方案和非立法倡议的编制中。

7.2 欧盟对评估的使用

为了更好地理解已经实施的大量评估如何被使用以及如何加强使用，欧盟在 2002 年和 2005 年开展了两次研究，本章作者也参与其中。

最初的研究主要是探索性的，主要开展了对评估功能的调查和一系列以 DG（欧盟各总司）为中心的案例研究。它旨在了解不同 DG 组织其评估活动的方式、评估制度化的程度以及这些因素如何影响评估使用。本研究还对当时可用的评估使用方面的文献进行梳理分析。这次梳理确定了四种主要的评估使用类型。

- 评估对管理的支撑作用。决策者直接采纳评估的建议。Patton（1997）将其称为评估使用发挥着"工具"作用，可以直接完善项目实施。
- 评估是一种经验学习。对于评估的参与者（如作为评估指导小组的成员），参与评估的经验可以提高他们对其管理的活动和牵涉议题的理解。这通常被称为过程中使用评估，也就是说，"由于在评估过程中对经验的学习，导致参与评估的人发生了变化"（Patton，1997）。

✓ 公共组织加强评估使用的方法和实践

- 评估是政策论证中的一种输入。这里的政策制定被认为是一种持续的对话讨论,可以通过使用评估让对话或论证更为公众知晓,以此提高政策质量(van der Knaap,1995)。
- 通过评估逐步增强组织的知识库。通过评估产生的增量知识可被输入政策论证中,发挥"评估的启发作用"(Weiss,1999)。对众多评估活动产生经验的学习是累积性的,往往不是对某项评估结果的直接使用。这种类型的评估使用,相关评估很少会直接导致政策或特定决策的变化。不应期望评估活动凌驾于政治议程和行政管理必需流程之上,否则这很可能会将决策推向截然不同的方向。

基于第一次研究中获得的欧盟相关背景知识以及文献中找到的不同类型的评估使用,我们开展了第二次研究,确定了欧盟内部可能存在的五种评估用途。

- 用于设置优先事项的依据和在不同战略之间进行选择;
- 用于支持设计干预措施;
- 用于协助有效配置资源;
- 用于改进活动的实施;
- 用于提高问责制和对结果关注度。

为了确保采用一种系统的分析方法,在第二项研究开始时针对每一种类型的评估使用,制定了一系列分析标准和相应的分析指标,以帮助判断使用评估的每种类型是否有其重要意义(见表7.1)。

表7.1 评估使用的类型、标准和指标

评估使用类型	标准/评估结果做什么用	指标(示例)/评估活动针对谁或明确用在何处
优先事项设置	● 用于阐述和支持向欧洲理事会和欧洲议会提出的建议(如改革通信、框架条例、其他条例或指导文件) ● 用于酝酿新提案的内部过程(可以是事前评估或影响评估)	● 欧盟委员会通信总司或其附属机构 ● 欧洲理事会或议会的采纳流程 ● 年度政策战略和欧盟立法与工作计划 ● 新提案的内部筹备流程 ● 开展影响评估(事前评估)
干预措施设计	● 用于向欧盟理事会和议会描述实施干预措施的情况 ● 在设计欧盟层面的干预措施时要纳入考虑 ● 支持年度计划工作周期	● 欧盟委员会通信总司或其附属机构 ● 欧洲理事会或议会的采纳流程 ● 年度政策战略和欧盟立法与工作计划

续表

评估使用类型	标准/评估结果做什么用	指标（示例）/评估活动针对谁或明确用在何处
资源分配	• 支持欧盟年度预算编制（财务视角） • 作为一种工具帮助确定具体的欧盟各项建议方案的适当资助水平 • 帮助确定欧盟各项行动的适当资助水平 • 支撑财务管理决策 • 支撑预算分配的方案选择，支撑基于活动的管理流程以及战略规划和计划流程	• （立法）财务报表和解释性备忘录 • 财务行动和决策 • 欧盟理事会或议会的采纳流程 • 活动声明 • 年度政策战略 • 财务影响下的经营决策
实施	• 支持业务层面的支出和活动的管理决策 • 支撑欧盟自身行政管理和内部采购	• 单个年度管理计划 • 涉及和修订内部采购流程 • 欧盟对（外部）评估的响应 • 评估部门对建议的后续行动的检查和控制
问责和关注	• 用于解释在相关决策过程背景下取得的成绩 • 用于处理欧盟委员会和欧洲理事会及议会之间的交互事务 • 用于与外部利益相关者打交道	• 年度活动报告及其相关流程 • 通报以及委托工作文档 • 履行文档 • 欧盟审计法院的文书或活动 • 回答议会质询 • 欧洲理事会或议会的其他文档 • 外部文档和报告 • 相关利益群体

表7.1中列出的标准是基于对承担评估职能的150名欧盟工作人员的调查提出的。根据反馈意见，随后对其进行了改进，并基于这些内容在10个案例研究中进行相关分析（本章附录部分简要介绍了这些分析的内容）。案例研究的重点不是将一个个单项评估活动（如某个特定项目的后评估）作为分析基础，而是根据欧盟基于活动的预算体系所定义的"活动"。在一项"活动"中，通常若干政策活动共同达成一个政策目标或一组政策目标。采用这种方法，可以对一系列相关政策目标不同角度的评估和其他活动之间的相互作用进行评价。这种方法还可以用来调查一系列不同的政策干预措施和政策领域。

表7.2显示了在案例研究中遇到的不同评估使用类型的频率（不同的案

例可能有多种类型的评估使用）。这表明，评估最常用于协助实施（计划或政策），而用于决策中优先事项设置则是最不常见的使用类型。

表 7.2 评估使用类型的出现频率

使用类型	频率（基于案例）
实施	8
设计干预措施	7
资源分配	4
关注和问责	4
优先事项设置	2

以下各节介绍了这两项研究的重点以及对评估委托的相关启示。尽管最新的研究是在2005年完成的，但从我们的经验来看，可以从中吸取的经验教训和见解在今天仍然具有高度的相关性。

7.3 评估使用的类型

以下段落按照表7.2所示的顺序讨论了在欧盟中观察到的评估使用的类型，并对促进不同类型使用的重要因素提出了一些初步结论和建议。

1. 加强评估使用以完善实施过程

研究表明，改进各种活动的实施是欧盟开展评估工作的主要贡献，即将评估作为工具。只有两个案例（都与监管政策有关）没有观察到这种用途。例如，在区域发展领域，围绕支出项目开展的中期评估尤其普遍地发挥着工具性作用；另外，与非欧盟成员国在渔业、教育和文化、人道主义援助等领域执行相关协议时，也将这种评估使用类型作为一项重要形式。

一个有趣的"大量使用评估"的案例来自教育和文化总司提供的达芬奇项目，该项目侧重于欧盟范围的职业培训交流。在本案例中，项目选择方法的调整依据直接来自评估结果（并得到了项目管理委员会的认可）。不论欧洲职业发展中心（CEDDEOP）还是欧洲培训基金会（ETF）制订的行动计划（这两个培训机构分别负责欧盟内部和外部的工作），都是直接采纳了评估的建议。

案例研究表明，促进使用评估来改进实施工作需要特别注意两点：一是评估活动质量，要提出切实可行和符合实际的建议；二是定期监测落实这些建议的进展情况。

2. 在设计干预措施中使用评估

大多数案例研究都观察到了已有项目开展的中期评估，通过评估以期能够继续实施或开发新的干预措施。由此，这些评估通常都侧重于干预措施设计和实施方面的相关议题。

没有任何支出项目、监管举措或其他类型干预措施的设计因评估结论而发生根本性的改变，大多数情况是，评估结果都会导致其产生细微的变化或重新制定。有两个原因可以解释这一点。首先，案例研究中没有一项专门委托的评估，其目的是支撑干预措施的全新设计，评估主要还是集中在实施方面，相关背景通常是继续实施或对相同干预措施的完善。其次，对现有干预措施设计进行根本性改革，通常需要对其法律基础进行改革，这种状况很可能会阻止评估人员提出任何激进的改革建议，或者会要求他们避免这种做法。

在 21 世纪初，作为干预措施设计的支撑工具，预期影响评估的制度化还处于相对早期的阶段，本次的这两项研究都没有涉及。自 2002 年欧盟启动建设其影响评估体系以来，这方面的评估得到了大力推动，已经建立了一个统一的框架，以取代在相关总司中开发的一系列部门层面的影响评估工具，主要负责监管倡议。欧洲审计法院（ECA）基于对 2003—2008 年的影响评估报告审查得出结论："影响评估已成为欧盟委员会政策开发的一个组成部分，并已被欧盟委员会用于更好地设计其倡议。"（ECA，2010）然而，法院和欧盟的影响评估委员会都注意到[④]：在影响评估中对早期评估结果的使用相对有限。影响评估委员会在其 2011 年报告中指出，"仍然需要更好地规划评估，以便及时将其用作影响评估过程的输入"（EC，2012）[⑤]。

根据所研究的案例可以得出结论：有效的评估规划对于确保及时获得评

公共组织加强评估使用的方法和实践

估结果并将其纳入干预措施设计是至关重要的。此外，规划一项评估工作还需要考虑干预措施做出重大变化是否有相应的法律条文作为基础，或法律依据本身是否需要改变。

3. 在资源分配中使用评估

总的来说，很难找到使用评估来支持资源分配的任何证据——这与世界银行最近的一份报告（2009）形成了鲜明对比，该报告声称（影响）评估是预算规划和财务管理中的一个有用工具。本次研究表明，评估对预算问题的影响微乎其微，尤其是欧盟内部政策和项目。对于侧重于欧盟之外国家的外部政策的预算分配，评估的作用似乎更为重要。在这种情况下，评估通常用于支撑增加预算的请求，而不是用于说明减少开支的理由。评估的这方面议题具有代表性，尤其在预算受到严重限制时更是如此。

相比之下，在欧盟各总司中或项目内重新分配的决策往往似乎得到了评估结果使用的支撑，以往的评估成果可用于事前评价，以帮助更好地确定特定项目在开始形成时的预算需求。

有效的规划要考虑到一个组织的预算过程（就欧盟而言，特别受到其7年规划周期的影响，中期也可能进行调整），如果评估是为了便于做出有关资源分配和预算编制的决策，那么有效的规划则是很重要的。此外，在这种情况下，获得高级管理层对评估的支持可能有助于促进更为均衡地使用评估结果。

4. 在增强关注度和问责中使用评估

在本次研究期间审查的文件中，很容易识别出评估是否用于问责目的，特别是欧盟内部"通报"文件，以及某种程度上其他类型的文件，如预算执行文件、对议会质询的答复等。此外，评估结果公开发布往往有助于提高对被评措施的关注度。公开是欧盟的通用规则，而公开报告的这方面"副作用"往往被大家忽视。在一些案例中，会制定一个积极的沟通策略以接触利益相关者并让其参与进来，例如，通过组织会议或公开听证会；而另一些案例中，评估报告仅仅发布在互联网上。

围绕评估工作，组织的各总司间的沟通活动（如通过各总司相互参与彼此的指导小组）也有助于提高关注度。在监管倡议、协议和机构的评估过程中，当多个总司通常有共同的责任时，经常会出现这种情况（这也是一种要求）。这种做法在支出项目的评估中很少出现，除非两个或两个以上的总司共同负责实施。

案例研究表明，以加强关注度和问责为目的的评估，需要在评估的规划阶段对确保评估结果能够得到适当扩散给予特别重视。

5. 在优先事项设置和政策方案优选中使用评估

这些研究提供的证据表明，评估结果通常被系统地用于决策过程，但它们似乎并没有显著影响战略制定或政策优先事项设定，尽管评估活动可能有助于确定优先事项，但很难追踪其中的任何因果关系。由此，研究表明，评估似乎并不是一个有影响力的优先事项设定工具。可以认为，这并不奇怪，因为随着政策环境基于新的挑战和相关需求而发生的变化，决策议程上的优先事项不会一成不变，某些事项往往会新出现在决策议程上，某些事项抑或优先级上升或下滑。事实上，欧盟并未将评估作为帮助确定优先事项的工具，因为它的重点主要是回顾性地审查项目绩效，也就是说，关注重点主要是对预先确定的政策优先事项和相关目标的实现情况。

影响评估提供了一种方法，通过这种方法，评估可以更好地支持优先级设置和政策方案的优选。影响评估的两个主要组成部分：①分析拟议干预措施的提出原因，并对不同场景进行比较分析；②在政策方案选项之间做出权衡评价。此外，影响评估的范围还包括"上游"倡议，如白皮书和通报，这些有助于定义欧盟未来的政策。因此，影响评估既为自身战略发展、政策制定和优先事项设定提供支持，也为在这方面利用以往评估结果提供了自然渠道。

在决策中更广泛使用评估的另一种方式是，通过评估进一步突出强调了相关文档，包括各总司提供的预算文档，提交给欧盟财务方面特设工作组、欧洲议会政策挑战委员会的政策挑战方面的文档以及扩大后欧盟2007—2013年度预算方法方面的文档（见专栏7.1）。

> **专栏 7.1　在决策中使用评估**
>
> ……评估的亮点在于其目的是向相关机构、利益相关者和公众提供相关评估结果，这些结果在 2005 年已由外部独立顾问提交。针对新的财务框架（2007—2013）中的每一项相关主题都提交了横切面（交叉）评估分析的结果，评估分析所依据的标准包括干预措施的有效性、效率、相关性，或对欧盟的附加值。对于每一个主题，在已经完成的几项评估中得到的横切面评估分析结果都已得到确认，这些结果可能对未来欧盟政策的决策（重点补充）有意义。

这些发现意味着，评估本身可能不是最适合支撑决策、优先事项设定和战略制定的工具，在这方面不应做出站不住脚的承诺。对于某些领域，以往评估成果用于决策的一贯做法可能比其他领域的要多。如果政策领域表现出了这种评估使用水平较低的特点，则可能必须进行一些筹备工作，以确保为使用评估提供前期支持。当一项评估活动被期待吸纳以往评估成果来帮助制定政策和设置优先事项时，评估信息的处理就可以利用并反馈到其他工作程序和过程中，这样就便于考虑到决策的环境因素，包括当前的政治动态。因此，如果评估是为了直接支撑政策制定，那么就需要将其与更广泛的政策制定、优先事项设定或战略制定过程联系起来。一些形式的元评估，或对评估的综合分析，可能有助于汇集若干单个评估的经验教训，并有助于加强对更广泛的政策背景的理解。

7.4　支持或抑制评估使用的因素及其对评估委托者的启示

到目前为止，我们的分析主要着眼于评估如何以及在多大程度上在欧盟得以应用。现在，我们将更仔细地研究哪些因素在促进或抑制不同类型的评估使用中发挥着作用，以便总结出一些可能对评估委托者有用的见解。基于两项研究的成果，下面按相对重要性的顺序逐个讨论不同的因素，如两项研究所示。

第7章 欧盟的评估使用：评估委托者的经验教训

1. 评估规划和时机以及评估目的

毫无例外，与项目或政策周期相关的评估时机和评估规划是所有类型评估使用的最关键因素。这一发现与影响评估委员会2011年的报告相呼应，该报告指出，评估时机是影响评估的一个关键问题，而且对更广泛的政策和法规的筹备和制定也是如此。

在所研究的案例中，评估的原因（如法律义务）和目的（谁应该使用结果，以及何时、为了干什么）都似乎与评估的时机密切相关——甚至可以说它们是同一因素。这是因为只有在某个时间段，比如当干预措施确实正在设计时（而不是在其启动和运行时），评估才能对（一组）决策做出显著贡献。因此，评估委托者应确保为评估设定合适的时间框架，可以使其在最佳时间提交评估成果。

欧盟支出项目的一个特点是，其评估的时间框架被特别纳入其法律条款中，这意味着在项目周期的某个时点必须实施评估，不论当时项目会取得什么样的预期成果，也不论评估是否会产出有意义的报告，比如就项目效果而言。因此，为了优化评估活动的有用性，尽管对评估活动的取舍有明确规定，还是应该允许一些灵活性，特别是评估工作与准备新项目的周期同步情况下，评估可能只能就项目的实施情况做些分析。这些研究还看到了另外的案例情形，比如评估还没有完成（原因不论是法定评估时长要求还是评估延期），但必须对项目实施后续计划做出决策，此时的决策就无法使用评估结果了。

后来，欧盟的一些服务部门在有关中期评估时间的法律规定中就引入了更大的灵活性。例如，达芬奇职业培训计划的中期评估提前了6个月，以便于评估成果对筹备新一期职业培训计划有用。

因此，为了使评估工作及时开展，给评估委托者的建议做法如下：

● 要理解政策的周期，评估也是其中的环节，并据此确定评估结果交付的最佳时机；

● 做好评估规划以响应决策需求和约束（例如立法程序的类型）；

● 将评估的时间提前安排，如果这有助于评估的使用，要在相关法律法规中有足够的灵活性，和/或要在数据收集和分析方面有协商的可能性；

● 与外部评估者建立框架合同，以帮助缩短采购流程的时间，从而缩短评估的总持续时间。

然而，规划不仅仅是时间问题，规划中还需要确定预期采用的评估使用类型，并提供一个框架以确保适当的评估设计和实施过程。

• 在支撑有关资源分配和预算编制的决策方面，评估委托者应确保评估设计的适当性，尤其是关于效率的分析，其次是成本方面的支持；

• 如果问责是评估的明确目的（如如果这是法律要求做的），那么在这种情况下，成立指导小组可能有助于制定问责议题方面的信息，并提高利益相关者的关注度，同时应制定沟通策略，确定向内部和外部受众发布评估结果的正式和非正式的沟通渠道，对于广泛的感兴趣的利益相关者群体应予以特别关注。

最后但同样重要的是，还是应强调评估职能的重要性。这个实体（内部评估部门）通常是唯一一个清晰掌握组织内的整个评估活动和评估过程以及这些评估如何与整个决策过程相关联的实体。基于此，它应该帮助组织的其他部门理解对于确保编制良好评估规划的重要性。

2. 高级管理层的支持

高级管理层在使用评估结果方面的支持似乎是一个重要因素，尽管这种支持通常是不明说的，而且实际上也很少能找到关于高级管理层公开支持评估或使用评估的证据。这一点在支出项目的"常规化"的以及法定强制性要求的中期评估工作中尤其如此，大多数情况下只是"无声支持"。显然，高级管理层很清楚，这些评估当然是需要做的。因此，使用评估是一种非常有帮助的支撑工具，主要是在业务层面上。

评估结果似乎很难被"选送"到更高级别的高级管理层，至少对于原始评估报告是这样，当然这并不排除其被"变相"使用（如在政策文件或概念说明中利用评估结果）。然而，有一些证据表明，高级管理层采纳并利用评估结果以支持预算增加和可能的资源再分配。如上所述，评估使用的重要性并不是主要体现在预算编制或财务决策方面，而是在业务层面。也就是说，重要性主要体现在各总司或项目内部，尽管这种情况在未来可能会发生变化，尤其是影响评估的开展将会越来越多地借鉴以往的评估结果。[6]

接下来，评估委托者应关注如下事项。为了确保高级管理层对评估的承诺，从而优化其使用，评估委托者需要确保得到认可和自主权。在某种程度上，这可以通过将组织内的评估活动制度化来保证。在这种情况下，重要的是需要在制度化的流程中，包括评估报告的编制、分发和传播以及评估结果采纳等环节中为高级管理层分配一个特定的角色，例如，需要管理层对提供的评估报告做出回应，或强制性地要求管理层向适当的更高层受众，如机构执行委员会，报告评估建议的执行情况等。当评估文化已经存在于组织内，并且不同利益相关者普遍承认评估的好处和价值时，这种承诺就更容易实现了。这种评估文化不会通过实施一次评估就能创造出来，而是需要一个更长的过程才能实现；而且，这种文化需要不断地被培育和确认（见第5章中"共享变革模式"以及第4、第9和第10章的有关内容）。

此外，当评估委托者能够让高级管理层积极参与评估过程时，将有助于提高评估的战略使用。这种参与在评估的策划阶段显得尤为重要（例如，通过研讨会分享和讨论评估任务大纲，以激发对评估结果的需求）。在起草评估结果阶段让高级管理层参与讨论同样有用。确保高级管理层在这两个阶段的参与，对于增加评估的战略使用尤其重要，包括涉及重大资源重新分配的决策，一旦评估结果表明相关项目未能充分满足受益人的需求（相关性不够），未能完全实现其目标（效果不佳），或未能以合理的成本实现其目标（效率不足），那么基于评估的决策将可能终止这些项目。

3. 评估质量

评估的质量看起来也是涉及评估结果使用的一个重要因素。基于这种情况，评估委托者需要发挥重要的作用。然而，即使评估在方法上和经验上都是合理的（确保了评估质量），单凭这一点也不一定能确保评估建议得到落实，因为政治因素可能更具影响力。事实上，重大的政治决定的出台并非基于高质量的评估，而且往往是在完全没有评估的情况下做出的。以下观点得到了本次研究的支撑，即在一个重视评估并对使用评估进行有效规划的系统中（例如，开展本次研究时发现在欧盟内部正在涌现越来越多的将评估作为支撑工具用途的案例），一个必不可少的条件是：评估只有采用可靠的数据收集和分析程序时，才能产生可信的评估结果。

具体来看，当使用评估结果来改进项目实施时，质量概念应考虑到所提建议的需要，也就是要确保这些建议应具有足够的实用性和现实性，以便被评项目所在的服务部门能够落实。理论上的或抽象的建议通常在任何情况下

☑ 公共组织加强评估使用的方法和实践

都没有用。"战略性"建议——外部评估人员第一次面对某个项目时，往往倾向于提出"战略性"建议——只有当它们很可能会由超出负责项目实施的人员，即更高层面的政治人物采纳时，才应该提出这些"战略性"建议。

当然，评估的质量与评估人员的专业知识直接相关，尽管不是唯一相关，因此选择合适的评估人员是评估委托者的一项重要任务。这里要强调的一个重要经验教训是，评估需要各种技能的结合，委托者应在招标书中明确这些技能，以防止评估职能部门和其他相关服务部门提出不恰当的支撑需求。我们在几个案例中已经看到这种情况，原因要么是评估人员仅仅是某领域的主题专家而对评估技能不是特别熟悉，要么是因为他们仅是评估专家但对评估主题理解不够。理想的情况下，评估团队应该具备多种专业知识。在案例研究中，我们注意到，这些团队通常包括评估专家和主题领域专家，例如，能源、农村发展、渔业或粮食安全领域的专家。然而，在某个领域，我们发现评估需求明显超出了供给，对评估人员的要求过高，最后影响了评估报告的质量（见专栏7.2）。

专栏7.2　两个案例：食品安全和人道主义援助

在食品安全方面的第一个案例中，受访者将评估研究的质量与评估人员的能力或具备的主题知识进行了关联。在另一个案例中，评估是由"纯粹"的评估人员执行的。对于这类技术性很强的主题，很明显，由同时具备主题知识和评估专业知识的人编写的评估报告的质量更好（因此其可用性也更高）。

第二个案例是人道主义援助，该案例认为评估人员的质量、评估活动的质量以及评估使用的质量之间直接相关。这个案例发现，选择对人道主义援助有很好理解的评估人员是很重要的，这样从一开始就能够使评估人员获得区域办公室和驻地技术援助人员的信任。

然而，仅聘请具有相关专业知识的评估人员是不够的，还需要做好与评估团队的关系管理，以确保产生高质量的评估产品，这才是评估委托者的任务。

在评估管理过程中，评估委托者可以采取以下几项有益的行动。

- 制定合理清晰的评估任务大纲（ToR），包括评估目的及其重点应回答的问题。
- 协助选择具有适当专业知识组合的评估人员或评估团队。
- 如果需要特殊的评估方法，包括开发和使用更复杂的方法，应予以明确规定。
- 提供一套清晰的、工作中应予以遵守的质量标准。例如，评估报告框架的模板，如果可能，可以提供一个被视为高质量报告的范本。
- 建立指导小组，让不同的利益相关者参与进来以对评估过程进行监督。
- 对评估报告开展外部同行评价或开展元评估（尤其是当评估委托者自身没有能力开展这些工作时），如果可能，评估任务大纲（ToR）以及评估报告过程稿或草稿也可以进行外部同行评审。
- 应确保可以拒绝不符合质量标准的报告。需要注意的是，这可能会影响评估的时间框架，因此最好的做法是从评估工作的最早起步时刻，就做好监督并与评估人员密切合作，以确保任何质量问题一旦有苗头就得到处理。

最后，评估的范围、质量和使用看来也是密切相关。研究这两个案例表明，当评估的议题比较集中时，评估更有用，使他们能够深入研究问题并提供更精确的结果。相比之下，宽泛的评估存在着表面化和产生泛泛建议的风险。评估的深度和精度影响着评估建议在实施方面的实用性和可行性。

4. 对评估建议落实情况的监测

尽管这一发现可能无法推广（Peck 和 Gorzalski，2009），但在欧盟，其大多数总司通常会对评估建议的后续行动（实施情况）进行监测。尽管欧盟内部似乎没有统一的形式来实现这一点，通常主要步骤如下。在评估结束时，列出所有建议，并提出涉及服务的问题，这些问题包括：①建议是否会落实，是否能落实；②如何落实；③何时落实。接下来，定期由评估部门检查该落实计划的实现情况。这是评估委托者应该处理的一个事项，以此加强评估结果的使用，尤其是在利用评估来改进实施的情况下。尽管有些人可能认为这给评估职能部门带来了太多的监控作用，根据我们的经验，这似乎是加强评估结果使用的一个非常重要的工具，因为这样做可以使那些有责任对评估做出回应的人对所取得的进展负起责任。此外，为了实现问责制和透明度，并为落实行动提供激励，可以考虑公开这一进程的结果。

5. 利益相关者的参与

利益相关者参与评估过程，特别是评估结果潜在用户的参与，似乎是利用评估结果的关键因素，最近的其他研究证实了这一点（Johnson 等，2009；Vanlandingham，2011）。在本次的两项研究中，最重要的用户群体是欧盟总司本身。然而，在其他情况下，潜在用户可能在组织内部更广泛地分布着，甚至超出组织，特别是包括了受益人和出资人。因此，可以区分为两大利益相关者群体：第一类是负责直接采纳落实评估结果的利益相关者；第二类是不参与落实行动的实施但某种形式上对干预措施有强烈兴趣的利益相关者。

本次研究提出了一个可推广的"良好实践"，即负责落实评估结果的人应积极地参与到评估过程中，也就是说，在确定评估任务大纲（ToR）、参与指导小组会议、对评估报告草稿和终稿进行评议等方面，他们应提出咨询意见。这样可以增强评估建议的可行性和实用性，从而增加主要用户对评估结果使用的可能性（见专栏7.3）。

专栏7.3 评估指导小组

欧盟2003年度评估审查报告（EC，2004）指出，组建管理评估的指导小组已成为标准做法。2003年，约82%的已完成评估项目是在指导小组的指导下进行的。没有指导小组的评估活动数量持续下降。在约一半的内部指导小组中，欧盟的不同总司都有代表派出。另一半指导小组，小组成员则来自同一个总司。在近一半的案例中，指导小组还吸收了外部利益相关者，即非欧盟的代表。

在某些情况下，更广泛的利益相关者，例如民间团体也参与了评估过程，但不是作为指导小组的成员，而是通过专家听证会或公开征求意见，其中一些是以电子网络方式促进的。反映后一种情况的一个例子是，信息社会总司组织了一次广泛的咨询会议，针对信息社会技术（IST）研究项目5年实施情况的评估报告的过程稿草案进行了讨论。这一过程涉及了 IST 政策界、成员国代表和被评估项

目的受益人，其中许多人利用这个机会对建议草案发表了评论。这个流程有助于最终确定报告定稿，并有助于向相关的利益群体传播评估的初步结果。

况且总体上看，更广泛的利益相关者参与评估过程也可能有助于提高评估结果的合法性，从而为落实评估建议和促进其他类型的评估使用铺平道路。

6. 人力资源

虽然在研究过程中受访者和被调查者没有将"时间投入"作为一个特殊的问题，但评估是"耗时"和人力资源密集型的工作。在研究的基础上，根据我们自身的经验，我们建议，在规划评估时，评估委托者应牢记以下事项都是高度的人力资源密集型的。

- 确定评估的需求、范围、目的和问题——起草评估任务大纲（ToR），组织和参加指导小组会议。这项工作由评估的"秘书处"（或管理人员）完成，即这个官方负责人要从头到尾负责管理整个评估过程，并始终与评估人员（在外部评估的情况下）保持最密切的联系。完成这些职能所需的时间预计会占用管理者的20%，甚至到高峰时段的几乎全职投入，特别是在评估项目的开始阶段（评估大纲、动员会议、启动报告、启动会议等）以及最终报告阶段。
- 参加指导小组成员会议。在会议之前、期间和之后投入时间阅读和准备相关文件的评论意见。
- 对评估项目的正式过程和合同流程进行管理。特别是在采购外部承包商的服务或内部评估包含外购内容（如利用外部设施召开研讨会）的情况下，这个流程管理尤其重要。
- 实施内部评估，包括评估设计、规划、数据收集、分析和解释，以及撰写和提交报告等。

与人力资源紧密相关的财务资源在更为广泛的范围内也很重要。本次案例研究中，在资金方面似乎没有遇到真正的问题。然而，在其他组织中，这可能是一个真正的问题，评估委托者需要了解评估的每个步骤的成本，尤其是当评估人员要求开展广泛的数据收集和采用更复杂的分析方法时。

7. 评估成果的扩散

研究表明，在大多数情况下，积极主动传播评估结果并不被视为优先事项。"感兴趣的人无论如何都会阅读报告，因此在互联网上发布就足够了"，一位受访者这样说。然而，有针对性的传播可能有助于提高对评估结果的关注度，并最终提高对评估结果的使用。同样，让更广泛的利益相关者接触报告，相对于仅仅扩散给直接参与干预措施实施的人，更有助于提高评估结果的可接受性。如果评估使用是为了提高关注度和问责目的，那么向广泛的利益相关者广为扩散评估成果尤为重要。

因此，评估委托者可能需要区分以下群体，并使用不同的方式与他们沟通。
- 负责实施干预措施的人员，他们通常直接参与评估过程；
- 高级管理层；
- 组织内外涉及被评措施实施的其他服务部门；
- 负责对整个组织的评估活动进行分析和总结的人员；
- 更广泛的利益相关者群体，包括资助者和受益人。

应该牢记的是，对于欧盟的支出项目评估，更容易识别出扩散的目标群体，因为这些项目有明确的受益者。但对于监管规章和其他政策领域，通常并非如此。为了改进评估结果的扩散，研究发现，重要的是，不要去重点关注某个单项评估活动，而应是综合和传播围绕同一项目、政策或主题的几项评估的结果。

7.5 结论

本章介绍了欧盟委员会关于评估使用的两项研究的成果，并将这些成果转化成给评估委托者的实际建议。

表7.3将欧盟委员会主要使用的评估类型与文献中讨论的内容进行了匹配，这些已在上面进行了介绍。该表清晰地表明了两个大类：一类是支撑作用和学习；另一类涉及政策讨论和加强支撑决策与公共干预措施的知识库建设。

表7.3 欧盟的评估目的与文献中评估使用类型的对照表

文献/欧盟	管理和支撑	学习	作用于政策讨论	加强知识库建设
实施	×	×		
设计干预措施	×	×		×
资源分配	×			

续表

文献/欧盟	管理和支撑	学习	作用于政策讨论	加强知识库建设
问责和关注			×	×
优先事项设置	×		×	×

评估似乎主要用于改进干预措施的实施和设计以及提高关注度和加强问责。虽然评估似乎经常被用于重新分配项目内的资源，但在政策层面的预算分配或优先事项设定方面并非如此——最近开发的影响评估（IA）工具似乎更多地用于这方面，而且目前影响评估似乎没有充分考虑到评估结果。促进或阻碍评估使用的因素与评估规划、时机和及时性有关，包括高级管理层的认可、评估的质量以及潜在用户和利益相关者在评估过程中的参与，这些都是评估委托者在启动和管理评估的过程中应考虑的重要特征。最后但同等重要的是，对建议的实施落实情况进行系统且公开透明的监测，可为加强评估使用的问责提供一种手段。

现在，基于本章中的研究结果，我们可以勾勒出"以使用为导向"的评估委托者画像。

- 以使用为导向的评估委托者会确保评估结果"按时"可作用于决策过程。这意味着要充分地做到提前设计一项评估，并预测完成评估所需的全部时间。这也意味着评估委托者需要分析干预措施实际上可以引起变革的程度。

- 以使用为导向的评估委托者会成立指导小组，对评估人员的工作进行监督并提供反馈。要确保评估得到高级管理层的认可（可以是系统性的总体认可，也可以是针对每次评估的特定认可）。如果评估文化已经在一个组织内扎根，那么这种承诺将更容易获得。

- 以使用为导向的评估委托者会确保将质量控制作为一个持续的过程，从设计评估任务大纲（ToR）开始，直到形成评估建议，都要确保质量，以便相关服务部门为改进项目实施而使用评估。需要建立一个系统，随着时间的推移跟踪评估建议落实的进度。

- 评估结果的扩散策略也有助于加强评估使用。同样，制定这个策略并确保其得到实施也是评估委托者的任务。需要根据利益相关者的特点定制相关信息，对组织内部和外部的沟通要有所区分。

- 研究表明，评估对预算决策的影响很小，除非是项目内预算重新分配。凡是委托开展评估旨在帮助有关资源分配和预算做出决策时，就需要恰当地设计评估，尤其是要做好效率分析，以便能够令人信服地说明成本支出事项。因此，评估委托者需要熟悉组织机构或被评项目的预算流程。

- 最后，同等重要的一点是，评估在某些情况下可能不是决策中使用的最合适的主要方法，或者说至少不是单一的方法。如果一项评估是明确地出于制定政策的目的而进行的，那么评估委托者应与更广泛的决策、优先事项设定或战略制定过程及其设计保持密切联系，至少要对这些非常熟悉；也要熟悉在此过程中使用的其他方法和工具（如影响评估方法、预测研究方法），以确保委托实施的评估活动及其产生的信息在更广泛的过程中得以发挥作用。

问题讨论：

（1）文献中提出了各种各样的评估使用，其中一种是"创造知识"。如何对通过评估生成的增量知识进行监测？

（2）将评估建议的使用作为判断评估使用的标准有哪些利弊？

（3）在欧盟中对评估使用的分析采用了一些标准和指标。本章提出了每个标准所用指标的一些示例，你能做出补充吗，尤其是定性指标？

（4）对于扩散评估结果的沟通战略的制定和实施，谁应该参与进来？如何参与？对预算有哪些影响？

注释：

①在 2009 年移交秘书长之前，该协调职能一直位于预算总司。

②MEANS 是 Méthodes d'Evaluation des Actions de Nature Structurelle 的首字母，意思是 assessment methods in the structural field（结构性政策领域的评估方法）。比如旨在促进区域之间协同发展的政策就属于结构性政策。

③参见影响评估委员会 2011 年报告和审计法院 2010 年第三期专报。

④最近欧盟发布的"更明智的监管倡议"提出了要加强和系统化开展立法评估，也包括法律实施后，目的是在影响评估中加强对以往评估成果的使用。

⑤参见欧盟委员会未来的政治指导方针。

附录：

表 7.4 提供了欧盟所研究的案例。这些报告大部分可以通过欧盟委员会的网站找到。

第7章 欧盟的评估使用：评估委托者的经验教训

表 7.4 欧盟研究的案例

总司（案例分析中的欧盟政策领域）	干预措施评估案例	评估结果的主要使用类型	干预措施的类型	评估的类型	评估是否法律要求	评估实施是集中、分散或授权	评估是内部的或外部的
企业总司（激发企业家精神）	• 企业和企业家精神多年资助项目中期（2002—2003）和终期评估 • 欧洲政府间数据电子交换项目（2002）和终期（2004）评估 • 相互担保试点项目评估	• 完善实施 • 相互担保试点行动在评估后予以终止	• 项目 • 试点行动	• 中期和终期评估	是	分散	企业家项目是内部评估。其他是外部评估
就业总司（工作组织和工作条件）	• 健康和安全指令立法的实际落实情况评估	• 解释说明 EU 成员国落实有关指令所取得的成果	• 指令的立法	• 过程评估；后评估	监测是法定的，评估不是	分散	外部评估
农业总司（农村发展）	• LEADER 计划评估 • 目标及相关措施评估 • 不同监管政策评估	• 政策制定	• 支出项目政策 • 监管政策	• 后评估 • 中期评估 • 影响评估	是	分散、授权	外部评估
交通与能源总司（传统和可再生能源）	• 能源框架项目中期评估	• 完善当前项目的实施，促进项目未来的内部协同	• 支出项目	• 后评估、中期评估、前评估	是	分散	外部评估
渔业总司（国际渔业）	• 欧盟与非成员国渔业协议评估	• 修订渔业协议	• 与发展中国家的协议	• 期终评估	是	分散	外部评估
区域政策总司（区域发展基金）	• 结构发展基金中期评估	• 实施、绩效决策、资本化	• 结构基金（项目）	• 中期	是	授权	外部
教育和文化总司（达芬奇职业培训计划）	• 达芬奇 II 计划中期评估 • 欧洲职业发展中心和欧洲培训基金会定期评估	• 项目继续实施，作用于新项目目前评估和筹备 • 代理机构行动计划构建	• 支出项目、代理机构	• 中期过程评估、机构定期评估	是，所有案例	分散	外部评估（但利用达芬奇评估结果的前评估是内部实施的）

155

☑ 公共组织加强评估使用的方法和实践

续表

总司（案例分析中的欧盟政策领域）	干预措施评估案例	评估结果的主要使用类型	干预措施的类型	评估的类型	评估是否法律要求	评估实施是集中、分散或授权	评估是内部的或外部的
健康和消费者保护总司（食品安全）	• 食品标签立法评估	• 立法、监管	• 立法和监管	过程评估	是	分散	外部
司法总司（公民权及基本权利）	• Daphne 计划中期和终期评估	• 项目实施、新项目筹备	• 项目	中期和终期评估	是	分散	外部
人道主义援助与民事保护总司（人道主义援助）	• 人道主义援助措施评估		• 项目和外部资助	定期评估	是	分散	外部

• 156

参考文献

de Laat, B. (Ed.). (2005). *Study on the use of evaluation in the European Commission, dossier 1: Main report, dossier 2: Case studies.* Brussels, Belgium, UK: European Commission.

European Commission (EC). (1999). *MEANS Collection: Evaluation of socio-economic programmes* (6 Volumes). Brussels, Belgium: Author.

European Commission (EC). (2004, May). *Annual evaluation review* 2003. *Overview of the commission's evaluation activities and main evaluation findings* (Commission Staff Working Document [SEC (2004)] 662). Brussels, Belgium: Author. Retrieved from http://ec.europa.eu/dgs/secretariat_general/evaluation/docs/eval_review_2003_en.pdf

European Commission (EC). (2012). *Impact Assessment Board report for* 2011. (Commission Staff Working Document [SEC (2012)] 101 final). Brussels, Belgium: Author. Retrieved from ec.europa.eu/governance/impact/key_docs/docs/sec_2012_0101_en.pdf

European Court of Auditors (ECA). (2010). *Special Report No 3/2010—Impact assessments in the EU institutions: Do they support decision-making?* Luxembourg: Author. Retrieved from ec.europa.eu/governance/impact/docs/coa_report_3_2010_en.pdf

Johnson, K., Greenseid, L. O., Toal, S. A., King, J. A., Lawrenz, F., & Volkov, B. (2009). Research on evaluation use: A review of the empirical literature from 1986 to 2005. *American Journal of Evaluation*, 30 (3), 377-410.

Patton, M. Q. (1997). *Utilization-focused evaluation: The new century text* (3rd ed.). Thousand Oaks, CA: Sage.

Peck, L. R., & Gorzalski, L. M. (2009). An evaluation use framework and empirical assessment. *Journal of MultiDisciplinary Evaluation*, 6 (12), 139-156.

Van der Knaap, P. (1995). Policy evaluation and learning: Feedback, enlightenment or argumentation? *Evaluation*, 1 (2), 189-216.

Vanlandingham, G. (2011). Escaping the dusty shelf: Legislative evaluation offices' efforts to promote utilization. *American Journal of Evaluation*, 32 (1), 85-97.

Weiss, C. H. (1999). The interface between evaluation and public policy. *Evaluation*, 5 (4), 468-486.

Williams, K., de Laat, B., & Stern, E. (2002). *The use of evaluation in the commission services.* Paris, France: Technopolis France.

Wimbush, E. (2010). *Evidence to & from action: The role of intermediary bodies in knowledge to action strategies*. Bern, Switzerland: IRSPM Conference.

World Bank. (2009). *Institutionalizing impact evaluation within the framework of a monitoring and evaluation system*. Washington, DC: World Bank Independent Evaluation Group.

第8章 变化环境下的评估政策与实践：
世界卫生组织评估职能的演变[*]

Maria J. Șantamaria Hergueta, Alan Schnur, Deepak Thapa

本章主题

- 复杂的多边组织机构中的评估
- 评估制度化的促成因素和制约因素
- 评估政策与实践的影响和相互依存关系

本章从世界卫生组织（WHO）内部监督事务厅（IOS）的角度审视了我们认为重要的评估事项，IOS 是负责 WHO 机构评估职能的部门。我们描述了过去 9 年中一个多边组织在不断变化的环境中评估的发展演变。我们着重于分析评估发生的背景以及影响 WHO 内部评估制度化和评估使用的特定因素，并加以举例说明。

本章由 5 个部分组成。第一部分阐述了 WHO 履行评估职能的背景。第二部分论述了涉及评估委托者和评估人员日常工作的四个关键因素：评估的作用和目的、评估的用途和利用、评估过程及结果的责任担当、评估的制度化和文化，以及面临的挑战和为解决这些挑战而采取的对策。第三部分讨论了 WHO 评估发展方面的经验和教训。第四部分给出了一些结论性的评论。第五部分提出了一些讨论的问题。

---

[*] © WHO 版权所有，2013。本章内容的出版发行得到 WHO 的许可。
注：瑞士日内瓦 WHO 内部监督事务厅主任戴维·韦伯对本章的修订做出了贡献。
免责声明：本章内容反映了作者的观点和意见，不一定反映 WHO 的观点或官方立场（译者注：本章中有关 WHO 的基本情况和评估职能描述反映的是 2013 年的情况，当前可能有变化）。

8.1 WHO 的评估职能及组织架构

WHO 是一个专门的多边组织,在联合国系统内指导和协调与卫生有关的问题(见专栏 8.1),其架构是分散的,在全球、区域和国家层次设有办事处并有决策权。WHO 总部设在日内瓦,其全球政策、规范和标准由世界卫生大会提供政策指导。相应地,各区域可以调整标准以满足其区域的需要,并制定在国家层面实施这些标准的适当战略。区域层面负有双重责任,既对总干事负责,也对各自区域委员会负责。同样,WHO 国家工作组同时对总干事及其各自的区域主任负责。这三个组织层级在 WHO 秘书处技术项目的垂直架构中共存。这促使 WHO 内部决策在集权和分权之间处于动态互动。这种动态影响着评估职能,组织层面(总部、各区域和国家工作组)以及按地理区域维度运行的技术项目共同承担着评估责任。

专栏 8.1　WHO 的任务和结构

1)使命

WHO 是联合国系统内卫生方面的指导和协调机构,其目标是为所有人实现尽可能高的卫生水平(WHO,1946)。概括地说,WHO 的核心职能包括领导全球卫生事务、制定卫生研究议程、制定规范和标准、阐明基于证据的政策选择、向各国提供技术支持以及监测和评估卫生趋势。

2)结构

WHO 包括如下构成要素。

● 世界卫生大会是 WHO 的最高决策机关,194 个会员国的代表团参加会议。其主要职能是确定全球卫生政策。卫生大会还监督世卫组织的财政政策,审查和批准规划预算方案。此外,卫生大会审议执行委员会的报告,并就可能需要采取进一步行动的事项做出指示。

第8章 变化环境下的评估政策与实践：世界卫生组织评估职能的演变

> ● 执行委员会由34名卫生领域专家组成，这些专家由当年委员会的成员国提出，当选后任期3年。执行委员会的主要职能是执行卫生大会的决定和政策，向其提供建议，并促进其工作。
>
> ● 秘书处由一名总干事领导，由大约8 000名技术和支助人员组成，这些人员在WHO总部、6个区域办事处（非洲、美洲、东地中海、欧洲、东南亚和西太平洋）以及140多个常设办事处工作。总干事由执行委员会选举并经卫生大会确认，区域主任由各会员国在各自区域内通过区域委员会选举并经执行委员会确认。

1. WHO 中的评估

WHO 基于结果的管理方法（WHO，2002b）是评价其项目绩效的基础。在这个方法中，有一个问责框架，其重点是管理、项目和行政决策，以及行为准则和独立的质量控制。评估连同其他形式的评价、审计和调查，都是独立性保证计划的组成部分（WHO，2006）。

作为一个技术性和规范性组织，WHO 的主要工作是指导和支持其合作伙伴规划和实施 WHO 得到全球认可的总体工作计划中的卫生倡议和项目[①]。这些合作伙伴包括卫生领域以及与卫生有关的国家机构和组织、非政府组织、学术和科研机构。特别说明的是，WHO 也直接实施相关计划或项目。这种情况是 WHO 开展的试点工作，以取得经验后，可为后续在各国开展规模化推广提供基础；或者是面对消除和根除疾病以及应对紧急情况的特殊情形下，如果一个国家的能力需要在有限的时间内进行补给，WHO 则可通过直接实施相关计划或项目予以帮助。基于其工作性质和机构设置现状，WHO 在组织层面、覆盖的地理区域、技术内容、评估对象和目标受众等方面开展了广泛的评估。

WHO 的评估活动可分为两大类，具体取决于委托实体（见专栏8.2）。

（1）机构层面的评估由内部监督事务厅（IOS）委托进行。它们可以是专题性的、项目性的或以国家为中心的评估。在2003—2009年和2010—2011年，分别每年平均有五次和三次机构层面的评估。

（2）分散评估由机构中任何层级的单个项目组委托。目前，很难估计每

☑ 公共组织加强评估使用的方法和实践

年进行多少数量的分散评估，因为对于技术项目组是否报告这些评估信息是自愿的。

专栏8.2　WHO 的评估类型

1) 机构层面的评估（由内部监督事务厅 IOS 委托）

专题评估：专注于选定的主题，如一个新的工作方式、交叉主题或核心功能，或是解决涉及整个组织机构利益的新问题。这些都是特别安排的评估活动，它们提供对相关专题的有效性、相关性、可持续性和更广泛适用性的深度观察。WHO 奖学金项目评估（WHO，IOS，2004）以及 WHO 与协作中心的合作情况评估（WHO，IOS，2007）都属于这一类。

项目评估：专注于机构所有层面的项目。这些评估活动提供了对项目实施的深入理解，包括几年来项目是如何以及为什么取得成果和影响，以及它们如何为 WHO 的目标实现做出贡献。项目评估的范围可以限于区域办事处项目、国家间项目或几个国家办事处实施的项目，当然也可以是整个机构层面的项目。儿童和青少年健康与发展项目（WHO，IOS，2006b）的评估就是这样一个例子。

国别评估：根据 WHO 的目标和承诺，就某个国家以及与该国有关的整个组织的相关工作进行评估。这些评估是加强 WHO 在各国存在的一个组成部分，包括项目成效、实施效率以及遵守组织政策和程序的议题。

2) 分散评估（由单个技术项目组委托）

在总部、区域或国家层面（国别项目评议）实施的项目，由其作为项目实施自身的构成内容，对项目评估进行管理和执行。那些作为合作伙伴关系组成部分或通过外部资源资助的项目，通常需要开展这些评估，以向利益相关者提供结果证据，通过评估来总结项目实施过程和经验教训。

第8章 变化环境下的评估政策与实践：世界卫生组织评估职能的演变

WHO 委托进行的评估往往会产生两个固有的问题：第一个问题是相关政策、战略或干预措施对人们健康的影响的评估；第二个问题涉及规范性工作的评估，为此，评估界仍在致力于制定强有力的标准（联合国评估小组（UNEG），2011）。WHO 通过政策实施和制定标准与规范以期促进改善人民健康，这种贡献的制度影响和归因的评估需要方法论支撑，方法应能对"相关因素对结果的贡献情况，而不是对结果的归因情况"的复杂性（Rogers，2008）和分析过程（Mayne，2001）做出解释。然而，这些方法还没有得到充分应用（Coryn、Noakes、Westine 和 Schroter，2011），而且很少使用，原因是项目逻辑框架不容易获得，或者是考虑到产生相关结果所需的时间还不合适。因此，这些具体的评估要求和资源对评估委托者并不总是可行的（Mayne，2001；Sridharan 和 Nakaima，2011）。

2. WHO 中评估职能的发展演变

对于大型组织机构，将新思想或实践融入日常工作的过程体现了对专业型机构发展和组织变革模式的响应。虽然引入新思想和魅力型领导能力是引发变革的必要条件，但这还不够。相反，是整个组织的体系化和适应过程塑造了其文化（Weber，1968），这通常被称为知识管理或组织学习（Hatch 和 Cunliffe，2006）。

在 WHO，机构层面的评估职能的发展经历了三个截然不同的阶段。这些阶段诠释了专业型机构的组织变革，在这种变革中，能够使一个有魅力的理念通过日常业务转化为实践，以满足组织的需要。有时极具魅力的理念的影响力可能会减弱，直到它找到一方有助于它发展壮大的沃土。

第一阶段相当于 2003 年之前的一段时间，当时机构的评估职能设在规划、监测和评估部门，属于综合管理的范畴。评估小组由 3 名全职工作人员和若干外部顾问组成，顾问人数按需招聘。没有专门的集中预算来组织评估活动。该部门的工作主要集中在将 WHO 内的评估职能制度化，以及建立网络和开发一套全组织范围的评估文化。然而，由于优先考虑的是建立和发展评估框架的共识（WHO，2002a），机构层面的评估计划基本上没有落实，评估工作主要体现为单个技术项目的评估。

第二阶段相当于 2003—2009 年，评估职能移交给了总干事办公室下的

公共组织加强评估使用的方法和实践

独立机构 IOS（内部监督事务厅），直接向 WHO 执行委员会报告。IOS 内的评估小组由 4 名全职人员组成，此外还有一些外部顾问和借调来实施具体评估的工作人员。该团队的年度预算总额约为 80 万美元。到 2006 年，机构层面的评估方案包括为区域层面的评估和能力发展提供资金，以及对 WHO 各层级的评估活动提供咨询。IOS 委托开展了涉及全组织范围的评估活动，其中几项被证明对 WHO 的核心工作至关重要，例如，WHO 奖学金计划专题评估（IOS，2004）、WHO 与协作中心合作情况专题评估（IOS，2007），以及儿童和青少年健康与发展项目评估（WHO，2006）。IOS 还编制了评估准则（IOS，2006a），详细介绍了相关方法和做法以及联合国评估小组的准则和标准（UNEG，2005a，2005b）在 WHO 中的应用情况。2007—2009 年，在所开展的评估工作中，人们越来越关注项目问责和效率。

第三阶段从 2010 年开始，这一时期对应着流程、经验和方法的整合时期。这个阶段恰逢金融危机，2011 年机构评估经费减少至 40 万美元左右，来自利益相关方要求透明和问责的压力增大，更广泛的机构改革倡议得以实施。后者包括建立一个新的评估框架，将其作为会员国推动的全面管理改革倡议的一部分（WHO，2011，2012），同时也根据前两个阶段的经验制定全组织范围内的评估政策。

在过去的 9 年中，从项目的角度来看，IOS 有效地增加了机构层面的项目评估数量。然而，从制度的角度来看，在培育全组织的评估文化、发展各层级的评估能力以及传播参与式评估方法方面的进展还不足。加强 WHO 评估的必要性已在若干外部及内部评估和评价中得到充分证明（如加拿大国际开发署 CIDA，2009；英国国际发展局 DFID，2011；多边组织绩效评价网络 MOPA，2011；WHO，2011）。

8.2 影响 WHO 评估实践的因素

为更好地了解评估在组织内的作用、评估的实施和使用情况以及技术项目工作人员的看法，IOS 对日内瓦总部的评估工作进行了回顾性评议（IOS，2009）。评议活动包括对 51 个部门 116 个项目的问卷调查（响应率为 88% ~

第8章 变化环境下的评估政策与实践：世界卫生组织评估职能的演变

75%），对项目负责人进行20次半结构化访谈（18次个人访谈，两次小组访谈），以及对26份评估报告的分析。

评议表明，WHO的大多数评估活动是由单个技术项目委托进行的。其中一些项目，特别是那些依靠外部资金并有多个利益相关者的项目，已经将评估制度化，并采用系统化的流程实施评估、开展研究、对评估结果进行沟通交流和利用。此外，他们的协作计划通常要求他们遵循外部利益相关者的问责框架，包括定期开展项目评估。例如，免疫计划、结核病、艾滋病毒/艾滋病和疟疾预防和控制项目以及生殖健康、儿童健康和被忽视的热带病项目就是这样。其中一些项目还委托开展了全面的影响评估，例如对儿童疾病综合管理全球倡议的评估（Bryce、Victora、Habicht、Vaughan 和 Black，2004；WHO，2003）。

本次回顾性评议总结了以下四个因素对WHO的评估实践有着重大影响：
- 评估作用和目的；
- 评估用途和使用；
- 评估过程和结果的责任担当；
- 评估制度化与文化。

1. 评估作用和目的

评估的效用在很大程度上取决于对评价性信息的内在需求。如果对评估没有需求，那么就可能无法充分使用评估或使用不当。同样，由于评估具有评判的成分，它可能会被视作一种威胁，甚至当成一种控制行为。因此，对评估的需求还取决于更好地理解评估是什么以及它有哪些功能可以利用。为了使评估在一个组织内有用和有意义，几位作者都强调了需要对什么是评估以及使用评估的各种方式达成共识（Patton，1996，2008）。形成评估的文化通常意味着，在整个组织范围内，普遍接受在特定职能中使用评估，同时全面认识到评估能够提供独立的评价信息以帮助决策，并支持制度改革和发展。

本次回顾性评议表明（WHO，IOS，2009），尽管对评估有明确的定义（UNEG，2005a）[②]，但项目工作人员理解评估（evaluation）是指各种类型的评价（assessment）（见专栏8.3）。尽管常规评价与专门协商进程所用形式有着明确的区别，但国别项目评议（Review）和评估（Evaluation）之间的界限却不那么明显。关于是否能够将国别项目评议与评估进行严格区分，我们与技术项目组进行的广泛内部讨论表明，这些国别项目评议是有助于支持政策制定和项目改进的。因此，项目评议被 IOS 审查员接受为评估范畴下的工作概念，尽管它们不完全符合 UNEG 对评估的定义。在划定哪些是评估、哪些不是评估的界限方面，UNEG 内的其他机构也面临着类似的挑战。虽然 UNEG 所有机构都同意对评估的正式定义，但在实践中，大多数机构都采用适合其日常做法的工作定义（UNEG，2007）。

专栏 8.3　WHO 中评价活动（非评估）的分类

● 常规监测和绩效评价，这是为落实内部问责制，在基于结果的管理框架下为得到利益相关者的拥护而专门开展的项目活动。

● 全球性调查，用于从各国收集信息并支持和完善全球政策，该调查也被技术项目组用于项目改进和宣传目的。

● 专门协商进程，被技术项目负责人用于为其政策和战略构建证据，并提供绩效反馈。例如组建的技术咨询小组（TAG）和科学咨询专家小组（SAGE）。

● 项目评议，这是结构化的定期开展的活动，以确定在短期和中期需要改进的内容，主要涉及国别项目。

● 审计，主要以项目的合规性和效率为重点，不太关注项目绩效。

本次回顾性评议还探讨了项目委托评估的主要原因（见表 8.1）。在使用评估的 44 个部门和/或项目中，29 个是以提高项目质量和效率为目的，27 个是评估绩效，14 个是指导未来项目设计。

表 8.1　影响委托评估的原因（$N=44$ 个项目）

原因（每个项目可能有多个原因）	项目数	占比/%
衡量和提高项目的质量和效率	29	66
衡量和报告项目绩效、成就和经验教训	27	61

续表

原因（每个项目可能有多个原因）	项目数	占比/%
为项目未来设计提供指导	14	32
满足外部捐赠者或赞助商的要求	11	25
满足咨询机构或管理机构的要求	5	11
鼓动追加资金	6	14

此外，其中16个部门和/或项目提到，其主要原因是满足利益相关者的要求，6个提到使用评估来鼓动追加资金。在大多数情况下，是否开展评估活动的一个主要指标因素是"评估是否作为捐助项目的构成内容"。这并不一定意味着所有的评估都是由捐助者驱动的，拥有评估文化的技术项目组也可能是驱动因素。然而，对于那些没有这种评估文化的项目组，特别促使其实施评估的因素很可能就是捐助者对评估的要求。

相关文献中提到了委托评估的几个原因。它们可以大致分为两类。第一类涉及利用，目的是提高已知内容利用的效率，特别是在知识、资源和流程方面。第二类涉及探索，目的是寻找新的方案并重新思考通过灵活性和变革文化来改进组织。因此，委托评估的原因可以用来说明机构的组织学习模式。这可以解释为什么在其他组织中提到的开展评估的一些原因，没有在本次WHO的回顾性评议活动中突出显示。尤其是，很少提到的一个方面是，评估对提高工作人员之间知识共享、提高工作人员评估能力，以及促进团队学习等做出的贡献（Fleischer和Christie，2009；Russ-EFT和Preskill，2009）。

2. 财务资源的影响

回顾性评议发现，没有开展委托评估的项目负责人中有半数表示，这是因为他们没有足够的资源来执行这些评估。一些人回答说，只有在获得额外资金的情况下，他们才能进行评估。

项目负责人还提到，现行预算影响了其评估工作的范围、广度和深度，他们被迫在评估目标中做出权衡。许多大型项目，比如自愿捐赠资助的疾病根除和控制项目，通常在项目的最初预算中指定用于项目评估的专用资金。对于这些项目来说，充足的评估资源的可行性通常不是一个重要问题。

为WHO机构层面的评估活动争取资源,已被证明是一项挑战。试图采取的一种方法是要求成员国借调(临时重新分配和派遣)其项目人员和评估专家作为评估小组的一部分,没有工资性收入,仅仅由WHO资助与旅行有关的费用。总体而言,对项目和评估的援助支持是充分的。然而,这种安排往往被证明是不明智的,因为这使评估依赖各机构是否愿意免费向WHO提供其工作人员。从后勤的角度来看,这种安排也很难管理。面临的另一个挑战是报告的最后定稿。在现场考察结束后,被借调的小组成员返回各自国家后,很难确保他们继续致力于完成最后的评估流程。

本次WHO的评议表明,有些项目特点有助于开展评估工作(见专栏8.4)。其中一些与项目的治理或预算结构有关,这与其他组织提到的情况类似(Patton,1996)。

专栏8.4 有助于开展评估的项目特点

- 项目为多机构治理,拥有全球健康伙伴关系;
- 项目为结构化预算,特别是捐助者指定了高比例的预算外资金;
- 将评估列入了捐助者资助项目的要求之一;
- 评估活动有可用的资金,可以是专项资金或作为项目预算的组成部分;
- 技术项目组中有负责评估的全职或兼职人员;
- 评估文化已经融入了项目实施中;
- 项目发展状态(如在国家层面长期持续运营的项目)。

---

3. 评估使用和利用的不同视角

机构面临的主要挑战之一是评估的使用(Mayne,2006)。这与评估结果的效用密切相关(Patton,2008;Rossi、Freeman和Lipsey,1999;Weiss,1979)。与此同时,对高质量评估的需求有相当大的压力,以真正指导公共卫生议程和让利益相关者参与。WHO 大多数具有强大评估文化的技术项目组成员已加入了全球评估网络，以加强他们的技术和领导地位（《柳叶刀》，2010 年）。

在学者的研究中，Russ-EFT 和 Preskill（2009）将"组织成员不重视评估"称为组织中忽视评估的首要原因。这种情况囊括了如下情形：不了解评估是什么、不具备评估知识和技能、不为评估提供时间或资源，或者领导层认为评估对其机构没有任何额外价值（Russ-EFT 和 Preskill，2009）。

WHO 对评估工作的回顾性评议确定了三个需要解决的问题，以确保评估得到利用。

（1）第一个问题是用户的"认可"。如果在评估规划阶段可以从被评估者和高级管理层那里获得认可，那么这将更加有效和高效。在这方面，技术项目组对外委托实施的分散评估活动有一个优势，因为项目工作人员通常认为这些评估与项目改进密切相关，因此评估很重要。基于技术项目组内在的评估文化，其工作人员和高级管理层都非常支持评估过程，并对评估结果采取相关行动。如果评估小组的组成专家在使用公认方法实施项目评议方面具有丰富经验，那么他们的评估结果将很容易被接受，几乎不会牵涉到对评估方法的议论（Balthasar，2011；Patton，2008）。

（2）第二个问题是评估的时间和需求与组织的工作流程之间的匹配问题。来自一些项目组的批评意见是：评估工作和项目周期不同步。这可能导致评估报告来得太晚，无法用于项目政策讨论、项目规划或新战略制定。例如，项目组可能会在刚刚发布新的 5 年项目战略后收到评估报告。如果一个项目将实施评估作为项目活动的一个组成部分，如人类生殖研究发展和研究培训特别项目（HRP）以及热带病研究和培训特别项目（TDR），那么项目组通常会建立适当的时间框架将评估活动作为其战略制定过程的一个环节，以便将评估结果反馈到规划中。

（3）第三个问题是需要考虑最适合评估目的的评估方法、需要解决的问题，以及评估成果的目标受众。在实施"黄金标准"般的评估活动和最高效最有效地满足组织的需求之间，组织上面临着两难的抉择。实际上，这意味着需要在评估目标、范围、时间安排、有效预算和可行时间、资源、方法、规模、团队成员之间找到适当的平衡（Balthasar，2011）。WHO 在这种困境中力争兼顾，期望做好评估设计，以便在合理的时间框架内收集所需的信息，这对被评项目来说也是划算和有用的。如果压根就没有一个分析框架或"基线"来说明项目设立初衷是要做什么以及如何衡量其绩效，那么这种困境可能会变得更加困难。

4. 评估过程和结果的责任担当

Russ-EFT 和 Preskill（2009）提到了在组织中实施评估的六项策略。其中三项直接侧重于通过参与式方法提高评估的责任担当：①获得对评估工作的承诺和支持；②让利益相关者参与到评估活动的关键流程；③确保对评估背景有适当的了解。这些策略的单独实施，都不足以加强组织中评估的使用，有必要将这些策略视为制度变革的补充推动因素。

使用项目内部人员进行评估的项目与使用外部专家进行评估的项目之间的区别，表明了项目在协作安排和治理机制方面的演变。WHO 从试点项目评估的成功，发展到了对全球项目、计划和倡议的评估，基于这种拓展，其利益相关方的数量得到了增加，治理也变得更加复杂。根据我们的经验，外部评估通常与由多个利益相关者构成的合作伙伴关系有关，也与合作伙伴正式的治理结构有关，它通常要求每 3~5 年进行一次定期的外部评估。[③]

我们注意到还有四个关键阶段，其中参与式方法可以在促进评估过程和结果的责任担当方面发挥作用，从而影响到评估的效用。它们包括制订年度评估工作计划，评估工作报告，评估工作报告扩散，以及评估工作的建议落实情况监测。

1）制订年度评估工作计划

WHO 重视透明度，并利用三项主要标准来确定机构层面的年度评估工作计划的优先领域。

（1）机构层面的必要性。涉及全球、国际或区域的承诺，与利益相关方、合作伙伴或捐赠者的具体协定以及理事机构的要求。

（2）机构层面的重要性。涉及机构工作总体计划的优先事项以及核心职能、投资水平、内在风险、绩效问题以及与预期成果有关的关切。

（3）机构层面的实用性，涉及相关交叉议题、主题、计划或政策问题，工作人员或机构学习（创新）的潜力以及 WHO 的比较优势程度。

第 8 章 变化环境下的评估政策与实践：世界卫生组织评估职能的演变

在最终敲定评估工作计划时，与高级管理层进行协商已被证明是至关重要的，这将确保评估满足其需求、明确评估的"责任担当"以及获得管理者的认可。随后，评估任务大纲（ToR）和详细的计划实施机制需要具体明确"谁将主导评估并推动落实建议"。未能在评估流程开始和完成时确定谁是评估结果的责任主体和最终用户，将威胁到评估的成功以及评估建议的落实（Patton，1996；Shepherd，2010）。WHO 对其奖学金项目（WHO, IOS, 2004）以及与协作中心的合作工作情况（IOS, 2007）进行了专题评估[④]。之所以选择这两个领域开展评估，是因为 WHO 高级管理层认为它们都具有重要意义和相关性：它们都占用了大量资源，与组织声誉、绩效和形象密切相关。在 WHO 与协作中心的合作工作情况的评估中设立了跟踪建议落实情况的组织架构，但奖学金项目评估中没有类似架构，其评估报告在几个部门之间相互推诿，没有一个部门承担落实评估建议的责任。如果评估活动在组织上没有责任主体，那么评估的利用情况将受到局限。

2）评估工作报告

如果项目负责人既是评估委托者，又是报告评估对象，那么他们就面临着一个共同困境：需要一个平衡和客观的汇报程序，以及一个可被视为"脱靶"判断的独立方法。评估委托者的潜在担忧是外部评估者存在可能不完全熟悉项目和组织机构的局限，因此会得出不完整或不准确的结论。从委托者角度来看，认识到该项目的背景和挑战，并提出适当的建议，即使是逐步提出更多建议，也可能比"大爆炸"（提出一堆问题）的方式更为可接受和有效，后者可能会对整个项目的管理提出质疑，从而影响评估报告的可接受性（Picciotto，2003）。在整个评估过程中，持续对用户观点予以重点关注，并确保评估中对项目理论、项目环境和局限有充分理解，这样就会解决大多数关于评估目的的担忧（Balthasar，2011；Patton，2008）。

上述谈到了汇报工作质量的议题。对于总体上可接受的报告，它们的一些特点涉及报告的内部有效性，包括准确性、完整性和相关性（机构和项目层面）。其他特点包括对评估对象更加细致的理解，这主要是基于对评估结果实用性的描述。由此，评估的质量，从被评对象、委托者和评估者的角度来看，会影响有效性（Patton，2008）。有时，一份报告尽管有正当理由，如果批评项目绩效下降或未能按时实现预期结果，则可能会导致评估流程脱轨，最终报告

☑ 公共组织加强评估使用的方法和实践

的接受度降低。这种情况在 IOS 对儿童和青少年健康与发展项目（IOS，2006b）以及 WHO 总部孕期安全司（IOS，2010）的评估中有所发生，各部门认为它们没有充分参与到评估工作中来，并在当初对评估结果提出了疑问。

3）评估工作报告扩散

鉴于报告扩散对于评估的成功至关重要（Patton，1996；Weiss，1998），这方面需要仔细考虑和规划。向管理层和项目工作人员扩散评估报告是委托者的责任。在 WHO 中，技术项目组一般通过技术会议讲座和外部出版物分享其评估结果。然而，机构层面评估的扩散方法仍仅限于向 WHO 理事机构和高级管理层做简报、介绍和年度报告。评估报告的扩散被认为是一个制度缺陷（DFID，2011），这将会在修订的评估政策中加以解决（WHO，2011，2012）。然而，关于扩散报告的全部细节如何执行仍有待最终确定。

4）评估建议的落实情况监测

对评估做出适当的管理回应被认为是使评估活动的利益相关方从这项工作中获益的良好做法（UNEG，2010；美国国际开发署 USAID，2009）。落实情况监测过程是确保管理层做出适当回应，并根据评估建议采取行动的一个重要方面。在 WHO 中，已经认识到在这一方面缺乏整个组织的政策，这是一个制度上的不足，将在修订后的评估政策中予以解决。

5. 支持评估文化和实践制度化的政策

评估实践与评估政策在每个组织中都是相互关联、共存的。Trochim 认为，虽然一些组织有明确和成文的评估政策，但在其他组织中，"这些政策是不成文和隐性的、随时间而演变的专门原则或规范"（Trochim，2009）。然而，有明确的评估政策是很重要的，因为在缺乏这些政策的情况下，组织学习的潜力会降低。通常情况下，标准、理论或方法都是如此，除非有意识地决定采用这些标准、理论或方法，或者预见到不这样做的后果。从这个意义上说，制定明确的评估政策可能是一种改变实践的有效机制，并最终促进组织中的评估文化建设（Trochim，2009）。同时，制定普遍认可的、满足机构需要的评估政策和指南，对于确保评估的独立性、可信性和实用性至关重要（Foresti、Archer、O'Neil 和 Longhurst，2007）。对于其他规范性和技术援助组织，其涵盖项目领域非常广泛，一些项目在各个层面上可能都发展了强大的评估文化,而其他项目则可能完全不了解评估的好处,这种状况的共存是很可能的(Foresti 等,2007)。

从 2003 年以来的经验中获得的知识表明,WHO 的评估实践还存在一些缺点(见专栏 8.5)。作为 WHO 整体改革举措的一部分,这些缺点已在 WHO 2012 年修订的评估政策中得以改进(WHO,2011,2012)。

专栏 8.5　WHO 评估实践中的缺点

- 特定的评估方法;
- 评估主要由捐助者需求驱动,而不是由机构和项目的要求和需要驱动;
- 某些特定项目开展了大量的外部评估,而其他项目领域的评估仍被忽视;
- 规范性工作的评估不到位;
- 缺乏整个组织范畴的评估政策(2012 年之前);
- WHO 内现成的信息对于公认评估方法的支撑不够;
- 实施评估和落实建议的质量保证方法不充分;
- 加强 WHO 评估文化建设的努力不够;
- 现有评估实践的知识管理不够;
- 机构层面实施评估职能的组织资源不足;
- 评估结果和报告的扩散不足。

在 WHO 中创建一个具体的评估制度框架,被认为是至关重要的,主要有三个原因:第一,随着质量控制机制标准化的进展及其在组织中的全球一致性,有必要与其他机构一起协调流程;第二,对技术项目评估工作以及评估结果和建议的落实工作开展制度化的质量控制,可以加快实现项目目标;第三,支持在 WHO 范围内培养评估文化和促进使用评估。

除了解决已发现的缺点外(见专栏 8.5),评估政策的实施将:①明确评估在 WHO 中的作用和责任;②提高评估绩效和结果的问责;③增加组织学习并向决策者提供政策信息;④阐明机构层面集中评估和分散评估的目的与作用。这将促进相关流程的协调和统一，并减少其他利益相关者对 WHO 绩效开展独立外部评估的需求（USAID，2009）。

8.3 有关讨论

有多种相互关联的原因限制了 WHO 全面执行评估职能。其中包括评估职能的制度安排、缺乏明确的领导和体制"倡导者"、WHO 理事机构责任担当有限、可用资源（技术和财政）减少、形象宣传不足，以及 WHO 内在的机构分散属性。WHO 内评估职能的当前发展反映了一个组织内的政策制定过程，各种因素根据具体情况发挥着促进或抑制作用。其中一种因素涉及对组织的评估职能负责的部门的制度结构。各机构对内部评估部门的理想位置仍存在相当大的争论，一些机构认为，追求最大程度的独立性可能不是理想的情况，因为在每种环境下，都有随着时间推移而演变的好处和缺点（Foresti 等，2007；Shepherd，2010；USAID，2009）。

就 WHO 而言，IOS 内评估职能的位置影响了评估职能的发展演变，并呈现出其利弊（见专栏 8.6）。在组织结构图中，评估仍然与审计相关，IOS 无法建立"评估形象"并以此推动履行整个组织的全部评估职能。然而，IOS 按照 UNEG 标准实施了组织机构的评估工作计划，并就评估方法和实施评估向技术部门提供了咨询。WHO 的模式更符合当代审计对管理者的支持，而不是一个完全成熟的评估部门（Mayne，2006）。对其他机构中负责评估的办公室的作用还没有达成共识（USAID，2009）。WHO 内部评估部门的设置看起来与联合国约 25% 的机构类似，这种设置对于发挥其监督和有助于项目管理的作用达成了广泛共识，但在实际工作中有助于加强组织学习的作用还不太明确（UNEG，2007）。

专栏 8.6　IOS 评估职能位置对 WHO 评估工作的影响

优点：
- 评估具有独立性，可以直接向 WHO 理事机构报告；
- 可以接触组织内的所有文件和人员；

第 8 章　变化环境下的评估政策与实践：世界卫生组织评估职能的演变

- 能够系统地处理审计和评估工作；
- 评估建议落实情况的跟踪授权和权限；
- 在工作与方法上审计人员和评估人员可以相互接触。

缺点：

- 一些项目将评估工作视为审计问责职能而不是促进学习职能；
- 没有广泛扩散评估报告的文化；
- IOS 将其年度工作计划和工作重点放在审计风险方法上，这与更具参与性的评估方法并不总是完全一致；
- IOS 内部审计人员和评估人员之间没有防火墙，影响其参与到组织内评估专家网络的建设中；
- IOS 主要集中在审计工作，其评估职能的位置使资源调动复杂化，难以接受其他部门的借调人员或使用实习生；
- 缺乏专门的评估活动预算。

随着时间的推移，一种来自内部的呼吁是将评估制度化，并在整个组织范围内制定评估政策。这一呼吁归因于多种原因，包括大家认识到需要一种机制来确保评估的代表性、质量和使用，并收集支撑评估过程的各种经验。随着越来越多的项目由外部资金资助，宏观层面的预算结构和金融危机也起到了推动作用。然而，对那些在规划阶段无法预测和/或分配评估资源的个别项目来说，预算结构和资源缺乏对其评估实践带来了相反的影响。由于评估职能缺乏独立的预算机制，组织的评估职能的资源保障也面临挑战。此外，WHO 理事机构对评估缺乏有效的监督机制，导致从机构层面低估了评估作为问责和学习的有效工具所发挥的作用。

近年来，在机构中发展评估职能以提高援助效果是一个总体趋势（USAID，2009）。就 WHO 而言，上述内部和外部力量都在推动加强评估职能和构建评估政策。这些力量作用于两个层次。首先，通过遵守 UNEG 标准，同行们面临着遵循最佳实践的压力，包括为组织制定明确的评估政策；其次，利益相关方和 WHO 理事机构向 WHO 施加压力，要求其进一步发展评估文化和利用评估，并制定明确的评估政策。利益相关方的压力来自 WHO 的外部评估，WHO 需要着重开展有利于组织高效的治理活动和最佳实践。

WHO 的改革进程从整体上推进了评估政策的发展。评估政策的需求被列为管理改革的主要方面之一。WHO 执行委员会已经就评估政策本身和实施细节进行了大量内部讨论。总的来说，协商讨论过程有助于以可持续的方式将评估制度化。2012 年，对评估政策的批准标志着 WHO 内部评估职能进入了一个新时代。

8.4 结论

WHO 在发展评估职能和评估政策方面的经验阐述了组织变革和政策制定的复杂过程。在整个组织中实现评估文化制度化的道路并不是独特的，它反映了需要留出足够的时间进行组织变革，并确保所有利益相关者的支持和参与。

促进因素和抑制因素之间的相互作用大大减缓了 WHO 内部评估的制度化进程。与此同时，正在进行的组织变革过程有助于建立一个可持续机制，以解决评估实践中发现的弱点。作为这一发展过程的一部分，WHO 经历了几个必要的阶段，但这些阶段还不足以导致所需的制度变革。来自外部利益相关者而非内部需求的压力加速了制定明确的评估政策的进程。

明确的评估政策有助于确保参与式方法在评估中的使用，确保让利益相关者参与到评估中。评估政策的出台增加了机构的动力，但要在整个组织内培养评估文化，需要的不仅仅是政策制定。政策实施需要积极地促进评估文化建设，更加注重组织学习、参与式方法和加强机构网络建设，并为机构内部评估部门赋予明确的职能形象。

评估政策将为评估活动提供更大的可见性，并提高对技术项目的关注度。然而，提高评估工作的质量和利用，需要持续给予关注和提供充足资金，以确保实施具有丰富资源保障的评估议程，以响应利益相关者的期望和组织机构的需求。

第8章 变化环境下的评估政策与实践：世界卫生组织评估职能的演变

问题讨论：

（1）参与式评估方法是评估公共资助项目时始终适用的方法吗？为什么？

（2）如果有的话，一个中小型非政府组织的评估政策与一个国际或政府机构的评估政策有何区别？

（3）通常，为问责而设计的评估与旨在为完善或变革提供经验教训而设计的评估，其性质是有区别的。请问其中一个总是必然排斥另一个吗？

（4）有组织地使用外部顾问实施委托评估有哪些优点和缺点？

注释：

①WHO章程第28（g）条要求WHO执行委员会向卫生大会提交一份特定时期的总体工作计划，供其审议和批准。

②UNEG将评估定义为对活动、项目、计划、战略、政策、主题、专题、部门、业务领域或机构绩效的系统和公正的评价。它侧重于预期和取得的成就，侧重于评价结果链、过程、背景因素和因果关系，以了解成就或其不足。评估应提供可信、可靠和有用的基于证据的信息，以便及时地将评估发现、建议以及取得的经验教训在本组织的决策过程得以吸收利用。

③这种合作伙伴关系的例子包括：（a）由联合国儿童基金会（UNICEF）、联合国开发计划署（UNDP）、世界银行（WB）和世卫组织（WHO）共同管理的热带病研究和培训特别计划（TDR）；（b）由UNDP、联合国人口基金（UNFPA）、WB和WHO共同管理的人类生殖研究发展和研究培训特别项目（HRP）。

④WHO协作中心是WHO分布在世界各地的专家机构网络的一部分，涉及WHO具体技术工作。然而，在某些情况下，还不清楚这些协作中心如何有助于WHO的总体工作以及实现WHO的目标和宗旨。

参考文献

Balthasar, A. (2011). Critical friend approach: Policy evaluation between methodological soundness, practical relevance, and transparency of the evaluation process. *German Policy Studies*, 7 (3), 187 – 231. Retrieved January 3, 2012, from http://www.spaef.com/file.php? id = 1321

Bryce, J., Victora, C. G., Habicht, J. P., Vaughan, J. P., & Black, R. E. (2004). The multi-country evaluation of the integrated management of childhood illness strategy: Lessons for the evaluation of public health interventions. *American Journal Public Health*, 94 (3), 406 – 415.

Canadian International Development Agency (CIDA). (2009, March). *Review of the effectiveness of CIDA's multilateral delivery channel*. Retrieved November 30, 2011, from http://www.acdi-cida.gc.ca/INET/IMAGES.NSF/vLUImages/Evaluations/$file/REVIEW_OF_THE_EFFECTIVENESS_OF_CIDA.pdf

Coryn, C. L., Noakes, L. A., Westine, C. D., & Schroter, D. C. (2011). A systematic review of theory-driven evaluation practice from 1990 to 2009. *American Journal of Evaluation*, 32 (2), 199 – 226. Retrieved March 13, 2012, from http://www.wmich.edu/evalphd/wp-content/uploads/2010/05/A-Systematic-Review-of-Theory-Driven-Evaluation-Practice-from-1990-to-2009.pdf

Department for International Development (DFID). (2011, March). *Multilateral aid review: Ensuring maximum value for money for UK aid through multilateral organizations*. Retrieved November 30, 2011, from http://www.dfid.gov.uk/About-DFID/Who-we-work-with/Multilateralagencies/Multilateral-Aid-Review/

Fleischer, D. N., & Christie, C. A. (2009). Evaluation use: Results from a survey of U. S. American Evaluation Association Members. *American Journal of Evaluation*, 30 (2), 158 – 175.

Foresti, M., Archer, C., O'Neil, T., & Longhurst, R. (2007). *A comparative study of evaluation policies and practices in development agencies*. Paris, France: French Agency for Development. Retrieved January 2, 2012, from http://www.odi.org.uk/resources/docs/4343.pdf

Hatch, M. J., & Cunliffe, A. (2006). *Organization theory: Modern, symbolic, and postmodern perspectives* (2nd ed., pp. 295 – 325). Oxford, UK: Oxford University Press.

The Lancet. (2010, February 13). Evaluation: The top priority for global health. *Lancet*, 375 (9714), 526. Retrieved November 30, 2011, from http://www.thelancet.com/journals/lancet/article/PIIS0140-6736(10)60056-6/fulltext

March, J. G. (1991). Exploration and exploitation in organizational learning. *Organization Science*, 2 (1), 71 – 87. Retrieved March 10, 2012, from http://www.cor.web.uci.edu/sites/www.cor.web.uci.edu/files/u3/March%20(1991).pdf

Mayne, J. (2001). Addressing attribution through contribution analysis: Using performance measures sensibly. *Canadian Journal of Program Evaluation*, 16 (1), 1 – 24. Retrieved November 30, 2011, from http://dsp-psd. pwgsc. gc. ca/Collection/FA3 – 31 – 1999E. pdf

Mayne, J. (2006). Audit and evaluation in public management: Challenges, reforms, and different roles. *Canadian Journal of Program Evaluation*, 21 (1), 11 – 45.

Multilateral Organizations Performance Assessment Network (MOPAN). (2011, January). *MOPAN common approach: World Health Organization* 2010. Retrieved November 30, 2011, from http://static. mopanonline. org/brand/upload/documents/WHO_Final-Vol-I_January_17_Issued1_1. pdf

Patton, M. Q. (1996). *Utilization focused evaluation: The new century text* (3rd ed.). Thousand Oaks, CA: Sage.

Patton, M. Q. (2008). *Utilization-focused evaluation.* Thousand Oaks, CA: Sage.

Picciotto, R. (2003). International trends and development evaluation: The need for new ideas. *American Journal of Evaluation*, 24 (2), 227 – 234.

Rogers, P. J. (2008). Using programme theory to evaluate complicated and complex aspects of interventions. *Evaluation*, 14 (1), 29.

Rossi, P. H., Freeman, H., & Lipsey, M. W. (1999). *Evaluation: A systematic approach* (6th ed.). London, UK: Sage.

Russ-Eft, D., & Preskill, H. (2009). *Evaluation in organizations: A systematic approach to enhancing learning, performance and change* (2nd ed.). Cambridge, MA: Perseus.

Shepherd, R. P. (2010, April 7 – 9). In search of a balanced evaluation function: The state of federal programme evaluation in Canada. In *International Research Symposium on Public Management.* Symposium conducted in Berne, Switzerland. Retrieved January 3, 2012, from http://www. irspm2010. com/workshops/papers/E_insearchofa. pdf

Sridharan S., & Nakaima, A. (2011). Ten steps to making evaluation matter. *Evaluation and Program Planning*, 34 (2), 135 – 146. Retrieved November 30, 2011, from http://torontoevaluation. ca/solutions/_downloads/pdf/A_epp%20ten%20steps. pdf

Trochim, W. M. (2009). Evaluation policy and evaluation practice [Special issue]. W. M. Trochim, M. M. Mark, & L. J. Cooksy (Eds.), *New Directions for Evaluation: Evaluation Policy and Evaluation Practice*, 123, 13 – 32. Retrieved November 30, 2011, from http://

www. ecommons. cornell. edu/bitstream/1813/15124/2/Trochim%2009%20pub%2006. pdf

UN Evaluation Group (UNEG). (2005a). *Norms for evaluation in the UN system.* [An update of 2011]. Retrieved November 10, 2011, from http://www. uneval. org/papersandpubs/document detail. jsp? doc_id = 21

UN Evaluation Group (UNEG). (2005b). *Standards for evaluation in the UN system.* Retrieved November 10, 2011, from http://www. uneval. org/papersandpubs/documentdetail. jsp? doc_id = 22

UN Evaluation Group (UNEG). (2007). *Oversight and evaluation in the UN system.* Retrieved June 21, 2012, from http://www. uneval. org/papersandpubs/documentdetail. jsp? doc_id = 88

UN Evaluation Group (UNEG). (2010). *UNEG good practice guidelines for follow-up to evaluations.* Retrieved June 21, 2012, from http://www. uneval. org/papersandpubs/documentdetail. jsp? doc_id = 610

UN Evaluation Group (UNEG). (2011, March 23 – 25). *Summary of outcomes from the UNEG AGM* 2011: *Decisions taken and provisional Programme of Work* 2011/2012. Paper presented at the Annual General Meeting, Paris, France. Retrieved June 21, 2012, from http://www. unevaluation. org/unegcalendar/eventagenda. jsp? event_id = 270

U. S. Agency for International Development (USAID). (2009, August 17). *Trends in international development evaluation theory, policies and practices.* Retrieved November 30, 2011, from http://pdf. usaid. gov/pdf_docs/PNADQ464. pdf

Weber, M. (1968). *On charisma and institutional building. Chicago*, IL: University of Chicago Press.

Weiss, C. (1979). The many meanings of research utilization. *Public Administration Review*, 39 (5), 426 – 431. Retrieved January 2, 2012, from http://www. g-rap. org/docs/Mixed/Weiss%20 1979%20The%20Many%20Meanings%20of%20Research%20Utilisations. pdf

Weiss, C. (1998). *Evaluation* (2nd ed.). Upper Saddle River, NJ: Prentice Hall.

World Health Organization (WHO). (1946). *Constitution of the World Health Organization.* New York, NY: United Nations.

World Health Organization (WHO). (2002a). *Programme management in WHO: Monitoring, evaluation and reporting: Guidance for* 2002 – 2003 [Report No. WHO/PME/02. 5, October 2002]. Geneva, Switzerland: Author.

第8章 变化环境下的评估政策与实践：世界卫生组织评估职能的演变

World Health Organization (WHO). (2002b). *Programme management in WHO: Operational planning, guidance for 2004 – 2005* [Report No. WHO/PME/02.6, December 2002]. Geneva, Switzerland: Author.

World Health Organization (WHO). (2003). *Multi-country evaluation of the Integrated Management of Childhood Illnesses (IMCI): Effectiveness, cost and impact (MCE): Progress report: May 2002—April 2003.* Retrieved November 30, 2011, from http://www.who.int/imci-mce/Publications/WHO_FCH_CAH_03.5.pdf

World Health Organization (WHO). (2006, January). *WHO accountability framework: A policy paper.* Geneva, Switzerland: Author.

World Health Organization (WHO). (2011). *WHO reforms for a healthy future: Report by the Director General* [Report No. EBSS/2/2, October 15, 2011]. Retrieved July 20, 2012, from http://apps.who.int/gb/ebwha/pdf_files/EBSS/EBSS2_2-en.pdf

World Health Organization (WHO). (2012, May). *WHO reform: Draft formal evaluation policy* [No. EB131/3]. Retrieved June 21, 2012, from http://apps.who.int/gb/e/e_eb131.html

World Health Organization (WHO), Office of Internal Oversight Services. (2004, November). *Thematic evaluation of WHO Fellowship Programme.* Geneva, Switzerland: Author.

World Health Organization (WHO), Office of Internal Oversight Services. (2006a, March). *Evaluation guidelines.* Geneva, Switzerland: Author.

World Health Organization (WHO), Office of Internal Oversight Services. (2006b, March). *Programmatic evaluation of Child and Adolescent Health and Development.* Geneva, Switzerland: Author.

World Health Organization (WHO), Office of Internal Oversight Services. (2007, June). *Thematic evaluation of WHO's work with collaborating centres.* Geneva, Switzerland: Author.

World Health Organization (WHO), Office of Internal Oversight Services. (2009, July). *Review of evaluative work at headquarters* [Internal Working Document No. 08/781]. Geneva, Switzerland: Author.

World Health Organization (WHO), Office of Internal Oversight Services. (2010, June). *Evaluation of the WHO's headquarters Department of Making Pregnancy Safer* [Report No. IOS/09/815]. Geneva, Switzerland: Author.

第9章 为利用而评估：来自国际劳工组织的案例

Janet Neubecker, Matthew Ripley Craig Russon

本章主题

- 开发最佳评估利用模型（评估利用成熟度模型）
- 利用系统理论来识别有用的"撬动因素"
- 发展道路上始终面临的挑战

本章围绕组织中优化评估利用提出了一个模型，并将其应用于我们在国际劳工组织（ILO）中的工作。这个模型是基于我们在项目设计和评价、信息管理，以及发展类项目评估方面的专家专业知识开发的。本章首先简要介绍 ILO 的背景，然后概述其评估任务和政策。ILO 的首要目标是达到一定的评估质量水平，在对捐助者和管理层的问责与促进评估结果的最佳利用之间实现和谐平衡，以改进项目和计划的设计以及组织的学习。

本章"评估利用成熟度模型"描述了5个假设的成熟度步骤，这些步骤可以导致评估结果的最佳使用。在我们努力提高利用率的过程中，我们回顾了组织周期，不仅仅讨论评估。我们尝试寻找撬动因素，以便可以帮助读者更加深刻理解一个知识锦囊，即"评估有助于组织学习"。为了回顾组织周期，我们使用系统思维来规划涉及评估的关键交叉点。我们确定了5个方面：愿景和战略、项目设计和评价、实施、结果评估以及使用评估结果。

基于成熟度模型，ILO 还没有达到5级（优化评估使用），算是处于3级和4级之间。在组织周期的每个阶段，通过识别原始的或加强的潜在的撬动因素，我们分别给出了如何提高成熟度的案例。然后将这个分析过程形成了一个矩阵,以描述面临的各种挑战以及如何解决这些挑战。本章每节的最后都总结了一些与组织周期相关的来自 ILO 的具体经验。

关于评估的管理周期,我们对 ILO 开发出的 3 个特定优势领域进行了详细的论述:信息系统和数据库、针对反馈的管理流程和行动,以及通过活跃网络建立评估文化。一个单独部分讨论了知识利用和"封闭循环"这两个非常重要的领域。本章最后介绍了我们在优化评估利用方面取得的主要成就和面临的挑战。

9.1 ILO 及其评估概述

ILO 是联合国的一个专门机构,负责制定和监督国际劳工标准。这是一个唯一的积极利用政府、雇主和员工三方伙伴关系,共同推动实施基于工作基本原则和权利的"体面工作议程"的联合国机构。这种独特的三方机制是 ILO 在创造有关就业和工作条件的实用知识方面具有比较优势的基础。

ILO 的评估政策遵循了经济合作与发展组织发展援助委员会(OECD-DAC,2001,2010b)制定的原则,以及联合国评估小组制定的规范和标准(UNEG,2005a、2005b,2010b)。ILO 评估部门在 2012 年发布了一套新的指南,题为《国际劳工组织基于结果的评估政策指南:评估的原则、理由、规划和管理》(ILO,2012),以此管理 ILO 的评估工作。

ILO 的评估部门是一个独立实体,直接向本组织负责人总干事报告。ILO 成立了一个评估咨询委员会(EAC),由高级管理层的重要代表组成,采取轮值模式,以促进机构对组织层面的评估结果采取后续行动,并就 ILO 在后续行动管理方面取得的进展向总干事提供相关信息和建议。图 9.1 描述了 ILO 评估工作的汇报架构。

1. 评估部门(EU)

ILO 的评估部门(EVAL)构成包括 1 名主任、3 名高级评估干事、1 名知识管理人员和 1 名秘书。此外,评估部门还与 5 名负责协调相关区域评估工作的评估干事合作。这 5 名评估干事分别对本区域内的国别评估工作提供指导和支持。

总部的评估部门(EVAL)负责每年进行三次涉及治理方面或高层次的评估活动,包括一次国别项目评估和两次战略评估。每年 EVAL 还负责批准

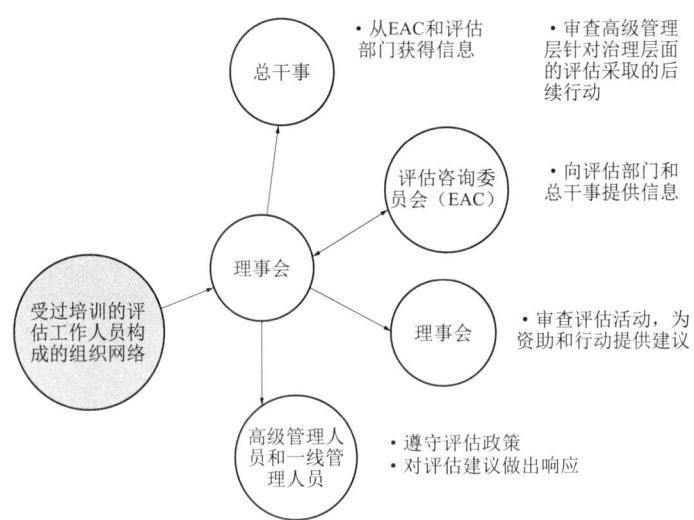

图 9.1　ILO 评估工作的汇报架构

70～80 个分散独立项目评估并提供咨询指导（项目预算超过 100 万美元）。独立项目评估的预算来自项目总预算的 2%，通常为 5%，该预算专门用于监测和评估需求。独立评估由 EVAL 以外的人员管理，委托外部顾问实施，最终由 EVAL 批准。各技术部门和区域办事处在预算限度内负责管理和执行所有项目的内部评价，通常每年有 30～40 次内部评估。ILO 进行的所有评估活动都纳入了总部的评估数据库中。

独立评估需要有正式的管理回应和对评估建议的落实行动。高层次评估的落实行动由高级管理层实施，并通过评估咨询委员会及其理事机构提出落实情况报告。独立的项目评估落实行动是由 EVAL 发起的，使用数据库中的特定模块生产模板，以便管理者记录他们的响应。评估部门在其年度评估报告中向 ILO 理事机构报告对评估建议落实行动的充分性和质量。

2. ILO 评估政策

ILO 认为评估是一种问责和组织学习的工具。为此，它遵循了 OECD-DAC 和 UNEG 制定的严格标准，以确保其高层次评估和独立项目评估的独立性、有效性和可靠性。ILO 评估政策指南（ILO，2012）是一份政策文件，包括如何开展评估的指导说明和待办事项清单。在组织学习方面，评估部门与各技术部门合作，致力于扩散评估结果，并确保管理层对评估结果予以承认并采取后续行动，从而将评估结果纳入项目规划和设计领域。这里的目标是"实现学习闭环"，确保没有未知或未使用的评估。

在研究改善 ILO 组织学习的过程时，我们在文献中发现了优秀的参考资料，这些资料指导我们实现了期望中的"利用成熟度"概念[①]。通过使用信息技术和项目管理的模型，我们构建了自己的成熟度模型，该模型列出了优化评估利用的关键步骤。我们将此模型应用于我们自己组织中的流程，使用了系统分析方法来确定组织内为促进评估或有机会促进评估发挥了贡献作用的撬动因素，以此建立一些增值的合作伙伴关系或知识。我们所体验的是组织文化和周期与评估活动的融合，这些评估活动使我们的模型具有前瞻性，并继续帮助我们加强评估利用。

9.2　评估利用成熟度模型

评估应在支撑政策周期的许多方面发挥积极作用，评估职能的高水平发挥可为组织学习提供独立验证的知识。如表 9.1 所列，我们的模型通过逐步接近优化使用目标，反映了组织行为的演变过程。

表 9.1　评估利用成熟度模型

成熟度分级	描述
不可信使用	零星使用评估知识。缺乏正式的评估政策和程序。获取和扩散评估知识没有得到组织层面的支持
非正式使用	评估知识被非正式地使用，主要是在一些较大的项目或部门中。可能有正式批准的评估政策或程序，要么没有遵守，要么工作人员的知识有限。管理层对评估的态度是混乱的，组织层面对评估知识的支持有限
标准化使用	工作人员知晓已有的评估知识，制定了正式的评估政策或程序。管理层将从评估中学习视为常规需求，并且组织层面上支持对评估知识的管理，例如建立知识共享平台或数据库
被监督使用	工作人员接受评估的使用，评估知识被整合到政策、计划和项目周期中。评估知识的使用在整个组织中得到系统地监督。管理层鼓励使用评估结果，并在整个组织内共享知识
最优化使用	工作人员积极主动地利用评估知识来支撑政策、计划和项目周期的各个方面。对评估知识的使用只需要定期审查。管理层关注的重点是通过评估结果使用和知识转移的持续改进以提高组织绩效

公共组织加强评估使用的方法和实践

成熟度模型基于这样一个假设，即组织机构以认真的态度发展评价性思维，努力达到最佳的评估使用水平，也就是要积极地持续地使用评估，以对绩效产生积极影响。专栏9.1提供了评估利用成熟度模型中采用的一些术语的定义，以及不同阶段的组织周期所面临的挑战。

> **专栏9.1　评估利用成熟度模型中使用的术语定义**
>
> ● 评估政策：对组织内开展评估活动的相关管理要求的文件组合。
>
> ● 评估部门：负责履行评估职能的具体部门。
>
> ● 审批小组：该小组由负责处理内部和外部资金、评价、批准以及项目预算的干事组成。他们要确保评估要求反映在批准文件中。
>
> ● 评估联络人：由总部评估部门以外接受过评估流程培训的工作人员构成，他们可以担任评估负责人或为员工提供评估指导和支持。
>
> ● 评估数据库：是指一个集中的评估数据库。
>
> ● 可评估性：是指一项活动或干预措施在多大程度上能够以可靠和可信的方式进行评估，通常用于可评估性的评价，支撑开展对拟议活动的早期审查，以确定其目标是否充分设计，其结果是否可验证[②]。

9.3　基于背景的模型开发

1. 将模型与组织周期相关联

图9.2描述了一个组织的基本周期：愿景和战略，设计和批准反映愿景和战略的项目，项目的实施，项目的评估，以及使用评估来支撑愿景和战略。这个简单的因果循环图（CLD）显示了一个整体的学习闭环：愿景支撑

行动，行动被评估，评估结果支撑愿景和战略的创新和再造。

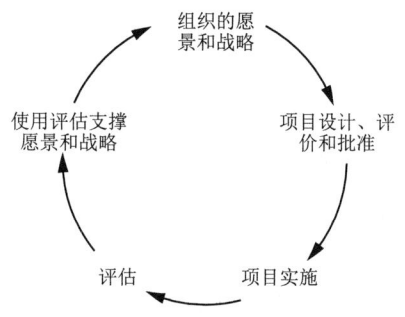

图 9.2　组织机构的因果循环图

我们将评估利用成熟度模型中的目标与我们的基本组织周期建立联系，将系统思想应用于探索与内部合作伙伴协作的重要撬动因素。这种合作被认为是互惠互利的，并以合作的方式扩大了对评估的理解。此外，我们能够简化行政流程，同时确保评估结果被重新运用到项目设计中，并可用于改善愿景和规划的战略循环。专栏 9.2 总结了 ILO 的经验，以供参考。

专栏 9.2　ILO 的经验：开发评估利用成熟度模型的第一步

2011 年，ILO 的理事机构修订了其 2005 年的评估政策和战略。以下是有助于将 ILO 从成熟度模型中的"非正式使用"转变为"标准化使用"的一些关键因素。

● 创建一套系统方法，通过核心知识系统来收集、汇编和共享评估结果，以方便对关键经验教训和良好实践进行筛选、搜索和分类。

● 将评估监督责任下放给基于当地的评估专家网络，允许设在 ILO 区域办事处的专职评估干事向区域和国家的工作人员提供更多的评估支持。

● 将评估纳入项目评价的正式要求予以制度化，并在批准时预留适当的资金。

● 强有力的政治领导，以促进评估的使用和效益；制定具有约束力的指令，明确评估及其后续行动的作用、责任和问责，并将评估作为基于结果的管理议程和组织文化的重要组成部分，以此进行关联。

组织文化可以被视为一个系统、一个集体的特征表现，通过分析和行动反映了组织的愿景和价值观（Russon，2005）。本章中的体系图描绘了我们组织中对开展评估具有贡献作用的那些撬动因素。我们使用因果循环图（CLD）系统工具修订版本绘制了评估工作与 ILO 中其他关键部分的关系图。[3]CLD 是一种有用的建模工具，它能够以揭示特定活动的背景及其联系的方式，对复杂的反馈过程进行建模，并允许对多个层面进行分析（Burke，2006）。

2. 系统思维、组织周期和撬动因素

系统思维在过去 50 年中不断发展，并提供了广泛的方法和理论[4]。所有方法都有三个共同点，这使系统方法对实现我们的目标特别有趣，我们的目标是将评估贡献融入日常业务流程和组织文化中。Williams 和 Hummelbrunner（2011）对这三个共同点的定义是：理解内部相互关系、多个视角的承诺以及边界意识。

下面，将以图表的方式描述组织周期中的各个节点，这将有机会提高评估工作的认知、价值和效益，特别是在项目设计、评价和批准，项目实施，评估，以及将评估结果向上反馈到愿景和战略创新等方面。本章中每个图表都进行了简要讨论，强调了关键的撬动因素。最后，使用评估利用成熟度模型，提出了面临挑战和应对行动的分析表。在每一小节的后面都附有 ILO 经验实例。

9.4 将成熟度模型应用于组织周期的每个阶段

1. 在项目设计、评价和批准阶段

在项目的设计、评价和批准过程中，ILO 中会有一个特别专家小组与项目设计人员合作，以确保项目质量符合一系列要求。要检查项目对本组织相关政策的遵守情况，也包括评估方面的要求。对于非常大的预算项目，也会采取有效的事前评估[5]来检查新举措的可评估性，也就是说，项目设计应允许在后续实施过程中开展适当的评估[6]。

第 9 章 为利用而评估：来自国际劳工组织的案例

在组织周期中这个阶段的体系图如图 9.3 所示。

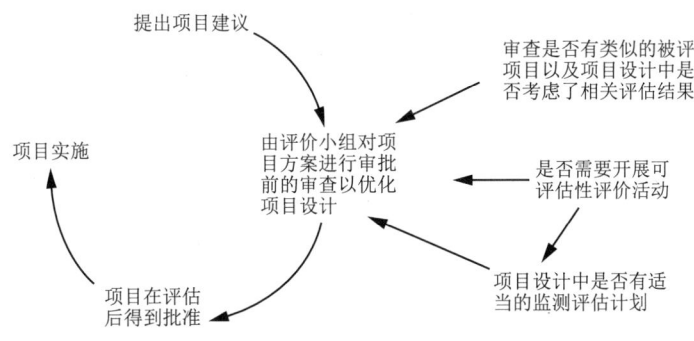

图 9.3 项目设计、评价和批准阶段的体系图

在项目拟定之初，最重要的是要明确项目将产生什么类型的知识，并预先考虑如何使用评估。在项目评价期间，就要对后续拟开展的评估类型做出决策。在这一阶段，特别是对于大型预算项目，需要起草一份沟通战略作为监测评估（M&E）计划的构成部分，其中要明确最初目标用户，并为最终利益相关者研讨会和扩散报告留出足够的资源。我们发现，如果在项目设计阶段能够考虑和规划评估，那么评估活动就会有更多的参与者，大家对最终评估报告就会有更大的兴趣，管理层对评估建议的响应质量就会更高，相应地，评估结果回馈到政策周期中的可能性也就更高。

这个阶段组织流程的重要撬动因素如图 9.4 所示。

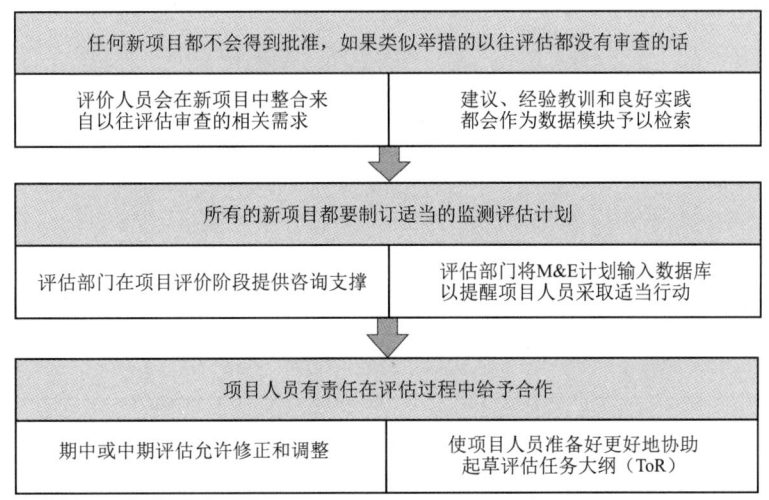

图 9.4 项目设计、评价和批准阶段的撬动因素

189

公共组织加强评估使用的方法和实践

图9.3和图9.4说明了评估在项目设计和批准阶段可以通过提供来自以往相关评估活动信息的便捷来源给予支持。自2009年以来，当前ILO的政策要求新的项目建议书必须包括一些引述，要说明ILO以往的经验已得到审查，特别是对类似项目的评估结果，也要说明对有关经验教训或良好实践的相关应用已经纳入了项目建议书中。该数据库于2009年建立，旨在为项目起草人员提供基于网络的快速访问渠道，以查阅以往评估成果以及涉及相关建议、经验教训和良好实践的个体案例集。

在项目评价和批准阶段，特别是大型项目，项目人员继续依靠评估部门为更大项目的适当监测评估计划提供信息和指导。这是一个参与式过程，必须包括ILO的主要利益相关者，包括雇主和工人组织，以及具体的政府部门（见表9.2）。

表9.2 利用成熟度：在项目评价和批准阶段的面临挑战和应对措施

面临挑战	应对措施：非正式使用层级	应对举措：标准化使用层级	应对举措：被监督使用层级
一些项目既不接受评估预算，也不接受监测评估（M&E）计划	评估部门设置标准，规定哪些项目需要开展评估	评估部门应确保后续开展不同类型的评估任务，包括独立评估、自评估、内部评估、外部评估等	评估部门和审批小组之间定期召开会议，对政策和过程事项予以及时更新，使政策和实践相一致
组织机构需要展示对评估结果加以利用的证据	构建评估数据库，采集有关建议、经验教训、良好实践等信息以及管理回应方面的案例	如果合适，审批小组和评估部门确保新的项目建议书引述以往评估结果	评估数据库对其模块的使用情况进行追踪分析，提供关于评估结果利用的定量分析报告
新的项目建议不具有可评估性	评估部门和审批小组为项目建议书起草人员提供关于可评估性和高质量M&E计划的培训材料	评估部门和审批小组提供确保编制高质量M&E计划的待办任务清单	评估部门和审批小组定期更新指南和培训材料

专栏9.3介绍了在项目评价阶段的评估性思维案例（ILO）。

第9章 为利用而评估：来自国际劳工组织的案例

专栏9.3 在项目评价阶段的评估性思维案例（ILO）

在事前评估过程中，如项目立项评价过程，对评估知识的使用会出现两次。第一次，新的项目、计划或政策应包含相关证据，表明它从相同区域或主题领域的以往干预措施中学习吸取了教训，开展评估就成为从过去经验中学习的主要证据。第二次，评价人员可以检查新的干预措施是否有一个完善的评估计划。对于大型项目，还应包括一个扩散计划。

在ILO中，项目和计划建议书具有明确的质量标准将有助于提高评估知识的产生和集成，使其融入项目和计划周期。这样，在项目和计划确定后开展评估以检查评估知识的使用是否符合质量标准时，所有的项目设计人员都必须进行自我评估，并回答在项目设计过程中他们是如何采纳评估结果的问题。

2. 在项目实施阶段

图9.5和图9.6展示了项目实施期间的组织周期和关键撬动因素。这一关键的撬动因素是：在组织周期的进程中，如有评估部门的支持，之后并将进一步影响评估报告的成功和质量。在实施过程中，作为评估工作支撑队伍的各区域评估联络人，必须经常处理项目的变更和延期，这些变化会影响到项目的可评估性。对评估具有深刻的理解非常重要，这涉及如何规划和实施可评估性评价活动，以及开展中期评估，尤其是当这些评估活动是由项目人员进行的内部评估或自我评估时。

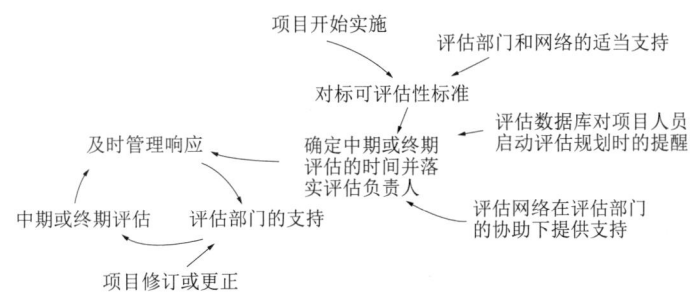

图9.5 项目实施阶段的体系图

✓ 公共组织加强评估使用的方法和实践

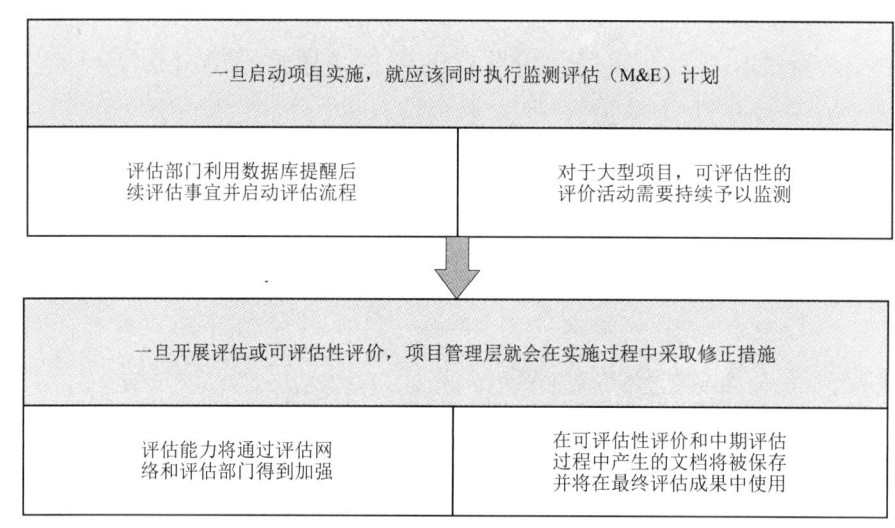

图9.6 项目实施和监测阶段的撬动因素

我们在实施阶段发现的一些关键方面涉及项目人员理解评估要求的时机和能力。但更重要的是，实施阶段是组织周期的一部分，它主要涉及项目工作人员的行动和来自评估部门的支持。

专栏9.4总结了ILO的各项要求，以确保一旦要求进行评估的大型项目开始实施，则必须在1年后进行可评估性评价，以确保项目重要组成部分已经到位，能够保证项目以后的评估质量。超过500万美元的项目评估，需要开展中期和最终的独立评估。

专栏9.4　ILO对可评估性评价的要求

对结果进行管理的能力在很大程度上取决于项目是否具有衡量成果所需的最小特征。这可以通过一套设计的特定指标来确定，这套指标可以对这些项目进行评估，这也就是可评估性的定义。

可评估性评价是评估人员审查项目一致性和逻辑以及确保充分的数据可用性和可靠性的既定手段。可评估性评价的标准包括：

● 项目意图的明确性（预期成效和结果的相关性）；

● 以实现目标为导向的项目设计的质量（例如，有明确和可测量的指标、建立了基线、可信的里程碑事件）；

- 监控体系的总体质量;
- 有关国家和国际的利益相关者最大程度参与过程的初步评估;
- 已影响或将影响预期结果实现的外部因素。

表9.3 所列为评估利用成熟度:在项目实施和监测阶段的面临挑战和应对措施。

表9.3 评估利用成熟度:在项目实施和监测阶段的面临挑战和应对措施

面临挑战	应对措施:非正式使用层级	应对举措:标准化使用层级	应对举措:被监督使用层级
项目工作人员遇到可评估性评价方面的问题	项目人员确定评估联络人,并与评估部门保持联络	项目人员和评估部门之间持续合作,如果需要就重新设定评估优先事项	审批小组向捐赠者或管理层汇报问题,评估部门提议修订M&E计划
项目工作人员没有意识到计划中的评估活动,筹备活动未开展或延误,不能及时实施评估	评估数据库平台为评估联络人或项目负责人提供规划好的评估时间表	于既定开始时间提前至少3个月启动评估筹备工作,将此纳入对项目人员定期提醒的事项中	评估部门员工或评估联络人需要定期检查工作计划日程表。在集中的数据库中保存文档处理情况
项目工作人员不能为独立评估工作找到适当的训练有素的评估负责人	一线管理层寻找可作为潜在评估负责人的员工	评估部门提供培训材料,组织培训活动,支持构建内部评估负责人储备库	评估部门和评估联络人对起草评估任务大纲(ToR)和准备合同提供直接帮助
自评估和内部评估信息在系统中缺失	鼓励员工向总部数据库发送所有评估活动信息	评估部门向大家提供自评估和内部评估指南	评估部门开展关于自评估和内部评估的培训以鼓励大家参与到评估流程中

9.5 成熟度模型与评估管理周期的关系

1. 场景设定:面临的一般挑战

评估需求在联合国相关机构中得到了增长,而履行评估职能的预算可能无法跟上需求的步伐,正如OECD-DAC关于成员国评估能力的研究报告

(2010a)中所表明的那样。需要根据不断增长的评估需求对评估能力进行持续监测,以确保评估部门能够以专业的标准应付工作量。我们在本章中讨论评估能力问题,因为这些问题与国际劳工组织中使用评估的过程和成就直接相关。

国际劳工组织的独立性要求规定,独立评估必须由专门的工作人员管理,但不能由项目管理人员管理。总部的评估部门只提供评估的政策环境、指导和批准。这不仅使许多工作人员在评估原则、道德和方法上有了实践经验,而且这种安排也将加强工作人员的一般评估思维。图9.7描述了总部实施评估活动的一些领域(见方框中文字),而大多数其他领域的评估是由评估部门外的普通工作人员执行的。

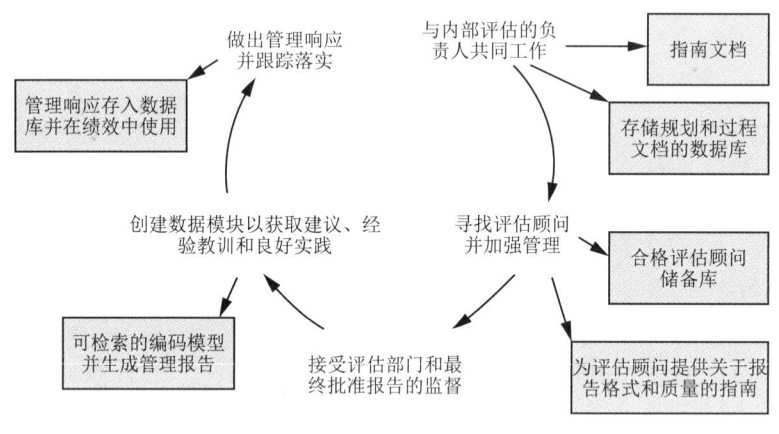

图9.7 评估管理周期

图9.8描述了三个特别的撬动因素,ILO已经围绕这些因素开发了一些工具和经验,对此我们将给出一些详细的讨论。三个因素包括:开发集中的评估数据库,促进管理层对评估结果做出有意义的响应,以及建立评估工作人员协作网络。

对于大多数联合国机构来说,寻找评估顾问都是一个问题。每年很难找到50~70名对ILO足够熟悉的顾问,要求对我们的技术主题高度相关,又不能太熟悉而危及他们的独立性。这是一个难题,需要有非常好的数据库来为评估顾问们保存和准备相关评估指南,并最后跟踪分析他们所做的工作。对于像我们这样小型的评估部门,如果没有数据库,我们有限的人力是无法做到这一点的。

第9章 为利用而评估：来自国际劳工组织的案例

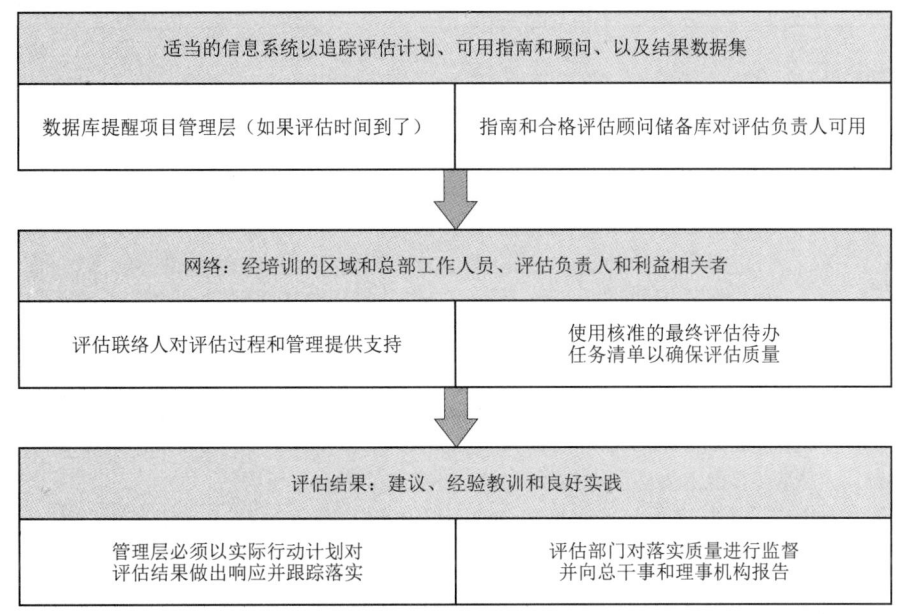

图9.8 评估管理周期中的关键撬动因素

训练有素的区域评估工作人员网络涉及有关国家的对应机构以及有关国家的评估协会和组织。我们鼓励建立这种评估网络，并尽可能多地促进培训，以确保知识渊博的员工充分覆盖评估管理。

表9.4列出了利用成熟度：在评估管理阶段的面临挑战和应对举措。

表9.4 评估利用成熟度：在评估管理阶段的面临挑战和应对措施

面临挑战	应对措施：非正式使用层级	应对举措：标准化使用层级	应对举措：被监督使用层级
评估需求在增长，但评估部门没有足够的人力满足评估工作量和组织需求	定期开展后勤协调以匹配人力负荷	评估联络人网络提供支持，帮助扩展对评估价值的认识	评估数据库参与协调处理高负荷工作，提供培训资料帮助评估联络人掌握必要评估技能以支撑评估部门
很难找到合格的评估顾问	评估数据库记录下所有雇用的和潜在的评估顾问信息，包括专业技能的元数据信息	评估联络人与相关国家的工作人员协同工作以创建一个潜在评估顾问的储备库	评估部门为大家提供使用以往签约评估顾问的工作样例和分级资料的入口

续表

面临挑战	应对措施：非正式使用层级	应对举措：标准化使用层级	应对举措：被监督使用层级
进行中的评估活动已经超过百个，另外还有近百个已经完工的评估活动。技术部门没有能力追踪所有开展的评估活动	评估数据库对总部和各领域办公室的所有评估活动的规划信息和文档进行了集中协调。它是一个基于网页的可被全体员工使用的系统平台	评估数据库管理员与评估联络人协同工作，确保工作计划、评估活动完工资料与数据库记录保持一致	元数据允许采用一系列标准开展评估搜索。评估数据库充当了永久的数据和文档仓库，可为经验教训和良好实践的分析提供模块数据集
评估报告没有提出可行的建议、明确的经验教训，或良好实践	评估部门需要相关评估顾问遵循简明格式和内容指南去展示关键评估结果	初步报告的展示是评估质量审核的一个关口，主要由关键利益相关者和评估负责人把控	签约评估顾问的工作要遵循评估指南，直到评估报告符合联合国标准才能支付报酬
评估结束后，评估报告被束之高阁。就像什么也没有发生	在监测评估计划中制订扩散计划，并寻求评估预算的支持	管理响应是通过评估数据库产生的数据集发出请求的。相应地，一线管理人员要报告行动计划和时间。评估数据库要对此跟踪措施和更新动态进行记录	管理响应的数据要纳入年度绩效报告中。涉及经验教训和良好实践的评估结果将在绩效分析使用

2. 评估数据库系统

ILO 跟踪大量的项目评估，规划中并行的评估活动通常有 250～300 条记录。约 75% 的项目评估发生在各区域，因此我们发现非常有必要建立一个数据库（见图 9.9），用于支持一个集中的数据仓库来管理初始计划和过程阶段，这项工作在总部启动实施并为各领域工作人员存储过程和起草文件提供了充分的支持。该数据库还有助于方便地提取有关建议的数据集，并将其纳入管理响应模板中，也有助于方便地针对汲取的经验教训和确认的良好实践形成单独编码数据集。

（1）规划模块。这个模块包含了规划中项目评估的详细信息，目的是避免评估时间安排不当；更糟的是，评估被忽略，根本就没有开展。本模块提醒员工启动选择评估负责人、寻找和聘请评估顾问等。在评估过程中，数据库记录将存储文档初稿，可供所有区域和总部团队访问。一旦评估报告完成并获得批准，其建议、经验教训和良好实践将作为每条数据记录的子模块输入到系统中。这些信息按元数据进行编码，可以通过一系列标准进行搜索，以创建管理报告。此外，该模块还使评估部门能够跟踪需要评估的内容和实际评估的内容，为评估绩效提供可靠的监督机制。

（2）报告模块。这个模块用于存储并扩散最终的评估报告和评估摘要。它与评估规划模块相关联，用作已经完工评估的存储组件。

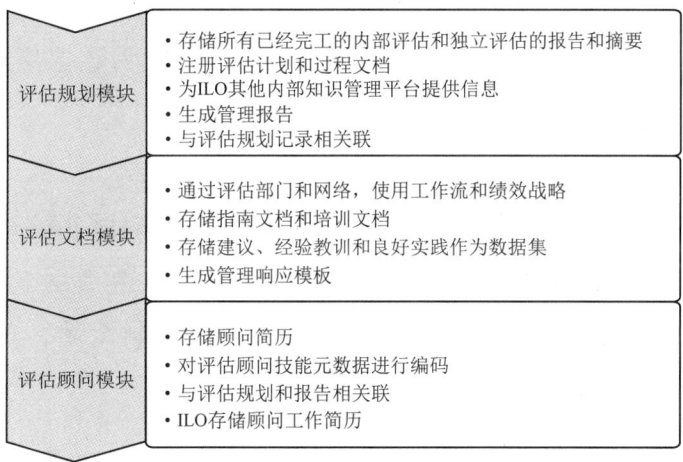

图9.9　ILO评估数据库系统

（3）评估顾问模块。这个模块提供了为ILO工作的评估顾问和潜在顾问的详细联系方式和简历。元数据涵盖了顾问语言、专业知识和区域经历。顾问数据记录与评估负责人对所做工作的评级以及他们完成的报告相关联。

在评估需求不断增长的环境中聘请高质量的评估顾问，会在竞争这些顾问的机构之间造成激烈的竞争，这可能会严重阻碍评估职能的顺利运行。根据我们的经验，所有与报告质量相关的问题都不仅与较差的顾问有关，还与组织的评估筹备有关。例如，众所周知，咨询顾问会遇到时间局限性的问题，还包括获取充分的文档以及接触潜在受访者的机会等问题。组织机构做出更好的时间安排和评估计划可以大幅纠正这个问题，我们将在下面的数据库部分进一步讨论这个问题。我们还为评估顾问提供一些指导意见，以使报告符合组织对质量的要求。

ILO的评估顾问会收到评估报告格式的编写标准以及起草建议、经验教训和良好做法的具体指南。内部对评估质量的抱怨通常涉及建议不可行[⑦]、

公共组织加强评估使用的方法和实践

吸取的经验教训和良好实践达不到专业标准,这使评估结果实际上毫无用处。ILO 规定要向评估顾问提供关于这些议题的指导意见,作为评估任务大纲(ToR)的附件,并将有义务遵守这些规定作为顾问合同的一部分。我们发现,最好是在合同上具体说明什么是建议、经验教训或良好实践,以确保评估报告中这些关键要素的质量。

专栏 9.5 给出了从 ILO 内部指南中提取的此类要求的样例。通过这种方式,在开始写作之前告知顾问,以避免在评估过程后期造成混淆和重写。这有助于确保建议和经验教训能够遵循协议格式,表现为数据集形式,这对它们的可信性、有效性和通过数据库的访问都很重要。

专栏 9.5　展示评估结果中的顾问指南(改编自 ILO 指南)

编写建议的指南:咨询顾问在起草建议时应遵循以下标准。

- 在报告中应对逐条建议予以编号,应限制数量,理想情况下不超过 12 条;
- 表述应清晰简洁;
- 要有相关性和实用性;
- 应有证据支持,从逻辑上要顺应评估发现和结论;
- 如果可行,应与项目指标相关联;
- 不应太笼统,而应针对实施被评项目的战略或国家;
- 应明确提出谁需要采取行动;
- 针对不利情形应提出补救措施;
- 应区分出优先事项或重要事宜(高、中、低);
- 指出落实本次建议的时间框架;
- 应确认是否存在资源配置问题。

编写经验教训的指南:ILO 将经验教训定义为从项目或计划实施的经历中得出的直观结果,可以通过确定清晰的因果关系因素和影响,将其转化为相关的有益知识。它侧重于特定的设计、活动、流程或决策,并可能带来积极或消极的作用,涉及对运营效果和效率的见解、对目标实现的影响或对可

持续性的影响。在可能的情况下，经验教训应指出它如何有助于：①减少或消除缺陷；②建立成功和可持续的实践和绩效。展示经验教训的形式应该是一两句话的简明陈述，并附上解释性文字。简洁的语句应使用在评估摘要和数据库模块中的经验教训部分。在解释性文本中，评估顾问应列出在项目生命周期中获得的任何积极或消极见解，这些见解将对运营、目标实现或可持续性产生重大影响。这些经验教训可以是针对项目的管理方面或干预措施的技术方面，但它们不应该是成功或失败的一般性陈述。

编写良好实践的指南：这里所说的良好实践是指要求评估人员列出新涌现的良好实践，这些实践具有经验教训的所有特点，此外还显示了具有复制推广到未来项目的潜力，并在更广泛的背景下用于指导组织学习。这些良好实践应该用一两句话的简明陈述来表达。简明的语句用于评估摘要和数据库模块中的良好实践部分。

3. 对评估建议的管理响应

OECD-DAC 报告提出，"缺乏对评估结果的关注和使用可能是当今评估过程中的主要不足"（2010a）。管理层对评估建议做出响应的目的是提供一个正式的过程，以此表明管理层对外部评估结果有效性的确认。初步响应要表明实施一项行动计划，以处理已接受的建议，并在随后要确保该行动得到了充分落实，也要确保向评估部门和理事机构报告了行动落实情况（UNEG，2010a）。在许多组织中，这种响应行动往往趋向于无效，原因是这种行动出现在项目周期的后期，通常是在项目完成时，被认为只是一项繁重工作量之外的额外职责。

ILO 多年来一直在记录管理层对高级别的战略或国别项目评估的响应。然而对于一般项目，ILO 仅在 2009 年推动了管理层应对措施，这导致了需要对大量新的绩效信息进行分类、分发、记录应对措施和报告。我们在最初几年发现的挑战主要涉及评估建议的质量、一致性和相关性。

如果没有数据库，我们是没有能力对这些一揽子项目开展这项重要的监督工作的。ILO 通过使用数据库系统简化了这一过程，这样就能够轻松、及时地生成响应模板来促进相关工作。这些数据集还允许汇编和分析特定技术领域或报告期内正在跟进落实的所有建议。

一线管理层会收到评估数据库生成的模板，该模板包含了核准后最终报告中的所有建议。一线管理层需要在一周内制订行动计划对合适的评估建议做出回应。6个月后将开展进一步的跟踪活动，以确保已根据评估建议实施了相关行动（如果相关行动尚未结束）。图9.10给出了ILO管理响应模板的一个示例。

数据库生成的 ILO 管理响应模板块示例
这个模板由评估部门的数据库系统自动生成。评估标题和表格左边第四列事先已经填好，包括逐字从评估报告中抽取的建议文字。之后将模板发送到一线管理层，相关责任人负责将响应内容填写到剩余的列，并把填写完毕的模板返回给评估部门。
评估标题和项目名称

项目代码	建议序号	建议内容	日期	状态	拟采取措施	解决对应问题	备注

图 9.10　ILO 评估部门的管理响应模板示例

如前所述，为了使这成为一项有意义的工作并确保做出良好的响应，评估建议本身的质量必须是良好的。ILO要求评估顾问遵循一定标准，管理人员在其响应中也必须遵循特定标准，表9.5，汇编了涉及管理响应方面的UNEG、UNDP和ILO相关指南。

表 9.5　针对评估建议和管理响应方面的质量标准

评估建议的质量标准	管理响应的质量标准
为了确保评估报告质量，评估建议应该遵循如下原则：	为确保高效的响应和跟进落实，对评估建议的响应应遵循如下原则：
秩序性：对建议予以编号，不超过12条	秩序性：要说明对建议顺序的对应情况，如果没有按秩序给出响应，则解释说明 完整性：由一线管理人员负责落实的全部建议必须完成；否则，在备注栏中充分解释说明

续表

评估建议的质量标准	管理响应的质量标准
相关性：建议要明确而简洁。相关性需要建议满足如下条件： ● 要具体 ● 从逻辑上与评估发现要一致 ● 明确谁来采取行动措施 ● 可能情况下与指标相关联 ● 明确需要采取的行动措施 ● 明确落实行动的时间框架 ● 确认资源配置情况	相关性：管理响应要明确而简洁，要与具体项目和/或国家相关联。相关性需要管理响应必须满足如下条件： ● 所用语言要明确而简洁 ● 与建议相关，并与要求的措施相关联 ● 指明谁负责采取行动 ● 清晰说明落实行动的时间安排 ● 明确各种资源配置情况
一致性：提出建议要严格基于证据和分析，要相关，有现实意义。明确优先事项。建议之间不应相互矛盾	一致性：基于建议中的行动措施和优先事项做出响应，对全部内容和优先事项保持一致。管理响应作为一组回应措施，应保持内在一致性，不能相互矛盾

4. 构建评估网络

我们发现，在组织中建立一种探究文化或评估文化的最佳途径，是激活组织内相关部门和员工最广泛的参与热情，使大家参与到评估工作中，利用评估开展生产，并从评估工作中受益。评估部门负责对评估的核心工作进行监督，但核心评估工作的完成基本上是由一系列内部和外部的参与者完成的，我们的评估部门要尝试支持和鼓励在我们的直接责任和权限之外进行的各种评估工作。

Mayne 和 Rist（2006）称为"协调评估活动"，这涉及对服务和政策的设计提供协助，以便在整个组织范围内取得成果，包括构建基于结果的管理能力，对评估知识平台和系统发展做出贡献，以及为评估的相关性、质量和监督提供指导的核心职能。评估数据库通常会对其元数据编码进行改进，以便与基于结果的管理目标和影响评估结果使用的任何其他相关管理趋势保持一致。

这些内部网络尽管有核心成员，但也被视为能够促进"灵活的、非等级化的交流和互动方式，这种方式在克服空间分离的同时更具创新性、响应性和动态性"（Rodriguez-Biella，2008）。ILO 的评估网络涉及所有寻求或受益于评估信息的参与者。在本章中，我们提到了评估联络人（Evaluation focal point，EFP），我们将其确定为特别委托工作人员，他们接受过评估培训但在评估部门之外工作，以便支持他们特定的技术领域或区域的评估工作。表9.6 总结了 ILO 评估框架中的潜在参与者、活动和受益情况。评估联络人发挥着临时的评估管理者作用，同时也发挥着倡导评估及利用评估的作用（Dibella，1990）。评估联络人有时会得到总部评估部门的支持，他们有能力理解评估任务大纲（ToR）的重要性，并确保评估任务大纲（ToR）对评估起到适当的指导作用。他们还有能力去审查和批准数据收集方法的选定、评估议题的设定、对顾问进行评价，也有能力管理一般的评估流程。评估联络人的另一个关键作用是在利益相关者和评估过程之间发挥桥梁沟通作用，允许利益相关者参与而不影响评估的独立性。Dibella（1990）曾警告说，"当你向利益相关者开放评估过程时，你也打开了让评估过程得以被利用和操纵的可能性"。

表 9.6　ILO 评估网络矩阵

组织周期	参与者和时间	网络活动	网络受益
项目评价和批准	一线管理者，审批小组，项目人员，评估数据库支撑团队，评估联络人 *项目设计阶段*	大量接触经验教训和良好实践的信息数据，以协助项目或项目设计	为在后续项目中利用评估奠定了基础
	评估部门，评估联络人 *项目评价阶段*	制定针对 M&E 计划评价的指南和建议	评估的高质量和相关性
项目实施	项目人员，评估联络人，评估部门 *启动项目*	项目实施期间审核其可评估性	早期发现问题以便采取纠正措施
	项目人员，评估联络人，评估部门，评估数据库 *自评估或内部评估*	为有用的自评估或内部评估提供指南和支持	确保这些内部报告纳入组织知识库，并用于指定后续规划
实施评估	评估联络人，评估部门，一线管理者 *持续进行*	制订评估时间表和一揽子计划	评估的实施及时间得到完善
	评估联络人，评估数据库 *持续进行*	构建顾问数据库，包括元数据	利用合格顾问的途径得到完善
	利益相关者，一线管理者，评估联络人，评估部门 *开始起草报告*	制定评估流程、评估问题、评估任务大纲（ToR），核准评估报告草稿	组织学习得到增强，高标准开展评估

续表

组织周期	参与者和时间	网络活动	网络受益
扩散评估结果并反馈到知识系统中	目标受众，审批小组，项目人员，评估联络人，一线管理者 *持续进行，开展学习活动*	展示报告，讨论结果，记录利益相关者意见	增长知识，为组织绩效报告提供信息
	评估部门，一线管理者，评估联络人，评估数据库 *持续进行，开展学习活动*	做出管理响应，构建经验教训和良好实践的数据模块	确保对建议的落实行动的管理，通过检索数据集获得重要发现
组织愿景和战略	最高管理层，一线管理者，评估部门，审批小组 *半年总结*	针对行政流程、技术事项、评估能力等，开展高层绩效检查	提升相关性和问责，为后续战略提供信息，为高水平评估提供信息（如元评估或战略评估）

评估管理培训对所有员工都很重要。这同样适用于自评估或内部评估以及预算较高的独立评估。ILO已经举办了许多培训课程，以提高这一能力，目前正在研究一项"工作充电"战略，以便对合格工作人员进行认证。针对评估负责人的具体指南已经包括在了ILO政策指南中（ILO，2012）。自评估通常由项目人员进行，而内部评估和独立评估需要从项目管理体系之外聘用评估负责人。所有的评估都具有组织学习价值，因此，我们关心的是这些报告的质量需要符合专业标准，可以通过数据库提供给后续项目的设计者。[⑧]

9.6 利用评估知识为愿景和战略提供支撑：学习的闭环

本节简要介绍评估工作的最后阶段：评估结果扩散和反馈渠道、评估产品使用和获取，以及组织层面的绩效汇报。对于ILO的独立评估活动，评估结果的扩散标志着评估过程的结束，以及新知识的创造和再造的开始。由于发展中的机构面临着要证明其影响、表明其责任、确定经验教训和良好实践的广泛压力，这些知识的创造必将有一个反复和核定的过程。

图9.11更详细地介绍了ILO评估部门如何为技术部门的报告提供信息，以及最终对组织绩效报告的信息输入，它展示了我们图形化描述利用成熟度的最后阶段。

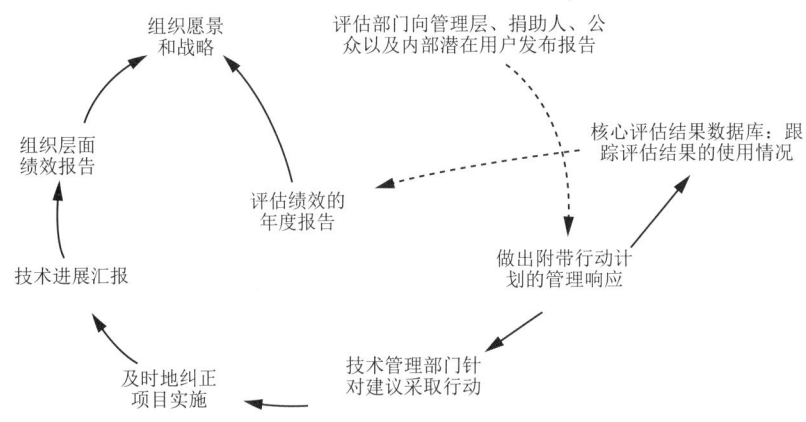

图 9.11　利用评估结果为愿景和战略提供支撑

1. 促进评估知识作为组织学习的一部分

Mayne 等已经令人信服地论证了构建结构化的组织机制来促进组织内部的学习的必要性（Mayne 和 Rist，2006）。在确保学习活动能得到可靠的证据数据库的支持方面，评估者、委托者和评估对象都发挥着至关重要的作用。例如，在指定的大型项目评估中，我们鼓励评估人员在展示评估结果方面发挥重要作用，因为在我们的经验中，忙碌的项目工作人员更可能对口头传达的信息做出积极回应，而对阅读长篇的评估报告则会相对更多地持保留态度。

有鉴于此，ILO 的审批小组或项目人员会组织和促进相关学习活动，以鼓励坦诚和开放的讨论。ILO 评估部门与技术部门的工作人员召开自己的小组讨论会。如果是审批小组召开讨论会的情况，我们认为重要的是，可以组织另外一个论坛，其中评估人员发挥参与作用，而不是主导作用。应该考虑到知识学习活动的自主性，因为在我们的经验中，这提供了一个替代方案，在实际项目或政策实施者带头学习时会产生不同的结果。这些学习活动的理念是将层级制度置于门外，并按查塔姆研究所（Chatham House）的规则[⑨]发言。正式和非正式的结构形式都可以采用，但太多的正式形式会使学习活动政治化，并阻碍公开讨论。然而，归根结底，ILO 并不将这些学习视为一次性活动，而是作为结构化学习计划的一部分，这将培养人们的兴趣，使其参与到日益庞大的知识群体中。

使用评估知识完善机构愿景如图 9.12 所示。

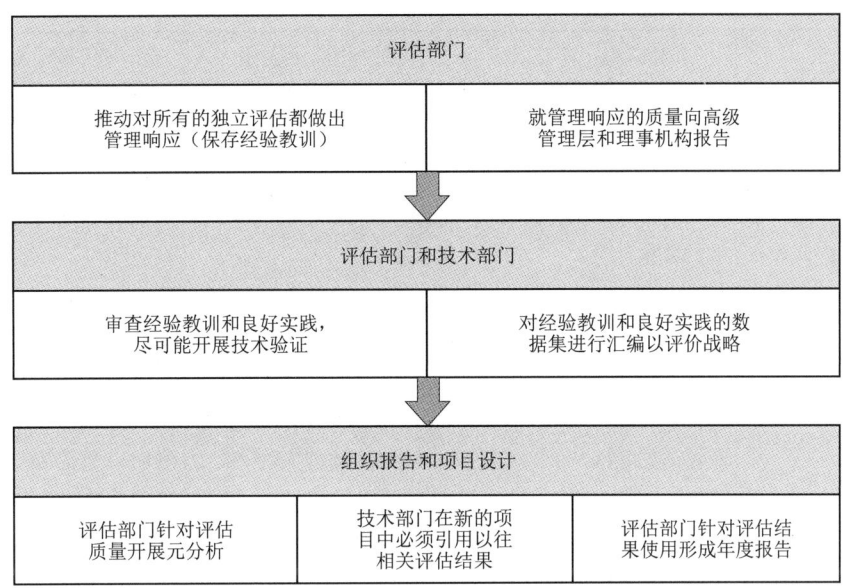

图 9.12　使用评估知识完善机构愿景：关键撬动因素

ILO 评估部门每季度发布一份时事通讯，通报有关新完成的项目、高级别评估活动和评估研究的信息，并提供与专业评估界以及联合国机构的联络。此外，它还提供与国际社会中评估网络的联络信息。

表9.7 列出了一系列与处理知识创造有关的挑战。在许多组织中，学习的最大障碍之一是不容忍失败（Mayne，2008；Toulemonde，2000）。这在公共组织中尤为严重，这类组织中的各种压力和激励架构意味着人们习惯性地认为失败是"坏事"，因此失败的事情往往不被讨论。然而，评估知识将不可避免地会揭示出什么是无效的，以及什么是有效的，这样，组织机构就可以从项目如何失败的知识中获益，就像从成功中获益一样。

表 9.7　利用成熟度：知识创造的面临挑战和应对措施

面临挑战	应对措施：非正式使用层级	应对举措：标准化使用层级	应对举措：被监督使用层级
评估报告和结果如何才能对技术部门以及整个组织绩效报告有益？	技术报告可以利用评估数据、管理响应行动结果以及评估数据库中的其他信息，以强化他们自己的责任和绩效报告	独立的评估数据和分析有助于组织绩效报告。基于结果的管理报告能够统一协调数据收集的方法和术语	将利用评估数据库的知识平台作为组织机构知识库的一部分。知识学习活动激励技术讨论

205

✓ 公共组织加强评估使用的方法和实践

续表

面临挑战	应对措施：非正式使用层级	应对举措：标准化使用层级	应对举措：被监督使用层级
如果没有成堆的资料分析，很难找到对未来项目设计有用的经验教训和良好实践	评估数据库中很容易找到从评估报告全文中抽取的数据	评估部门与技术部门协同工作以进一步验证这些信息	评估部门在线提供经验教训和良好实践的"数据包"
技术部门需要更多信息涉及计划或政策方面的影响，而不是项目评估	评估部门开展战略方面的评估工作，并提供影响评估的指南	在更多预算资助下，评估部门与技术部门协同工作以对影响评估进行管理	定期开展影响评估，由整个组织机构的技术部门和评估部门预算联合资助，全面覆盖战略或计划目标的长期影响
宣告失败与 ILO 想要宣传自身以及如何发挥作用之间有矛盾。如果评估发现了巨大失败，怎么办？	出现问题乃至失败可以在项目最终研讨会上坦诚地告知利益相关者，可以借此机会建议变更项目	一线管理者和评估部门确保针对绩效召开内部讨论会，以便对评估建议做出响应	技术部门在评估部门支持下，对有效和无效的干预措施开展研究

对于需要开展更多影响评估的需求所面临的挑战，如表 9.8 所列。在 ILO 中，我们在评估管理周期中仍然处于标准化使用层级的成熟度水平。开展影响评估缺乏资金和人力是我们作为一个集中式的评估部门所面临的挑战。然而，技术部门正在这方面做出努力，我们也通过方法和标准方面的指南来支持他们。经常建立学习和知识网络，以促进员工之间的知识共享，如世界银行的实践社区（http://www.world bank.org/wbi）。虽然这些知识平台和网络通常都讨论专题或项目的议题，但很少有明确讨论失败的情况。由于处理失败或政策不足的评估结果比处理成功的评估结果更容易被误用，组织机构可以考虑使用积极的区别对待政策，来创建专门用于从过去错误中学习的知识结构。例如，加拿大非政府组织"无国界工程师"设立了专门网站（http://accessingfailure.com），分享从失败中吸取的经验教训，并鼓励其他人也这么做。

表9.8 评估利用成熟度中的合作伙伴

参与者	撬动因素所处阶段	行动举措
项目人员	项目评价和批准	审查评估结果,将相关的经验教训和良好实践应用于新项目。起草监测评估计划,确定扩散评估成果的沟通战略
	项目实施	根据需要,项目实施期间和评估部门做好可评估性评价
	项目评估	遴选评估负责人。更新沟通战略,召开起草报告研讨会
	评估扩散	确保评估负责人为扩散报告要制定充分的沟通战略
	知识创造	受益于集中的评估数据库,并反馈到新的项目
一线管理者	项目评价和批准	审查组织机构的知识库支撑好新项目设计,支持项目人员将合适的评估结果应用于新项目设计
	项目实施	监督实施过程,接受项目进展的定期报告,确保评估按期并以合适的方式得到实施
	项目评估	与评估联络人协同工作,推进评估流程、合适的面访流程以及研讨会。为起草评估报告提供支持,促进利益相关者参与
	评估扩散	对评估建议做出响应,提出具有时间约束的行动计划,持续做好跟踪,直到行动结束
	知识创造	确保评估报告与部门知识平台充分关联。使用评估报告和数据模块以加强技术绩效报告并找到发展趋势
评价审批小组	项目评价和批准	确保评估政策贯彻落实,确保评估结果得到考量和引用
	项目实施	如果存在可评估性或规划方面的问题,要告知评估部门
	评估扩散	与项目人员和捐助者保持联络,针对评估结果进行讨论和交换意见
	知识创造	利用评估数据库把从评估结果中得到的经验教训和良好实践提供给捐助者
评估联络人	项目评价和批准	协助技术部门人员在新项目设计中利用好评估数据库,审查监测评估计划
	项目实施	协助技术部门按评估计划时间表开展工作,为评估负责人提供支持,利用好培训和指南材料
	项目评估	确保评估负责人遵守评估政策。评估部门和评估负责人要保持联络。在最终评估报告提交给评估部门之前,确保报告符合组织的标准
	评估扩散	确保技术部门或领域办公室充分落实了为扩散制定的沟通战略
	知识创造	利用评估数据库和其他知识平台向技术部门人员、国家或外部利益相关者,以及部门内知识小组提供评估研究和结果

☑ 公共组织加强评估使用的方法和实践

专栏9.6总结了ILO中的午餐讨论会和在线讨论小组的工作情况

> **专栏9.6　ILO中的午餐讨论会和在线讨论小组**⑩
>
> ● 非正式的工作午餐会可以作为一种交流和传播知识的方式，这可能包括一系列的头脑风暴活动。召开非正式的信息交流和评估结果讨论是基于这样一个前提：大型专业机构的个人或部门通常拥有自己圈内的知识，通过非正式沟通，其他同事将能够从这些知识中吸取宝贵的经验。
>
> ● ILO目前正在吸纳在线知识交流小组与技术部门联合讨论经验教训，这一联合协作将有助于强化评估产出，让这些产出从源自评估的经验教训和良好实践中涌现。与技术专家的合作将有助于完善这些发现，并有助于创造一个升级版的经验教训系列，甚至在可能的情况下找到更多的良好实践。
>
> ● 在ILO，项目审批小组组织了一系列主题领域的午餐会。这些午餐会的目的不是产生新的知识，而是分享业务工作的经验和方法。这不仅为工作人员提供了机会，也为他们提供了学习空间，否则在办公状态中可能找不到这种学习空间。

2. 知识创造

在评估过程的最后环节，会组织一个研讨会，所有主要的利益相关者和评估参与者聚集在一起讨论评估顾问的发现和结论。此外，稍后，技术部门也组织会议讨论与项目具体干预措施有关的评估结果，如宣传或媒体活动，以分享经验。评估部门、评估网络和项目评价小组都会组织午餐会，鼓励对各种报告和评估结果进行非正式讨论，努力强化与官方目标相一致的影响。

我们发现，在我们努力提高知识创造和利用的过程中，最重要的因素是协作。如果评估中明显出现了漏洞，我们会与评估网络的适当成员会面讨论，找到共同解决问题的方法。只有通过与所有内部合作伙伴的友好定期合作，我们才能找到办法来激励大家参与评估，并创建自己的评估文化。显然，自从2005

年我们新组建评估部门以来,给每一个人都带来了如下好处:提高了项目和计划的可评估性,纠正了项目实施过程中阻碍评估质量的情形,满足了技术部门和参与者对评估信息的需求,实现了最为广泛的交流和使用评估成果。

利用在体系图中确定的关键撬动因素,结合评估部门的评估网络和评估能力,我们对完整的评估工作进行了集成(见图9.13和表9.8)。图9.13所示为一份完整版评估图,囊括了组织中所有涉及评估的各种不同活动,它展示了广泛的协作是如何全面地促进了评估文化。表9.8做了如下总结:如何激活广泛员工的技能和知识,不仅是组织文化的自然组成部分,而且为使评估得到最佳利用的评估文化提供了群众基础。在这里,我们使用表格和体系图展示了在项目设计、批准和评价中,在项目实施及技术部门中,以及在相对小型集中的评估部门满足日益增长评估需求的挑战中,我们是如何跨团队协作的。

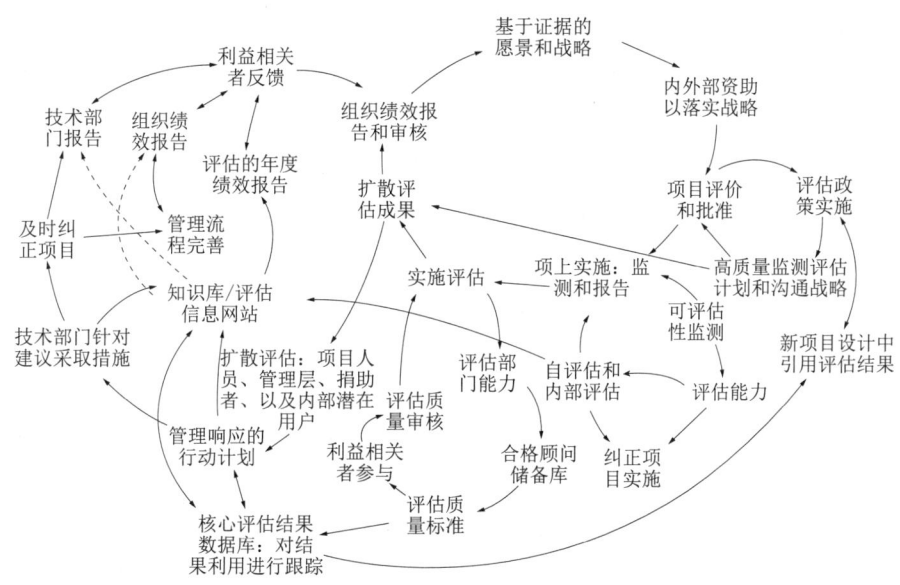

图 9.13　评估利用成熟度:最佳利用体系图

9.7　结论

与许多设有集中评估部门的联合国机构一样,ILO 的评估文化有幸得到了战略高层和一线管理层的强有力支持。有了这些支持,我们能够巩固评估工作,能够在 ILO 内部建立评估网络,并在工作中完善了我们的流程和指南。根据我们对组织周期各个阶段状态的判断，ILO在评估利用成熟度模型中处于"标准化使用层级"和"被监督使用层级"之间。我们将持续关注员工的能力建设，使其充分了解在评估方面对员工的具体要求是什么，并鼓励员工利用我们的评估知识系统所收集的广泛信息。

如何在高质量的评估产品上进行协作，如何为组织绩效报告提供证据，如何确保有效的知识共享和信息流向正确的用户以影响愿景和战略，这是一个持续性的挑战。我们希望这种协作持续下去，并助力于产生跨领域的实践知识、助力于创新，以及助力于识别出那些可以复制推广和可能"品牌化"的干预措施。

我们面临着几个挑战。我们各个区域的评估联络人为我们的区域办事处提供了高水平的评估支持，但他们仍然没有纳入长期工作人员的职位。虽然我们每年都有很好的改进，但我们仍在努力改善管理层的应对措施。我们仍然无法证实后续落实行动是否足够充分，因此我们将继续与管理层合作，使后续行动对组织尽可能有用，而不仅仅是一个打钩动作。我们已经看到，由于修订了工作指南，咨询顾问提出的建议质量有了实质性的提高。最后，我们正在探索如何在项目建议书中更好地跟踪和引用以往评估结果。

ILO也在探索如何通过参与联合国机构正在进行的日益扩大的联合评估来发展跨组织的学习方法。此外，我们高度重视扩大与技术部门的研究和协作，以产生相关的、及时的以及以技术为导向的经验教训，从而将评估成果的利用提升到更高的层级。评估部门的愿景是加强已有的评估网络和撬动因素，并继续通过合作和培训，在我们能找到沃土的任何地方播下评估性思维的种子，这种情况每年都在越来越多地出现。

问题讨论：

（1）设计"利用评估成熟度"模型的好处是什么？

（2）一个组织或机构的"评估性思维"如何有助于提高评估质量？

（3）本章使用了若干图表来说明组织内与评估过程相关的组织周期。除集中的评估部门之外，哪些部门是潜在的评估协作伙伴？协作是如何加强或创造评估性思维的？

（4）本章介绍了一些学习活动和协作措施，旨在提高评估报告的实用性和相关性。你认为它们如何以及为什么有助于改善评估利用？你还有其他的建议吗？

注释：

①该模型基于普华永道五点成熟度模型，用于评估组织的项目管理能力（Nieto-Rodriguez 和 Evrard，2004）。更多的灵感来自 Bamberger（Bamberger、Rugh 和 Mabry，2006），Mayne（2008），Patton（2012）和联合国开发计划署（UNDP，2009）。

②这个定义改编自 OECD-DAC 术语表（2002）和 UNDP 评估手册（2009）。

③出于这些目的，我们没有使用通常用于显示系统动态的反馈箭头。一旦一个组织确定了一个整合评估的系统图，后续将是进一步进行这种分析，并指出系统中变量之间的因果影响，表明正面和负面影响，并根据特定组织的因果循环图来处理这些影响。

④有关系统方法的更多信息，见 Meadows（2009）、Midgley（2006）和 Williams 和 Hummelbrunner（2011）。

⑤事前评估的定义见第 7 章的内容："评估也可以是事前评估，即对规划中的项目、计划或政策进行的评估，以判断干预措施能否合理地达到其预期目标"。

⑥关于可评估性评价方面的案例材料，请参见欧洲委员会（2010）案例（http://ec.europa.eu/regional_policy/index_fr.cfm）和美洲开发银行案例（http://www.iadb.org/），以及 ILO 基于结果的评估政策指南（ILO，2012）。

⑦这里的"可行性"是指所有建议都应该明确地表述为组织可以采取的行动。组织外部人员采取的行动不包括在评估报告的建议部分，但可以作为一般性文本包括进来。

⑧有关内部评估的更多信息，参见 Love（1991），Rodriguez-Garcia 和 White（2005），以及 Sharp（2006）。

⑨Chatham House 规则源自英国智库查塔姆研究所，在该规则下组织的会议中，鼓励与会者交流和自由地使用收到的信息，但不得透露发言者或任何其他与会者的身份和所属机构。

⑩我们要感谢 ILO 的同事 Oliver Liang，他鼓励我们针对为从错误中学习提供组织空间的想法进行讨论。

参考文献

Bamberger, M., Rugh, J., & Mabry, L.（2006）. *Real world evaluation: Working under budget*,*time*,*data and political constraints*. Thousand Oaks，CA：Sage.

Burke，D.（2006）. System dynamics-based computer simulations and evaluation. In I. Imam，A. LaGoy，& B. Williams（Eds.），*Systems concepts in evaluation*：*An expert anthology*（pp. 47 – 59）. Point Reyes，CA：American Evaluation Association.

Dibella，A.（1990）. The research manager's role in encouraging evaluation use. *American Journal of Evaluation*，11，115 – 119.

European Commission.（2010）. *Evalsed*：*The guide.* Brussels，Belgium：Author. Retrieved December 5，2011，from http：//ec. europa. eu/regional_policy/sources/docgener/evaluation/evalsed/index_en. htm

International Labour Office（ILO）.（2010a）. *Evaluations*：*Independent external evaluation of the ILO's evaluation function*（Governing Body document No. GB. 309/PFA/5. 5）. Geneva，Switzerland：Author. Retrieved April 7，2011，from http：//www. ilo. org/wcmsp5/groups/public/@ ed_norm/@ relconf/documents/meetingdocument/wcms_145637. pdf

International Labour Office（ILO）.（2010b）. *Independent external evaluation of the International Labour Office evaluation function.* Geneva，Switzerland：Author. Retrieved March 7，2011，from http：//www. ilo. org/wcmsp5/groups/public/@ ed _ norm/@ relconf/documents/meetingdocument/wcms_145748. pdf

International Labour Office（ILO）.（2012）. *ILO policy guidelines for results-based evaluation*：*Principles，rationale，planning and managing for evaluations.* Geneva，Switzerland：Author. Retrieved May 22，2012，from http：//www. ilo. org/eval/Evaluationguidance/WCMS_168289/lang-en/index. htm

Love，A. J.（1991）. *Internal evaluation*：*Building organizations from within*：*Vol. 24. Applied Social Research Methods Series.* Newbury Park，CA：Sage.

Mayne，J.（2008）. *Building an evaluative culture for effective evaluation and results management*（ILAC Working Paper No. 8）. Rome，Italy：Institutional Learning and Change（ILAC）Initiative.

Mayne，J.，& Rist，R. C.（2006）. Studies are not enough：The necessary transformation of evaluation. *Canadian Journal of Program Evaluation*，21（3），93 – 120.

Meadows，D. H.（2009）. *Thinking in systems*：A primer. London，UK：Earthscan.

Midgley，G.（2006）. Systems thinking for evaluation. In I. Imam，A. LaGoy，& B. Williams（Eds.），*Systems concepts in evaluation*：*An expert anthology*（pp. 11 – 34）. Point Reyes，CA：American Evaluation Association.

Nieto‐Rodriguez, A., & Evrard, D. (2004). *Boosting business performance through programme and project management.* PriceWaterhouseCoopers. Retrieved from http://www.pwc.com/us/en/operations-management/assets/pwc-global-project-management-survey-first-survey-2004.pdf

Organisation for Economic Co‐operation and Development, Development Assistance Committee (OECD-DAC). (2001). *Evaluation feedback for effective learning and accountability: Vol. 5. Evaluation and effectiveness.* Paris, France: Author.

Organisation for Economic Co-operation and Development, Development Assistance Committee (OECD-DAC). (2002). *Glossary of key terms in evaluation and results-based management.* Paris, France: Author.

Organisation for Economic Co-operation and Development, Development Assistance Committee (OECD‐DAC). (2010a). *Evaluation in development agencies: Better aid.* Paris, France: Author.

Organisation for Economic Co-operation and Development, Development Assistance Committee (OECD‐DAC). (2010b). *Quality standards for development evaluation.* Paris, France: Author.

Patton, M. Q. (2012). *Essentials of utilization-focused evaluation.* Thousand Oaks, CA: Sage.

Rodriguez-Bilella, P. (2008, March). *Evaluation networks and governance: The case of the ReLAC (Latin American Network of Evaluation, Systematization and Monitoring).* Paper presented at Easy-Eco Conference, Vienna, Austria. Retrieved September 12, 2011, from http://www.wu.ac.at/inst/fsnu/vienna/papers/rodriguez-bilella.pdf

Rodriguez-Garcia, R., & White, E. M. (2005). *Self-assessment in managing for results: Conducting self-assessment for development practitioners* (World Bank Working Paper No. 4). Washington, DC: World Bank.

Russon, K., & Russon, C. (2005). *Evaluation Capacity Development Group toolkit.* Mattawan, MI: Evaluation Capacity Development Group.

Sharp, C. A. (2006, March). *Internalized self-evaluation: An effective and sustainable approach to managing for results.* Paper presented at the Malaysian Evaluation Society Conference, Kuala Lumpur, Malaysia. Retrieved March 15, 2011, from http://papers.ssrn.com/sol3/papers.cfm?abstract_id=897043

Toulemonde, J. (2000). Evaluation culture(s) in Europe: Differences and convergence between national practices. No. 69, 3/2000 *Vierteljahshefte zur Wirtschaftsforschung*. Retrieved November 3, 2011, from http://www.atypon-link.com/DH/doi/pdf/10.3790/vjh.69.3.350?cookieSet=1

UN Development Programme (UNDP). (2009). *Handbook on planning, monitoring and evaluating for development results*. New York, NY: UNDP.

UN Evaluation Group (UNEG). (2005a). *Norms for evaluation in the UN system*. New York, NY: Author. Retrieved March 15, 2011, from http://www.uneval.org/normsandstandards/index.jsp

UN Evaluation Group (UNEG). (2005b). *Standards for evaluation in the UN system*. New York, NY: Author. Retrieved March 15, 2011, from http://www.uneval.org/normsandstandards/index.jsp

UN Evaluation Group (UNEG). (2010a). *Good practice guidelines for follow up to evaluations* (No. UNEG/G [2020] Guidance Document). New York, NY: Author. Retrieved March 15, 2011, from http://www.uneval.org/papersandpubs/documentdetail.jsp?doc_id=610

UN Evaluation Group (UNEG). (2010b). *UNEG quality checklist for evaluation reports*. New York, NY: Author. Retrieved March 15, 2011, from http://www.uneval.org/papersandpubs/document detail.jsp?doc_id=607

Williams, B., & Hummelbrunner, R. (2011). *Systems concepts in action: A practitioner's toolkit*. Stanford, CA: Stanford University Press.

第 10 章　我们能从评估从业者那里学到什么：内部评估专家的一些思想和干货

Marlène Läubli Loud

　　本书各章节对组织内部负责评估的部门尝试优化评估的使用和效用的方式提供了丰富的见解。它们各自在不同的政治和组织环境下开展这些工作，一些评估部门的资源远远优于其他部门，一些只提供一种服务，而另一些则提供多种服务。例如，有些评估部门认为应该亲自实施评估，而有些则不这么认为；有些评估部门认为应该支撑其他部门的评估管理，而有些则不这么认为；有些评估部门认为应该对委托评估进行管理，而有些则不这么认为。关于如何在组织中构建和管理评估体系，它们之间也存在相当大的差异。然而，尽管存在这些差异，它们在试图通过评估为组织增加价值时所面临的挑战还是有相当多的相似性。但是，它们所利用的应对策略则未必是相同的，尽管具有相同的侧重点，甚至具有相同的结果，这在很大程度上是由它们自己所处特定环境相关的特征决定的。

　　因此，在本章中，我想比较和对比我们各章作者的经验，并在相关的地方添加一些我自己基于经验的反思。我不会试图涵盖所有提出的问题，因为这可能会重复和不必要的冗长。相反，我将挑选一些似乎是大家共同关心的问题。本章讨论从考虑更多的组织挑战和相应的战略开始，然后转向单个的、评估项目层级的问题。然后，讨论评估管理者的能力问题，并提出相关反思。本章将以一些一般性的经验教训收尾，供那些致力于在各自组织和/或政策领域加强评估的使用和效用的人参阅。

公共组织加强评估使用的方法和实践

10.1　内部评估部门及其员工的独立性

　　为了最大程度确保评估的质量和可信度，各章都提供了评估人员和评估管理人员为什么需要保持独立于一线管理人员的例子。例如，Hawkins 坚定地认为，如果一个人希望评估人员能够"对权力说出真相"，那么确保评估人员"独立于业务部门或项目部门"是至关重要的。让他们与负责被评计划或政策实施的管理人员保持"一定距离"，也将提高评估的可信度。Hawkins 援引世界银行独立评估小组前主任 Robert Picciotto 的话说，如果不能通过将整个项目委托给外部实体和专家来保证有关各方（即委托者、项目管理者和评估人员）的独立性，那么整个过程确实会受到一些怀疑。同样的疑问也适用于评估任何政策领域公共措施的有效性，因而在发展与合作领域的举措也不例外。但是，尽管将整个评估过程外部化可能会增加评估的可信度，但这也未必能保证完全的独立性。正如 de Laat 在"棘手的铁三角"一章中所指出的，独立性和客观性并非同义词，即使整个项目评估全部外包，在评估过程中的各个环节也可能会引起偏见。例如，对政策效果负责的机构为防止受到批评，很可能只向外部评估者提供最少且通常有利于辩护的信息。另一种可能性是，评估问题以特定的方式有所倾向，以满足任务管理部门、委托者的利益诉求，或者是满足评估咨询委员会中最有发言权或影响力的成员（如果存在）的利益诉求。最后但并非不重要的是透明度问题，尤其是评估结果的公布。例如，即使制定了透明规则以确保可以获知公共领域中的评估报告（通常，至少是通过互联网），但评估人员、管理人员甚至委托机构在未经上级主管同意的情况下可能是无权发布的。可能有无数个理由，无论是合理的还是其他的，都可以用于推迟此类发布。

　　简言之，外部化整个评估过程并不能保证独立性，也不能真正保证高质量的评估过程或产出。"独立性"本身不应该是一个终点，更重要的是要确保高质量的评估得到开展，并及时交付成果，以便使评估实现其最初目标——要有用，且使评估结果能够得到利用。有许多可选的措施可以得到采纳实施，以防止产生偏见和保护公正性。例如，可以成立由内部和外部利益相关者组成的咨询委员会，就评估任务大纲（ToR）发表意见，并从头到尾跟踪整个评估过程。另一种方案是，鼓励评估人员和/或评估管理者报告评估过程中遇到的可能影响其公正性的任何压力或障碍。如果有适当的规则和程序来处理这类情形，那么这个问题就可以提交给上级。

因此，高质量评估的管理和执行可以使用外部评估、内部评估或内外部实体的多种组合。

专栏10.1　要点

● 无论评估过程是完全或部分外包，还是完全"内部人"管理，de Laat 在其章节描述了这些评估过程会在何处产生偏差以及如何产生。评估不是在真空中进行的，评估在发展、在扩张，并受到其所处特定环境因素的影响，比如在当时占主导地位的政治、经济和技术方面的问题。因此，评估从来就不是完全独立的。

● 独立性可以提高评估研究的可信度，但不能保证质量。独立性本身并不是，也不应该被认为是一种终极目标。

● 组织机构在评估实践方面的知识和经验越丰富，就越有可能着手将一些规则和流程制度化，以防止可能出现的偏差或误用。这类流程很可能就在组织机构的评估政策、框架或体系中有所体现。

● 有适当的制度规则和流程可以帮助减少偏见和改进评估的使用，但实施这些规则和流程还取决于其他因素。这些因素在以下段落进行讨论，重点关注内部评估部门在组织中的位置，使执行委员会、高级管理层和整个组织认可评估所面临的挑战和应对措施，以及评估研究的质量和信誉、内部评估员工等。

10.2　内部评估部门的位置

作为组织内评估政策的一部分，设立直接向最高领导汇报工作的内部评估部门的做法通常被认为是一个令人满意的解决方案，这样能够维持其"对权力说出真相"的能力。原因有两个：一是防止可能的部门或项目保护主义，二是帮助建立组织的评估文化。因此，这种制度安排得到了联合国评估小组的支持，并正在成为联合国所有机构（如WHO、ILO）的规范。许多联合国机构综合使用了评估业务的下放、分散和集中实施方式，以处理组织层面、项目层面或区域层面事项的各自需求。下放和分散的评估更多地侧重于学习和改进，而集中的内部评估部门则处理诸如效果和影响等综合的、全面的专题事宜。

尽管如此，正如在国别章节所指出的那样，在公共管理机构中使用一个评估部门处理这两类议题，似乎是更常规的做法。在每种情况下，内部评估部门的位置都靠近战略规划或政策部门，这样就可以直接或更可能是间接地向组织的首脑或执行委员会报告。

与其他章节的研究情况相比，欧盟委员会（EC）评估活动的组织架构与WHO有所不同，但在本质上更为接近。采取不同的配置方式以适应不同政策或专题领域的需要。评估是分散实施的，每个总局都在秘书处下的集中评估部门建立和协调的框架内评估其自身的活动，秘书处是欧盟核心总局和最高的"政治机构"。相应地，一些总局内的评估责任也被下放到成员国，比如支持区域发展项目的结构性基金。

因此，在我们所有的研究材料中，核心的评估部门在结构设置上靠近执行委员会。这有助于每个评估部门都对其为整个组织服务的评估职能进行固化，建立评估框架或评估政策，规定评估的目标、期望、规范和过程，而且往往还提供指南和工具以支持实施评估。同样，这样的选择也并非没有风险：将内部评估部门设置在执行委员会身边，对其他部门或业务处室既会产生积极影响（评估可以在促进重视战略方面发挥作用），也会带来消极影响（被当成管理层的强制措施，用作削减或重新分配预算的问责工具），这可能最终影响其全面发展评估文化的能力。也存在部门竞争方面的问题，特别是在确保得到执行委员会对资源的支持方面。这种情况在公共部门相对频繁的结构重组中尤为突出。不同的部门和服务团队都提出要保持现有水平的员工和经费，甚至要求增加，但是评估部门经常建议减少其他部门的资源。在这种情况下，尽管存在内部评估政策，但是评估的必要性将不可避免地受到质疑。当内部评估部门没有直接向机构首脑汇报的渠道时，则必须依靠其上级领导来陈述其论点。那么，能否成功汇报，这在很大程度上取决于这个上级领导如何看待评估对组织的价值以及在陈述事项中采用什么证据。

专栏10.2　要点

虽然内部评估部门在组织内的位置是改进评估使用的重要贡献因素，但这只是破解难题的一部分。这可能表明了高层对评估的认可，但这也可能仅仅是在被动地适应外部的评估压力。评估还需要执行委员会或至少高级管理层的积极参与，以建立和维持本组织的评估政策，尤其是对发展评估性思维和完善评估使用的文化的相关措施予以支持。

10.3　使组织的执行委员会和/或高级管理层参与评估

本书许多章节的作者认为，让执行委员会或至少高级管理层参与某些方面的评估是一项可取但重大的挑战，没有他们的支持，评估需求将会不可避免地经常受到质疑。例如，绩效衡量和审计的评价方法，经常被提议作为可行且低成本的替代方法，特别是在紧缩和预算削减的时候。换句话说，为了确保内部评估服务的可持续性，高级管理层必须了解并相信评估的独特好处，尤其是评估可作为一种战略工具。例如，通过个人参与评估研究以获得第一手经验，是一种理想的方法。但高级管理层往往已经过度投入，工作负担沉重。在国家级相关组织中，高层参与评估的任务已经很难实现，那么，正如EC、WHO和ILO相关章节所示，当组织涉及与不同区域和不同国家合作时，高层参与评估的任务将变得更为复杂。

那么，为了确保高管级别的参与，有哪些不同的策略可采用呢？对于高级管理层来说，以下措施最常提及，无论是单项措施还是多措并举。

- 让高管参与讨论并同意组织的总体评估政策。
- 根据本组织的法定持续期限，请高管商定一个多年期的评估规划。
- 让高管加入评估咨询委员会，以此方式推动他们积极参与更广泛地了

☑ 公共组织加强评估使用的方法和实践

解评估的好处和/或了解具体评估活动及其战略效用的好处。

战略的选择似乎在很大程度上依赖于所处环境,取决于评估职能的历史、发展和总体组织框架。

1. 评估政策获得最高管理层支持所带来的好处

本书介绍的每一个国家机构以及超国家机构和国际机构都有一个评估政策。总的来说,大多数最初都是受到外部压力(如瑞士、加拿大、联合国机构)的"推动"。但这些政策实施的好坏取决于它们获得的内部和组织支持的程度。政策实施的时间越长,就越有可能建立机制来确保能够得到此类支持。例如,就我们提到的两个联合国机构而言,目前两者在获得行政支持方面存在着明显的差异。

联合国评估小组(UNEG)提供了一个总体框架、指南和标准,但鼓励各机构制定自己的专门政策,以满足其具体需要和环境。由于历史和管理原因,WHO 最近才制定了其评估政策并得到同意执行。多年来,根据世卫组织自己的规则和流程,评估活动在其各区域和各个国家得到了开展。这种驱动力往往来自外部资助者,而不是源于内部需求。因此,当一个机构的评估部门最终成立时,其在组织中所处位置已从根本上表明了其特定的身份和形象。但是,尽管它属于总局级别的职能,但它被定位在综合管理部门下的不同处室,或者是后来,被安排到了审计员所在的内部监督事务服务厅(IOS),因此对许多人来说,评估成为审计或绩效管理与审查的同义词。这种误解加上不同风格的评估管理实践的历史,对世卫组织整体评估部门及其能力建设工作,与其说是一种帮助,不如说是一种障碍。直到最近,正是再次受到遵从外部政策的压力,例如联合国基于结果管理政策和联合国评估小组指南,世卫组织才获得了高层对一项政策的支持,该政策将"集中各方面力量"并试图创造一套共同的价值观和实践。因此,当前来判断最高管理层将如何或者是否能够支持政策的实施还为时尚早。

对于另一个联合国案例来说,ILO 则很长时期以来就制定了一项内部评估政策。因此,ILO 机构层面的集中评估部门今天已经不太关注评估的作用和职能,而是更多地关注如何改进评估在问责、管理、绩效等方面的战略作用。为了促进完成这项任务,它得到了一个咨询委员会的支持,该委员会负责监督政策的执行,特别是还负责向执行委员会报告评估结果及其采纳情况。

2. 咨询委员会的作用和效用

让高级管理层参与评估咨询委员会似乎是本书一些作者已经或希望采用的一种受欢迎的策略。我们可以划分为两种类型:①组建一个委员会对评估活动进行一般监督,并代表着其在管理层面的利益;②组建一个专门的委员会针对特定研究活动的评估过程进行监督,讨论评估结果,并制订计划以使用所产生的信息。两者都是必要的,但有着不同的明确目标。在第①种情况下,委员会的成员通常是从各处室或部门的高级管理层中进行抽调,帮助制定相关文件并提交给执行委员会审批,这些关键性的文件诸如评估政策、多年度评估计划等,要确保这些文件涵盖了各类内部利益相关者的利益,也要涵盖组织整体上的更多跨主题的共同利益。同样,委员会可以为集中的评估部门提供指导和支持,并代表内部评估部门及其工作向上层做报告。

然而,即使这样的委员会已经成立,也总有可能因为一些原因而解散。

- 内部竞争压力的原因。比如一项服务优于其他服务的安排。
- 工作压力的原因。由于任务和压力的增加,成员无法在任何时间内都保持参与,即使成员是基于轮换的情况。
- "向下"委派的原因。随着时间的推移,高级管理人员会委托更低级别的员工代表其参与咨询委员会的活动,由此这些员工权威性较低,这在某种程度上完全违背了委员会最初的目标。

在某种程度上,这可能取决于组织的评估政策在组织、流程和职责方面的详细程度。越具体,这种情况发生的可能性就越小。

为了抵消这种风险,①类咨询委员会很常见的做法是既包括内部(高级管理层)利益相关者,又包括外部利益相关者。这样做的目的是为内部评估部门提供更可持续和公正的支持,另外也代表其利益与执行委员会进行讨论。然而,虽然内部利益相关者和外部利益相关者的组合可能有助于确保更为平衡的建议,但这未必能克服自主性的问题,"局外人"的贡献可能会削弱,因为他们对组织的日常事务和重点工作缺乏密切了解。此外,组织和支撑委员会的会议也给内部评估部门的工作人员带来了额外任务,因此需要对所涉及的成本和收益进行仔细审查。

组建②类咨询委员会的主要目标是监督单个评估活动。成员由内部并经常包括外部的利益相关者组成，以确保考虑到更广泛的利益。这些委员会对评估任务大纲（ToR）、评估设计和过程进行咨询，尤其需要他们帮助扩散和使用来自评估研究的各类信息。尽管这些委员会如今已较为常见，但如欧盟章节所示，吸引高级管理人员的参与，特别是他们的持续参与，是有点困难的。与①类委员会类似，总是存在同样的风险，即咨询任务可能被委托给下属，从而导致评估更加关注业务层面，而不是战略层面，这就失去了让高级管理层参与更重要的战略议题的机会。换句话说，得到答案的好坏，完全取决于所提问题的质量。

专栏10.3　要点

让执行委员会和/或高级管理层参与评估，在战略上是可取的，但很难实现。因此，改进评估的效用和使用更可能需要"整个"组织的支持和兴趣，而不是来自某个孤立的团体。

10.4　使整个组织致力于改进评估使用

为了创造一个使评估最佳的有利环境，目前有人（本书作者 Porteous 和 Laubli）认为，我们需要在整个组织范围内促进大家理解和认可评估对管理的独特贡献。将评估性思维从个人和部门的范畴扩展到整个组织，对于可持续的组织学习和对评估的原则和理念的认可来说更为可取。简言之，重点是建立和管理一种架构和过程，使评估能够整合到面向组织的学习和面向改进的框架中，如基于结果的管理架构。本章作者贡献的案例中提出采取更全面、更有组织的方法，这当然是创新的，但有点苛刻。

对于 Porteous 和 Montague 来说，他们所在机构具有分散评估的经验，在当前的集中评估模式下，他们的想法是将两类做法中的优点结合起来。在已经获得执行委员会支持的情况下，新组建的机构层面的评估部门现在面临的

第 10 章 我们能从评估从业者那里学到什么：内部评估专家的一些思想和干货

挑战是让整个组织学会"评估性地"思考和行动。作者描述了他们为实现这个目的所采用的四种战略。与其他章节中描述的相关内容相比，加拿大有两个独特之处：一是制定系统性措施，使其与整个组织的优先事项、规划和最新进展保持一致（帮助设计相关和有用的评估并展示合作伙伴关系）；二是创建组织层面的逻辑模型，以激发机构聚焦结果，并展示拼图的不同部分（各部门的工作）是如何结合在一起形成一个整体的。所有章节的作者都认为，有必要了解整个组织正在发生的事情，但加拿大还是很出色的，它通过制定系统的举措做到了这一点，并通过配置员工投入时间确保了相关措施的跟踪落实。组织层面的逻辑模型再次表现为一种最值得称赞的战略，它有助于提高员工对整个组织的理解（由此，评估也可以在这方面提供帮助）。这两点都是最令人印象深刻的，但耗费时间（包括30%未分配给单项评估活动的工作人员时间），并且任务要求苛刻，如果没有大量的工作人员是不容易实现的（加拿大案例是20人）。此外，实施这些战略需要对评估的地位和价值有一个成熟的了解，加拿大在过去几十年中已经获得了这些认识。加拿大的政治环境表明，它长期以来一直致力于将评估作为了解公共部门绩效、结果和效果的一种手段。事实上，这反映了加拿大的评估政策，该政策是由财政委员会推动的，非常重视对那些"物（公共支出）有所值（措施有效）"的公共举措的投资。

需要证明评估能够为组织带来独特贡献，这种需求是实施这些战略和其他战略的一个潜在因素。大多数作者都以某种方式提到了他们试图达到这种目的所做的努力。例如，ILO 聚焦改进知识管理就是一项战略措施，通过展示评估的实用性，确保将评估融入"整个体系"的学习过程。为此，它已开展了一系列活动，以激励大家融入知识使用，相关案例是使大家融入 ILO 的相关知识平台和其他类型的"学习活动"以支撑基于评估证据的讨论。

最近，为了提供比单个评估活动可能获得的更为广泛的评估使用图景，ILO 的评估部门现在也在试图在综合多次评估的结论和建议的基础上进行报告。他们认为，从特定到一般，将评估知识与更广泛的战略图景联系起来，这对于快速响应管理层的战略信息需求来说应该更有用。

这种转向将几项评估结果综合起来的做法，也被苏格兰公共卫生署采纳了，已经将其作为"知识到行动"战略的一个组成部分，特别是支持"基于证据"的政策。然而，苏格兰的经验之所以具有创新性，是因为它正在利用自己的中介角色：①从一系列来源，包括评估，收集和综合信息；②然后将外部合作伙伴纳入此类信息的分析中，作为其政策审查过程的一部分。

几乎可以肯定的是，所有内部评估部门的当务之急都在寻求与整个组织进行接触的方法。但是，找到这样做的合适途径和合适时间，这是有相关背景限制的。例如，目前 ILO 在改进知识管理和证明其实用性方面所做的努力，部分是对联合国评估小组（UNEG）的外部压力做出的反应，UNEG 对联合国各机构在评估方面的使用不足提出批评意见。同样，苏格兰在一定程度上回应了 20 世纪 90 年代布莱尔政府提出的"基于证据的政策"的呼吁。

专栏 10.4　要点

从作者身上可以学到的是，为了优化评估的使用，需要对 ILO 作为一个整体在政治和社会期望方面预期实现的目标有充分的了解，使整个 ILO 致力于达到这样的认识：改进评估的使用和有用性以及加强其在整个组织中的地位和作用是至关重要的。

10.5　评估质量

到目前为止，相关讨论主要集中在我们的作者在优化评估使用方面所面临的一些挑战上。因此，建立和实施一个对组织的评估能力进行管理的框架是一些作者共同的做法，这是实现这一预期目标的手段。但是，确保单个评估研究的质量以及因评估而带来好处的可信度通常是当初和过程中的优先考虑事项。事实上，这是欧盟委员会评估经验所在章节的主要特点，但这也是其他章节讨论的一个主题，如关于世卫组织、瑞士的章节。已经对管理者提出了许多建议，应采取相关措施以确保评估质量。但是，作者在外包评估中制定评估任务大纲（ToR）的经验以及在研究过程中设立评估咨询委员会的好处是两个值得特别关注的特点。

1. 评估任务大纲（ToR）

毫无疑问，评估任务大纲（ToR）是用于支持高质量评估活动的规则和流程的关键文件。确定应包括哪些内容通常是任务相关方反复讨论的过程，比如评估管理者和/或评估委托者和/或客户。欧盟委员会这一章特别详细地介绍了这个议题，特别是任何信息"缺口"所导致的后果。

其中一个主要问题涉及评估结果提交的及时性。因此，对于政策评估或相关评估的任何新手来说，第一个重要的教训就是需要了解决策过程中的哪个阶段应该提供可用的评估结果，要能用得上。例如，瑞士在联邦一级的立法周期为4年，而欧盟则为7年。但是，在为下一个周期做准备时，相关文件通常需要提前12~18个月提交，因此，评估必须在下一个周期开始之前早早地提供所需的信息。

第二个问题是要认识到澄清评估涉及各方的角色和责任的重要性，包括评估委托者、评估管理者、评估人员以及可能存在的评估项目咨询委员会。例如，虽然客户通常决定其信息需求，包括何时需要信息以及为了什么目的而需要信息，但细化问题并就适当的评估方式和方法提出建议，通常是评估管理者和评估人员的职责范围。即使区分这些不同的角色似乎很清楚，但在实践中，也可能会有一些难点。例如，在评估外包过程中，当内部客户对某个评估团队的选择与内部评估管理者的选择发生冲突时（冲突原因是后者的方法水平不佳），理想情况下，应放弃这两种选择并提出新的建议。然而，通常情况下，来自各方面的压力不允许有这样的想法。相反，大家会做出一些妥协，即便这对所有相关方都不太令人满意。

2. 与预期方法相关的适当预算和评估周期

这一问题在EC和WHO相关章节中都有提出，后者更加强调了这一点。它们都提到了这个两难困境，即在尽可能短的时间内以最少的支出确保评估达到"黄金标准/最高标准"。许多政策领域正变得越来越复杂。对于解决复杂问题的评估，它们需要更复杂的评估方法，这些方法需要有足够的资源、适当的资金、专业知识和时间。

✓ 公共组织加强评估使用的方法和实践

例如，与其他政策领域类似，公共卫生政策的目标，现在远远超出了传统疾病预防的障碍。当前的挑战，如暴力、性、压力、生物恐怖主义的威胁，以及影响健康差异的经济和社会环境等，现在都在卫生议程上占据了重要位置。相应地，卫生行动和干预变得更加复杂，特别是使因果关系更加难以分析。

传统的伙伴关系和方法也已经并仍在进行根本性的改造。今天，公共卫生干预的特点表现为跨学科方法的使用，并且越来越多地与来自公共部门、非营利部门和私营部门的一系列参与者和机构进行合作。随着卫生目标越来越复杂，分析公共卫生行动措施有效性的任务也越来越复杂。对于国际发展与合作主题而言，这项任务更具挑战性。通常需要将不同的方法结合起来，以全面了解哪些是有效的、对谁有效、在什么条件下有效以及需要付出什么成本。对于国际性任务，也需要本地的评估专家协助进行语言支持和背景分析。因此，如果预算、时间和评估人员的专业知识不足，那么这种分析将严重受损。这就不如建议评估管理者最好规划更少的评估，而在评估设计和执行方面达到更高的质量，这也需要足够的时间和资金；或可以开展更多的评估，但不能提出太苛刻的要求。

3. 配合评估流程的咨询委员会

政策和战略决策的最大优势，据说是"其他人"的参与有助于采纳信息，并提高评估结果和"汲取"信息的内部责任及外部责任。因此，设立一个咨询委员会来配合不连续的评估工作越来越受欢迎，但通常对委员会成员的参与目的和责任的期望没有得到充分考虑。例如，虽然从名称中可以清楚地看到，咨询委员会成员应"提出咨询"或发表意见，但利益相关者之间或利益相关者与评估委托者之间的重大差异如何解决并不清晰。同样，委员会成员的选择也并不总是经得起充分质疑。成员资格应仅限于内部利益相关者，还是应扩展到引入外部代表？例如，将示范项目转变为可以在国家一级启动的项目时，是否需要考虑得到政治或战略方面认可的想法。当然，在这种情况下，政治以及行政管理方面的代表都很重要。

> **专栏 10.5　要点**
>
> - 质量议题是一个非常热门和深入研究的领域。本书的作者已经确定并讨论了许多质量议题。他们已经认识到并设计了自己的处理方法，尽管通常是通过尝试和错误反复试验。有许多出版物、指南和其他资源可以帮助实施和管理高质量的评估。但有一点是明确的，它们必须适应组织背景和形势的特点。
> - 在制定评估任务大纲（ToR）时，管理者需要对评估范围、专业知识和时间预期很敏感，以便有足够的资金来满足这些需求。
> - 让利益相关者参与评估过程是可取的。邀请他们成为咨询委员会的成员越来越受欢迎。但在决定谁参与以及为什么要参与时，需要仔细考虑，同时也需要对组织的期望保持透明。

10.6　人员配置议题：能力和分担职责

前几节回顾了本书作者在组织内改进评估使用的一些想法。不可避免地，这将引导我们讨论能力问题：评估委托者和管理人员需要什么技能，以便在组织内进行评估委托、管理或实施高质量的评估，同时促进开展和管理相关活动以使评估制度化和植入评估文化？

尽管本书中讨论的机构和组织的评估需求似乎在增长，但预算并不一定与此类需求保持同步增长。因此，管理者必须不断地盘算，有多少员工可以完成哪些任务，员工需要哪些技能才能最佳地完成他们的工作，以及他们将来可能需要哪些技能。

1. 在评估管理和能力建设工作之间分配时间：找到恰当的平衡点

从我们所介绍的内容来看，管理者面临的第一个挑战或困境似乎是需要找到一个可行的平衡点，既要满足组织的优先事项，这通常涉及管理和实施高质量的评估研究，同时，也要开发一个整体框架并投入实践，目的是提高评估使用和评估对组织的价值。如上所述，能力建设措施对于形成一个有利于开展评估的支持性氛围至关重要。但是，尤其是在紧缩和预算限制的背景下，高级管理层常常认为花在这些任务上的时间是多余的。在这种情况下，评估部门的管理者可能会面临一个真正的两难境地，即如何最好地适应这两者。显然，分配给评估职能的工作人员数量起着关键作用，但即使工作人员数量很少，鼓励工作人员参与这两种类型的活动，也更有可能维持他们的工作兴趣和满意度。加拿大章节显示了对这个问题的敏感性。

2. 为"合适"的任务找到"合适"的人

管理者面临的第二个挑战是让"合适"的员工参与"合适"的任务。如果工作人员对内部评估部门采用的评估技能有需求，那么他们可通过实施内部评估活动来积极主动地使用这些技能，和/或通过定期的专业发展活动，确保掌握评估技能的"最新"发展情况。将实施和管理外部评估活动两者结合起来，可能比只做其中一项或另一项更令人满意。但是，当在全部或部分评估活动中管理外部承包商时，也需要利用更多的与管理相关的技能对员工技能进行更新。但这些技能是什么呢？

关于高质量评估的管理技能需求问题就到此为止。但是，为了开发和支持使组织有兴趣并认可评估的战略，很可能还需要额外的技能。因此，对于如下这三个方面——实施评估、管理评估和促进评估——他们都需要一些核心技能，但所需要的专业知识水平各不相同。

从上面的章节中可以看到，没有什么是一成不变的，变化是不可避免的。在不断变化的组织环境中，管理者需要提前判断员工的能力需求。例如，如前所述，组织中每进行一次结构重组，对组织内服务部门（如内部评估部门）的期望可能会发生变化。Wimbush 在其章节中暗示了她所在机构越来越需要的信息是基于不同来源综合形成的知识。Neubecker 等以及 Porteous 和 Montague 认为他们的组织也有类似的需要。接受这样的额外任务需要额外的技能，即研究和综合的技能。

在当前不稳定的经济环境下，很可能会出现预算削减，导致目前和未来的人员配备规模下降。正如 Porteous 所强调的那样，对评估部门管理者来说，更加迫切需要了解组织内的发展和未来规划（用于规划有用的评估活动），对与变革有关的员工能力的评价和规划也是这一过程的一部分。

第 10 章 我们能从评估从业者那里学到什么：内部评估专家的一些思想和干货

> **专栏 10.6　要点**
>
> - 内部评估管理者需要为不断变化的环境和随之而来的结构变化做好准备，这就需要通过持续性评价现有员工当前可以做什么以及可能需要哪些不同的技能来应对即将到来的挑战。
> - 过去 10 年来，一直在努力确定评估人员的技能需求，但到目前为止，对组织内部那些承担分散的评估研究职责的工作人员的关注不足。这是一个被忽视的领域，已经开始着手解决了。

10.7　后记

本书最后一章没有结论，而是提供一些反思，思考作者试图做些什么来增强对内部评估的认识，以便他们的组织能够更好地利用评估并取得更好的效果。在阅读各个章节时，你会感觉到作者的奉献精神和对寻找实现这一最终目标的正确途径的热情。尤其是评估管理者撰写的章节还提供了有趣的经验教训。根据要求，这些作者与我们分享了他们在提高组织内评估价值方面所面临的挑战，以及他们在处理此类情况方面的经验。他们按自己的方式完成了这项任务，而不是保持特定的格式。每个人都以其自己的方式讲述了自己的故事，提供了关于各个机构所处环境和发展历程及其开展评估的一些背景细节。分享的这方面知识有很多值得学习的地方，他们从经验中得出的结论和教训都写在了每一章中。因此，在下面为相关组织机构列出一些更为一般的经验教训，以便组织机构用来提高评估的效用（见专栏 10.7）。

> **专栏 10.7　要点**
>
> - 建立整个组织范围内的评估政策。评估政策用以指明规则、职责、过程和程序，以支持旨在为组织的工作增加价值的评估活动。但就其本身而言，这不足以抵消偏见或误用，也不足以确保组织对评估的承诺。建议开展一些能力建设活动，以加强融入和改

进评估的使用，还有许多此类活动。然而，该评估政策应还反映其组织背景的特殊性和需求。从我们所有的章节内容来看，没有什么是一成不变的，组织机构也在系统地发展，以响应新情况、新需求。因此，应定期审查并在可能的情况下修订本组织的评估政策，以保持适应这些新情况和新需求。

●需要认识到管理评估和实施评估之间的差异。管理高质量的评估与规划和管理旨在提高评估对组织价值的认识的活动，二者之间是存在差异的。如果要持续性地发展并维持一种贯彻整个组织的评估文化，那么这二者都是必要的。因此，应该规划资源，以确保现在和将来这两种需求都能满足，同时在二者之间保持一种可行的平衡。

●为改进评估的使用，管理者应制定反映其组织特点和需求的战略解决方案。虽然在评估研究、评估活动及其在组织内整体职能的管理方面有明确的"良好实践"，但管理者还应"挑挑拣拣"以确定哪些适合其形势需求。从别人的经验中学习可以获得很多东西，而且重新发明轮子确实是浪费宝贵的时间，但是良好实践必须适合背景需要。评估制度化的进程如何，在哪些领域，迄今有哪些经验？这些问题只是在寻求当前评估如何得到最佳利用以及将来评估如何得到改进以强化评估使用的解决方案过程中应该回答的一些问题。

●努力与整个组织的高级、中级和初级管理层建立合作伙伴关系。这样才能确保了解组织的优先事项、规划和最新发展态势。这将有助于设计相关的和有用的评估，并为能力建设和强化内部评估职能的价值提供契机。

●时刻关注组织和政治层面的"机会窗口"。这样就有机会引导评估功能朝着增强实用性和加强使用的方向发展。这意味着要及时了解组织内外与使命和未来计划相关的发展变化情况。如果一个人对这个问题不敏感，那么他就会错失很多机会。

第 10 章 我们能从评估从业者那里学到什么：内部评估专家的一些思想和干货

- 对员工技能需求做出评判，确保与时俱进。随着时代的发展，必须明确需要哪些技能以应对新的挑战。管理人员不仅应处理当前的需求，还应着眼于未来，开发现有员工的技能，或雇用具有相应必需技能的新员工。
- 要花时间定期监测和审查评估在组织中的使用以及对组织的有用性。这一点特别需要，一般有三个原因：①便于在必要时对能力建设战略进行调整，以确保这些信息是可用的；②便于随时掌握如下证据：什么有效，对谁有效，为什么有效或无效，以及在何种条件下有效，这些证据将有助于规划和决策；③便于提供案例以说明内外部合作伙伴如何以不同的方式将源于评估的知识利用于不同的目的。

学发展方面的研究生课程。

  Craig Russon（博士）参与项目评估已有 30 多年。曾是瑞士日内瓦国际劳工组织的高级评估官，在 W. K. Kellogg 基金会担任过评估经理，并在西密歇根大学评估中心担任高级首席研究助理。他曾在美国评估协会（AEA）和密歇根州评估协会的董事会任职，担任评估能力发展小组的董事会主席。获得过国评估协会（AEA）的"Robert Ingle 服务奖"。Craig 拥有教育心理学硕士学位，并获得了伊利诺伊大学厄巴纳-香槟分校的农业教育项目评估博士学位。

  Alan Schnur 在世界卫生组织的国家、区域和总部层级工作了 30 多年。在内部监督服务厅担任高级评估官 6 年，主导或参与了项目和主题评估，并使用不同的方法评估了世界卫生组织在国家、地区和总部各级的绩效。他具有高级技术和管理职责，并于 1994—2003 年在世界卫生组织驻中国代表处参与了广泛的世界卫生组织项目。

  Deepak Thapa 在英国获得了特许会计师的资格。曾担任尼泊尔石油公司的首席执行官 3 年。在过去的 20 年中，他参与了世界卫生组织（WHO）的各种内部监督职能，曾任内部监督服务厅的副主任，并领导其评估职能。他还代表世卫组织参加联合国评估小组。

  Kevin Williams 是经济合作与发展组织（OECD）的评估主管。他致力于建立组织的评估能力并将评估实践嵌入组织内部，特别是在国际组织和超国家层面上具有丰富的评估经验。其成就包括在经合组织和欧盟委员会中建立了评估职能，为欧盟区域发展项目、经济政策和协作农业政策等多个领域的实用评估指南制定做出了贡献。

  Erica Wimbush（博士）是苏格兰国家公共卫生机构的评估主管。在公共卫生领域有 20 年的工作经验，曾担任研究与评估专员和经理。自 2004 年以来，一直领导团队专注于政策和项目评估，以及评估能力建设，并将注重结果的绩效文化嵌入到组织中。她在健康促进、评估和知识利用等领域发表多篇文章，在公共卫生领域评估的教学和培训中发挥了积极作用。

译者后记

专业书籍翻译工作确实充满了挑战，即便有一定的评估理论知识和实践经验。SAGE 出版社于 2014 出版的这本加强评估使用的英文著作，涉及十多位作者，内容广泛，专业性强，为把它翻译得既准确又易懂，译者做了认真推敲，但肯定存在不当之处，恳望读者予以指正。通过翻译工作，认真学习了评估大咖们的国际评估经验，他们作为评估行业"内部人"，其基于亲身经历总结的干货，能够释疑评估实践中的困惑，为开展评估提供深入和有价值的借鉴和思考。

在评估领域，学习和借鉴国际经验主要包括三个层面：一是技术层面，包括评估的理论、方法和设计实施的程序等；二是行为和规范层面，涉及评估的基本原则（比如独立性、可信性和有用性），评估的规范和标准等；三是政策和制度层面，涉及评估的制度框架、各方的角色及责任、评估结果利用以及评估的后续行动等。总体来看，在技术层面学习借鉴国际经验相对比较单纯，行为和规范层面涉及社会背景和文化因素，问题就复杂得多。评估政策和制度层面的问题与国家、部门和组织的体制和机制相关，不能简单复制国际上的做法。我们在借鉴国际经验时，特别是涉及评估政策和制度层面的问题，要注意来自西方发达国家和国际组织的经验不可避免地是以他们的环境条件作为前提或是隐含前提的。

本书涉及上述后两个层面的问题，侧重政策和制度层面的内容。书中介绍不同机构的内部评估部门如何在不同的制度安排和组织架构下开展评估工作，特别是分享了作者关于如何促进评估的使用的经验和见解。可以发现，他们的做法存在一定的差异，似乎在很大程度上依赖于所处环境，并与评估职能的历史演变相关。所以读者在阅读本书时，不要试图寻找一个最终结论或"最佳实践"，而是要关注他们探索的过程，以及在不同组织框架下的战略选择和应对方式。还应注意作者在介绍评估制度和评估结果的使用时，有时会涉及所在部门或组织的使命、决策机制和管理模式等问题。正如作者在书中所声明的，他们的观点和意见不一定反映所在部门或组织的观点或官方立场。近年来，我国公共管理部门的评估实践也在不断丰富，需要我们基于发展背景和文化去探索完善适合于我们的评估制度和政策。

  本书的发现得益于在密歇根大学的访学机会，十分感谢科技部派遣和王正本奖学金资助，感谢访学导师倪军教授的悉心指导。译文得到了国家科技评估中心解敏主任、黄灿宏副主任、邢怀滨副主任以及学术委员会等各位领导同事的指导和帮助。特别感谢曾经担任联合国评估专家的陈兆莹研究员对全书译文的审阅。

  关于评估方面的翻译书籍已有很多，本书特点是"来自内部评估专家的见解"。感谢北京理工大学出版社的各位编辑、校对的精心制作，使译著顺利出版。希望借此译著更好地服务于我国蓬勃发展的评估事业。

译　者